Claudia Höfner, Eva Kaufmann, Katharina Moser,
Barbara Toth, Gabi Weger (Hg.)
IHR-LAND

Claudia Höfner

Eva Kaufmann

Katharina Moser

Barbara Toth

Gabi Weger (Hg.)

Feministische *Beiträge* zur SOZIALPSYCHOLOGIE

FORSCHUNG
PROMEDIA

Druck gefördert von Bundesministerium für Wissenschaft und Verkehr, Frauengrundsatzabteilung des Bundesministeriums für Arbeit, Gesundheit und Soziales, Grünalternative Jugend, Fakultätsvertretung der Grund- und Integrativwissenschaftlichen Fakultät der Universität Wien, Österreichische HochschülerInnenschaft der Universität für Bodenkultur (Hauptausschuß) sowie Studienrichtungsvertretung Landschaftsplanung der Universität für Bodenkultur.

Die Deutsche Bibliothek CIP-Einheitsaufnahme:
Ihr-Land : feministische Beiträge zur Sozialpsychologie / Claudia Höfner ... (Hg.). – Wien : Promedia, 2000
(Edition Forschung)
ISBN 3–85371–160–X

© 2000 Promedia Druck- und Verlagsgesellschaft m. b. H., Wien
Alle Rechte vorbehalten
Lektorat: Gabriele Habinger
Umschlaggestaltung: Scheubmayr & Berthold Ges.b.R.
Graphische Gestaltung: Peter Redl
Druck: WB-Druck
Printed in Austria
ISBN 3–85371–160–X

Inhalt

Vorwort

Die feministische Forschung hat als interdisziplinärer kritischer und weiterführender Ansatz im Wissenschaftsbereich Anerkennung gefunden. Ihre Rolle an den österreichischen Universitäten ist jedoch im internationalen Vergleich eine äußerst marginale geblieben. Eine Besonderheit stellte die vierjährige Gastprofessur für Frauenforschung am psychologischen Institut in Wien (1991 bis 1996) durch Frau Dr. Sabine Scheffler dar. Während dieser Zeit konnte sich eine rege Forschungstätigkeit entwickeln. Im Rahmen von Diplomarbeiten und Dissertationen wurden etwa 50 empirische Untersuchungen mit frauenspezifischen Inhalten durchgeführt. Es entstand bereits damals der Wunsch, Teilaspekte des erarbeiteten Fachwissens zu bewahren und einer breiteren LeserInnenschaft zugänglich zu machen.

1998 wurde der Verein Frauen-/Genderforschung mit dem Anliegen gegründet, feministische Theoriebildung und Forschung im außeruniversitären Bereich zu unterstützen und zu verbreiten. Es bot sich in diesem Rahmen die Möglichkeit, zentrale Schwerpunktthemen auf der Basis der vorliegenden Forschungsergebnisse neu zu bearbeiten und zu publizieren. Als Sozialwissenschaftlerinnen, die zu einem großen Teil im psychosozialen Bereich beschäftigt sind und damit aus nächster Nähe mit den konkreten Nöten von Frauen und Männern konfrontiert werden, fühlen wir uns einer emanzipatorischen Zielsetzung verpflichtet. „Freiheit" als Möglichkeit, jenseits von Normvorgaben eigenverantwortliche Entscheidungen treffen zu können, ist doppelt verwurzelt. Sie ist zum einen eine Charakterqualität des jeweiligen Menschen, zum anderen eine Bedingung des sozialen Umfeldes.* Als Psychologinnen ist es unsere Aufgabe, immer wieder die Zusammenhänge zwischen beiden Bereichen sichtbar und kritisierbar zu machen, Frauen zu ermutigen, ihr Leben entsprechend den eigenen Bedürfnissen und Werten zu gestalten, und die schädigende Wirkung von bestimmten Lebenseinflüssen und Rollenvorgaben aufzuzeigen.

Wir wollen unsere LeserInnen ermutigen, „Ihr-Land" jenseits von den Beschränkungen einseitiger Rollenvorgaben zu entdecken und zu gestalten, und, wenn nötig, auch zu erobern.

---

* Vgl. Hans-Jürgen Walter: Max Wertheimer. Zur Gestaltpsychologie menschlicher Werte, Opladen 1991.

Unser besonderer Dank gilt:

- Frau Dr. Sabine Scheffler, deren Engagement die Auseinandersetzung mit feministischen Inhalten innerhalb der akademischen Strukturen ermöglicht und mit dem dabei entstandenen sozialen Netzwerk den Boden für weiterführende Theoriebildung erleichtert hat;
- dem Verlag Promedia, insbesondere Herrn Hannes Hofbauer, für die offene und unbürokratische Bereitschaft, „Ihr-Land" zu publizieren, und Frau Gabriele Habinger für das Lektorat.
- unseren FreundInnen und Bekannten, deren Ermutigungen, Unterstützungen und inhaltliche Anregungen wesentlich zur Qualität des Buches beigetragen haben;
- allen interviewten Frauen, deren Offenheit und Interesse die Grundlagen der Forschungsarbeiten sind, und denen dieser Band in besonderer Weise gewidmet ist;
- allen Sponsoren – aus oft unerwarteten Bereichen –, die mit ihrer Unterstützung die Entstehung dieses Buches ermöglicht haben.

Claudia Höfner, Eva Kaufmann, Katharina Moser,
Barbara Toth, Gabi Weger
Wien, im März 2000

Einleitung

CLAUDIA HÖFNER, EVA KAUFMANN, KATHARINA MOSER,
BARBARA TOTH, GABRIELE WEGER

Am Wiener Institut für Psychologie ist es auch durch die Gastprofessur für frauenspezifische Forschung nicht gelungen, den Bann zu brechen und einen Lehrstuhl für Gender Studies zu etablieren. Die wissenschaftliche Auseinandersetzung mit frauenspezifischen Inhalten ist in Österreich noch lange nicht zur Selbstverständlichkeit geworden. Um so wichtiger erscheint es uns, Ergebnisse feministischer Forschung im Bereich der Sozialpsychologie zu veröffentlichen und Alternativen zu den Modellen der Mainstream-Psychologie aufzuzeigen.

Die feministische Theoriebildung versteht sich als interdisziplinärer Ansatz, der im Bereich der Sozialwissenschaften einen Brückenschlag zwischen Soziologie, Psychologie, Philosophie und Politikwissenschaften wagt. Sie wendet sich gegen die Ausschließlichkeit der allgemein üblichen Subjektperspektive, die eine Individualisierung und Depolitisierung von psychologischen Symptomen und Problematiken, die in ihren Wurzeln aus sozialen Umständen erwachsen sind, begründet. Die Auswirkungen geschlechtsspezifischer Lebensumstände und Rollenzuschreibungen in einer zweigeschlechtlich strukturierten Welt zeigen sich in allen Bereichen der Psychologie. Verhalten, Motivation, Körpererleben, Ausdruck von Gefühlen, Durchsetzungsstrategien, frauenspezifische Erkrankungen, Sozialisationserfahrungen und Berufswahl spiegeln in eindrücklicher Weise die Regeln eines fragwürdigen Geschlechterkompromisses wider. Geschlecht wird in dieser Weise nicht nur als Forschungsgegenstand eingebracht, sondern insbesondere als Analysekategorie für soziale Lebensbedingungen und deren Einfluß auf Identitätsbildungsprozesse verwendet.

Als Sozialwissenschaftlerinnen ist es uns nicht möglich, den Glauben an eine „wertfreie" und unpolitische Wissenschaft zu teilen. Die theoretischen Grundannahmen, die von ExpertInnen vertreten werden, bestimmen ihre jeweilige Haltung zu den Problemen der KlientInnen und ihre berufspolitischen Entscheidungen. Sie bestimmen, wie sehr die eigene Arbeit primär der Aufrechterhaltung gängiger Normen dient oder KlientInnen dabei unterstützt, einen eigenen Standpunkt zu entwickeln. Die Frage, wie sich strukturelle

Bedingungen in unterschiedlichen Lebensbereichen auf das Identitätserleben und die Identitätsbildungsprozesse von Frauen auswirken, zieht sich als roter Faden durch diesen Sammelband.

In der psychologischen Theoriebildung werden zwei große Modelle in bezug auf die Frage nach dem „Wesen" von Identität und Weiblichkeit erörtert. Das erste geht von einem naturgegebenen, wesenhaften Kern aus und steht in naturalistischer Tradition. Wenn diese Annahme der Naturhaftigkeit in bezug auf die Weiblichkeitsbestimmung verworfen wird, stellt sich statt dessen die Frage nach ihrer sozialen Genese und Funktionalität. Sozialpsychologische und dekonstruktivistische Ansätze bieten einen interaktionistischen Zugang. Die Ausprägung der psychologischen Geschlechtlichkeit ist in diesem Sinne eine sich verändernde, kulturspezifische Konstruktion, strukturgleich mit dem jeweils zugrunde liegenden gesellschaftlichen Vertrag zwischen den Geschlechtern. Sie ist nichts starr Gegebenes, sondern vielmehr ein beständiger Prozeß der Versicherung, Veränderung und Aufrechterhaltung, der in sozialen Interaktionen stattfindet.

Wenn wir diesen Band „Ihr-Land" genannt haben, so nicht deswegen, um ein noch unentdecktes „Wesen" der Frau zu suchen. Menschen als soziale Wesen sind, was sie geworden sind, es gibt keine sozialen „Masken", die abgelegt werden könnten, um dahinter ein „Eigentliches" zu finden. Wie auch immer eine Beschreibung des „wahren Frauseins" beschaffen wäre, es wäre eine neuerliche Weiblichkeitsnorm, die für die Unterschiedlichkeiten zwischen Frauen lediglich Einschränkung bedeuten könnte. Wichtiger erscheint uns vielmehr die Frage, welche Aspekte es Frauen durch Rollenvorgaben und die Mechanismen sozialer Kontrolle erschweren, ihren Bedürfnissen entsprechend zu leben und ihre Fähigkeiten zu entfalten und einzusetzen.

Die Konstruktion von Weiblichkeit findet in der Abgrenzung, insbesondere in der Komplementarität zur Konstruktion von Männlichkeit statt. Was dem einen zugeordnet wird, soll vom anderen als nicht zugehörig erlebt werden. Der Dichotomisierung von Persönlichkeitseigenschaften und Verhaltensweisen entspricht die geschlechtsspezifische Konnotierung von Tätigkeiten und die damit verbundene Segregation des Arbeitsmarktes. Die Vorstellungen von idealtypischem und geschlechtsspezifischem Verhalten tragen den Charakter von nicht hinterfragenswerten Selbstverständlichkeiten und entziehen sich damit weitestgehend einer kritischen Distanzierung. Selbstverständlichkeiten werden nicht in Frage gestellt. Sie bestimmen, was gelebt werden darf, was heimlich gelebt werden muß und was nicht einmal gedacht werden darf. Menschliche Lebenserfahrung läßt sich jedoch nicht grundsätzlich in einen männlichen und einen weiblichen Pol aufteilen. Eine solche Spaltung bedeutet eine Einschränkung und Reduktion der vielfältigen Bedürfnisse beider Geschlechter, die auf der Verdrängung der jeweils anderen „Hälfte" beruhen. Wenn Weiblichkeit ausschließlich in bezug auf Männlichkeit konstruiert worden ist, liegt ihr zentrales Wesen im Beziehungsaspekt begründet und verankert ein wechselseitiges und asymmetrisches Abhängigkeitsverhältnis zwischen den Geschlechtern. Diese „Fremd-Orientierung" scheint das Kernelement des weiblichen Selbsterlebens darzustellen. Jene eine Hälfte, die insbesondere von Frauen tabuisiert werden soll, scheint damit in erster Linie all jene Aspekte zu umfassen, die mit „Selbst-Bestimmung" im Zusammenhang stehen. In den meisten der vorliegenden Untersuchungen wird deutlich, wie mangelhaft Frauen gelernt haben, ihre eigenen Bedürfnisse wichtig zu nehmen und dafür einzutreten. Sie haben Schwierigkeiten, ihre Anliegen und ihr Unbehagen zu äußern, und bevorzugen „stillschweigende" Bewältigungsstrategien. Der Mut zur Veränderung und zur aktiven Selbstgestaltung setzt die Fähigkeit voraus, zunächst Gefühlen der Unzufriedenheit, der Empörung und des Zorns über bestehende Verhältnisse Raum geben zu können. Das Aggressionstabu für Frauen entpuppt sich in diesem Zusammenhang als wirkungsvolle Barriere, um deren Gestaltungskraft zu lähmen.

Im vorliegenden Buch stellen sich 15 Autorinnen anhand von empirischen Studien die Frage, wie Frauen unter den gegebenen Umständen „Ihr-Land" nach eigenen Bedürfnissen und Phantasien bestmöglich mitgestalten können. Die Ergebnisse spiegeln in eindrücklicher Weise wider, wie einengend sich die Vorgaben der Geschlechtsrollen auf die Lebensgestaltung von Frauen auswirken können und wie viele Verunsicherungen und Ambivalenzen mit der Entscheidung für abweichende Lebensperspektiven verbunden sind.

Das erste Kapitel beleuchtet den Begriff der „friedfertigen Frau". Die Ausprägung von Aggression gilt in der traditionellen Psychologie immer noch als einer der stabilsten Geschlechtsunterschiede. *Claudia Höfner* überprüft diesen Mythos auf seinen Wahrheitsgehalt. Sie geht anhand von aggressiven und gewalttätigen Phantasien von Frauen der Frage nach, wie sich diese selbst in ihrer Vorstellung als Aggressorinnen inszenieren und erleben. Sie analysiert die bevorzugten Aggressionsformen und die Auslöser für Gewaltphantasien. *Ingrid Seczer* setzt sich kritisch mit herkömmlichen Selbstverteidigungskursen auseinander, die keinen Bezug auf die Aggressionshemmung von Frauen nehmen. Seczer erarbeitet praxisbezogene Vorschläge, wie solche Kurse

Frauen den Zugang zur eigenen Wut und Handlungsfähigkeit tatsächlich erleichtern könnten.

Gabi Weger und *Vera Schedenig* stellen zwei Frauengruppen gegenüber, die den zentralen Kriterien „richtiger" und „erfüllter" Weiblichkeit im Sinne von Gebärfähigkeit und Mutterschaft nicht entsprechen. *Gabi Weger* beschreibt das Leiden ungewollt kinderloser Frauen, die sich bereits der mehrmaligen Prozedur einer In-vitro-Fertilisation unterzogen haben. Die Mutterschaft wird so sehr als Kernelement weiblicher Identität verstanden, daß ein befriedigendes Leben jenseits der Normvorgaben nicht vorstellbar erscheint. Im Gegensatz dazu haben sich die gewollt kinderlosen Frauen in der Studie von *Vera Schedenig* bewußt für einen abweichenden, alternativen Lebensentwurf und ein anderes Rollenmodell entschieden. Sie finden eine wesentliche Identitätsversicherung in ihren beruflichen Zielen und streben ein selbstbestimmtes und unabhängiges Leben an.

Ist Körper einfach – und entzieht sich damit als Naturgegebenheit jeder Diskussion? Auf der Grundlage eines postmodernen Diskurses gehen *Claudia Kneißl, Katharina Moser* und *Eva Kaufmann* der Frage der Herstellung von Körperwahrnehmung von jugendlichen Mädchen nach. Die Entwicklung der Körperlichkeit und des Körpererlebens von Frauen ist durch die konfliktträchtigen und abwertenden Weiblichkeitsbilder wesentlich geprägt. *Claudia Kneißl* setzt sich in ihrer Studie mit Körperentwürfen während der Adoleszenz im Rahmen einer normalen Entwicklung auseinander. Das Wachstum der sekundären Geschlechtsmerkmale ist für viele Mädchen mit ambivalenten Gefühlen und mit Scham verbunden. Die Autorin geht der Frage nach, ob und wie es Jugendlichen dennoch gelingt, ein selbstbewußtes Körpererleben zu entwickeln. *Katharina Moser* und *Eva Kaufmann* beschäftigen sich mit Magersucht als spezieller und pathologischer Form des Körpererlebens. Als frauenspezifisches Störungsbild sieht *Katharina Moser* Magersucht als mögliche Antwort auf die weibliche Rollenanforderung. Um das dynamische Geschehen der Vermittlung zwischen Leib und Welt besser verstehen zu können, stellt sie den Ansatz einer zwischenleiblichen Kommunikation vor. *Eva Kaufmann* fokussiert ihre Untersuchung auf die Bedeutung des Vaters als Vermittler eines traditionellen und meist geringschätzigen Weiblichkeitsbildes. Seine Beziehung zur Tochter ist durch die Mißachtung ihrer Bedürfnisse und ihrer körperlichen Grenzen geprägt. Magersucht kann als Versuch gesehen werden, den verhaßten Rollenvorgaben zu entkommen.

Die individuelle Bedeutung von Körperlichkeit beschäftigt auch die Autorinnen des nächsten Kapitels. An Frauen wird zunehmend die Erwartung gerichtet, ebenfalls den einseitigen „männlichen" Normen des gesellschaftlichen Lebens, insbesondere dem Leistungsdruck, zu genügen. Das Unbehagen damit und der Wunsch nach mehr Zeit für sich selbst dürfen nicht direkt geäußert werden. Körperliche Phänomene bieten sich als sozial anerkannte Rechtfertigungsmöglichkeit für Frauen an, heimliche Bedürfnisse zu leben. Es läßt sich häufig beobachten, daß Frauen, die gewichtsmäßig unauffällig sind, darum bemüht sind, abzunehmen. *Silvia Weissgram* versteht die Problematisierung des eigenen Gewichts als verschlüsselte Ausdrucksform eben jener Anliegen, deren direkte Befriedigung nicht legitim erscheint. *Helga Gritzner* kritisiert in ihrer Arbeit die Pathologisierung des weiblichen Zyklus und des „Prämenstruellen Syndroms". Der Zyklus ist ein wesentlicher Teil der Integrität von Frauen und wird als solcher positiv bewertet. Die prämenstruelle Phase hat den Charakter einer Ruhe- und Erholungsperiode, einer Zeit, in der den eigenen Bedürfnissen mehr Raum gegeben werden darf.

Ingeborg Netzer und *Tosca Wendt* weisen in ihren Untersuchungen nach, wie sehr Interaktionsmuster in Beziehungen immer auch mit gesellschaftlichen Strukturen verschränkt sind. *Ingeborg Netzer* thematisiert in ihrem Artikel das sensible und durch Rollenzuschreibungen sehr belastete Verhältnis zwischen Töchtern und Müttern und stellt das fragwürdige Ideal der adolszenten Ablösung zur Diskussion. Was zunächst als gelungener Ablösungsprozeß erscheinen mag, ist bei genauerer Betrachtung häufig der Abbruch einer Beziehung, in der die wichtigsten Dinge nicht gesagt werden konnten. *Tosca Wendt* zeichnet in ihrer Analyse der Interaktionsdynamik von Paaren in Konfliktsituationen nach, wie die überlegene Position des Mannes stillschweigend aufrechterhalten wird. Bei allen Paaren wird die offenbar selbstverständliche Übereinkunft sichtbar, daß „seine" Anliegen von beiden als wichtiger erachtet werden.

Astrid Schwarz und *Barbara Toth* beschäftigen sich mit Identitätsentwürfen von Frauen, die schicht- und geschlechtsspezifische Zugangsbarrieren überschreiten. Als zentraler Belastungsfaktor stellt sich die Tabuisierung dieser Selektionsmechanismen heraus, die sich hinter dem Deckmantel der Chancengleichheit einer Kritik entziehen. *Astrid Schwarz* beschreibt das brüchige Selbstverständnis von Studentinnen aus ArbeiterInnenfamilien. An der Universität sind sie mit einer fremden Welt konfrontiert, in der ihre bisherigen Lebenserfahrungen unberücksichtigt bleiben und als defizitär erscheinen. Gute Noten oder ein gelungener Studienabschluß reichen nicht aus, um den eigenen Selbstwert zu versichern. Die Konstruktion der Geschlechterdifferenz fußt auf dem Statusgefälle zwischen Männern und Frauen. *Barbara Toth* geht der Frage nach, wieweit diese Geschlechterhierarchie und die damit verbundenen Zuschreibungen tatsächlich aufgehoben oder lediglich neu konstruiert werden, wenn Frauen Eingang in die formellen Machtbereiche der traditionellen Männerdomänen finden.

Das letzte Kapitel thematisiert die Wirkung sozialer Kontrolle, die insbesondere in überschaubaren sozialen Netzwerken ein zentrales Verhaltensregulativ darstellt und die Freiräume von Frauen wesentlich bestimmt. *Martha Platt* beschreibt in ihrer Arbeit die Marginalisierung von Frauenfreundschaften in einem Dorf. Es gibt kaum Kommunikationsräume für Frauen, und Treffen müssen mit dem Vorwand der gegenseitigen Hilfestellung legitimiert werden. Die Bandbreite der Gesprächsthemen ist darüber hinaus durch die ständige Gefahr von Tratsch und schlechter Nachrede eingeschränkt. *Hedwig Wölfl* untersucht die Identitätsentwürfe von adolszenten Mädchen der türkischen Migrationsgemeinde. Die Jugendlichen sind mit zwei unterschiedlichen Kulturen vertraut, die ihnen auch in bezug auf die Weiblichkeitsbilder widersprüchliche soziale Rollen abverlangen. Die Abhängigkeit der Ehre und des Status der männlichen Familienmitglieder von der Rollenkonformität der Frauen verstärkt die soziale Kontrolle über die Mädchen.

In allen Untersuchungen wird deutlich, wie sehr das Selbstbild und das Identitätserleben durch die sozialen Konstruktionen der Geschlechtlichkeit geprägt sind. Konstruktionen, die ihre Kraft aus ihrem Selbstverständlichkeitscharakter beziehen. Konstruktionen, die vorgeben, wie man und frau „normaler"weise nicht zu sein und zu denken haben und welche Wünsche und Phantasien erstickt und ins Unbewußte verdrängt werden müssen. Wir hoffen, mit „Ihr-Land" einen Beitrag dazu geleistet zu haben, die Denktabus anzukratzen. Die Möglichkeit, Alternativen denkbar zu machen, und das Vertrauen auf die eigene Wahrnehmungsfähigkeit sind wesentliche Voraussetzungen dafür, neue Lebensentwürfe jenseits der dichotomen Raster realisieren zu können.

1. NICE GIRLS DON'T DO IT

Weibliche Widerstandsformen und ihre Vertuschung

Einleitung

CLAUDIA HÖFNER, INGRID SECZER

Jahrzehntelang wurden wehrhafte Frauen ins Reich der Mythen und des Wahnsinns verbannt. Entweder sie erschienen als sagenhafte Gestalten wie etwa Amazonen oder Walküren, oder ihre Auflehnung wurde abgewertet, indem sie nicht ernst genommen, sexualisiert oder pathologisiert wurde. Jenseits von Angst und Abwehr wurden und werden diese Frauen jedoch auch bewundert. Sie galten also gleichermaßen als geheimnisvoll und skandalös, als faszinierend und angstbesetzt.

Erst in den letzten Jahren scheint ein langsames Umdenken stattzufinden. Immer häufiger werden Bücher zu diesem Thema aufgelegt, immer reißender finden sie Absatz. Der Begriff „weibliche Aggression" ist nicht länger ein Widerspruch in sich. Trotzdem – gewisse Einschränkungen sind erhalten geblieben. Immer noch sind einige Dinge undenkbar: Daß eine Frau von sich aus aggressiv wird ohne offensichtlichen Grund, ist weiterhin schwer vorstellbar; daß sie dabei auch auf männlich konnotierte Mittel zurückgreift, anstatt mit den vielzitierten Waffen einer Frau zu kämpfen, ist ebenfalls kaum zu glauben. Solche Bilder lösen sowohl Angst als auch Gelächter aus, beides Anzeichen einer Spannung, die noch immer besteht, wenn man an weibliche Aggression denkt.

Die folgenden zwei Artikel beschäftigen sich mit solchen Bildern. Beide Autorinnen gehen von einem Aggressionsbegriff aus, der sehr weit gefaßt ist. Sie betrachten Aggression als Wille zur Selbstbehauptung sowie zur Durchsetzung der eigenen Belange, unabhängig davon, welche Ausdrucksform dafür gewählt wird. Weiters gehen sie davon aus, daß Frauen in ihren aggressiven Handlungen ganz spezifische Muster aufweisen. So ziehen sie etwa oft indirekte Strategien vor, bei denen sie andere Personen dazu anhalten, für sie gegen die verhaßte Person zu kämpfen. Dies bringt den Vorteil mit sich, als Aggressorin unentdeckt zu bleiben und vor Racheakten sicher zu sein. Diese

Vorliebe bedeutet jedoch nicht, daß Frauen nicht auch anders können. Selbst wenn sie ihre Aggressionen im Alltag nicht immer direkt ausleben, so finden diese Anteile in der Phantasie und Vorstellungswelt Ausdruck oder werden als Strategien und Handlungspläne bereitgelegt. Daß weibliche Aggression verdeckte Formen annimmt, heißt nicht, daß sie nicht existiert, wie man uns oft glauben machen will.

Der Artikel *„Wider den Mythos der friedfertigen Frau"* befaßt sich mit den Inhalten aggressiver Phantasien von Frauen. Dabei wird nicht nur der identitätsstiftende Aspekt von Aggression in seiner kulturellen Einbettung betrachtet, sondern auch ganz konkret der Frage nachgegangen, wie Frauen sich selbst in ihrer Vorstellung als Aggressorin inszenieren und erleben. Neben den Auslösern für diese Gewaltphantasien werden auch die Opfer, Austragungsorte sowie die bevorzugten Aggressionsformen analysiert und anschaulich beschrieben. Aber auch die Emotionen und Kognitionen, also die Gefühle und rationalen Bewertungen, die solche Phantasien begleiten, werden dargestellt. Der Aufsatz versteht sich als Spurensuche sowie als Aufforderung und Anregung für die LeserInnen, sich selbst einmal solchen Gedankenexperimenten zu unterziehen.

Im Beitrag *„Selbstverteidigungskurse als Ort der Spurensuche"* geht es um aggressives Handeln. Mit dem Ziel, die Notwendigkeit solcher Kurse aufzuzeigen, werden zunächst einige Fakten zu Gewalt gegen Frauen dargelegt. Gleichzeitig erfolgt eine kritische Auseinandersetzung mit Selbstverteidigungskursen für Frauen, denn auch hier bleibt das traditionelle Verhältnis – der Mann ist Angreifer und die Frau ist die darauf Reagierende – bestehen. In einem weiteren Schritt werden Selbstverteidigungskurse für Frauen neu konzipiert und anhand der jüngeren feministischen Literatur handlungsrelevante Vorschläge erarbeitet. Abschließend überprüft die Autorin bei bestehenden Konzepten, inwieweit diese Empfehlungen in der Praxis umgesetzt werden, in welcher Weise also der aggressive Handlungsspielraum von Frauen tatsächlich gefördert wird. Der Artikel soll Frauen ermuntern, ihr aggressives Selbst kennen und schätzen zu lernen, um sich und ihre Interessen lustvoll durchzusetzen.

Wider den Mythos der friedfertigen Frau

Claudia Höfner

„Jedes Jahr, wenn im Winter die Eiszapfen von den Dächern hängen, träume ich davon, einen im Tiefkühlschrank aufzubewahren – und dann – im Sommer, eine scharfe, spitze Waffe, jemanden damit zu erstechen. Meinen verflossenen Geliebten: zwischen die Schulterblätter. Die Frau, die diese Trennung verursacht hat: langsam in die Halsgrube versenken. Meine jetzige Geliebte: eine schnelle Bewegung mitten ins Herz. Auch dieses Jahr sind sie wieder da, schimmernd, verlockend, gefährlich und vergänglich."*

Männertugend – Frauenschand: Aggression im Arrangement der Geschlechter

Noch immer spukt es in unseren Köpfen herum – das Bild der friedfertigen Frau – und wirft die Frage auf, weshalb sich dieser Mythos so hartnäckig hält und selbst Frauen oft davon überzeugt sind, aggressionslose Wesen zu sein.

Weibliche Aggression wurde erst in jüngerer Zeit thematisiert und in der Folge zu einem Objekt wissenschaftlicher Auseinandersetzung. Daher gibt es immer noch relativ wenige Studien auf diesem Gebiet, auch in der Frauenforschung. Die Gründe hierfür liegen einerseits im methodologisch schwierigen Zugang zum Phänomen „Aggression" an sich, andererseits in der Zähigkeit, mit welcher der Mythos der „friedfertigen Frau" sowohl auf der individuellen Ebene im Selbstbild der Frauen – und in der Einschätzung der Männer – als auch auf gesellschaftlicher Ebene bestehen bleibt.

Es ist für die Männerwelt durchaus vorteilhaft, die Frau als selbstlose Mutter, unselbständiges Mädchen, als freundlich, tugendhaft, gebend und fürsorglich zu definieren. Der männliche Prototyp hingegen ist der des Kämpfers, des Jägers – und Wissenschaftler behalten, wie andere Menschen auch, die Lieblingsmythen ihrer Kultur bei, indem sie Frauen in Übereinstimmung mit den eigenen kulturellen Stereotypen betrachten. Darin zeigt sich die immanente Machtkomponente des Mythos ganz deutlich: Er weist den Geschlechtern ihre Plätze zu und erzeugt eine feste gesellschaftliche Ordnung.

---

* Dieses Zitat stammt aus dem anonymen Brief einer Frau, geb. 1946, der im Rahmen der Diplomarbeit „Aggressive Phantasien von Frauen. Ein Generationenvergleich" (Höfner 1996) erhoben und ausgewertet wurde.

Denn unter einer solchen Prämisse wird die männliche Vormachtstellung geradezu notwendig für das Überleben der Menschheit. Weibliche Aggression hingegen macht Angst. Sie rüttelt an den Grundfesten unserer Kultur und muß folglich von beiden Geschlechtern verdrängt werden.

Diese strikte Zweiteilung der Menschheit in Friedliche und Unfriedliche ist weder durch biologische noch durch sozialwissenschaftliche Argumente zu halten. Laut Margarete Mitscherlich (1987) steckt in der These der wesensmäßigen Friedfertigkeit der Frau auch eine geheime Diffamierung. Hinter ihr verbirgt sich unter anderem die Annahme, daß Frauen, im Gegensatz zu Männern, nicht in der Lage seien, sich im Leben aktiv zu behaupten, weil sie viel zu friedlich und folglich auf Wehr und Waffen des Mannes angewiesen seien.

Aggression ist heutzutage ein äußerst schillernder Begriff geworden. Sie kann sich in den primitivsten bis hin zu den subtilsten Aktionen manifestieren. Zumeist ist Aggression im Alltagsleben – insbesondere bei Frauen – äußerst verpönt, denn sie gehört zu den sozial unerwünschten Verhaltensweisen, es sei denn, eine Frau setzt sich aggressiv wie eine Löwenmutter für ihren Nachwuchs ein. Aggression wird dabei oft einseitig betrachtet – als Zerstörung und Auslöschung, als absichtliche Schädigung anderer Personen oder Objekte. Aggression ist jedoch viel mehr als das: Sie bedeutet auch Durchsetzung und Selbstbehauptung, Einsatz für eigene Belange, eigenes Begehren, eigenen Willen. Sie ist wichtig für psychisches Wachstum und Reife. Somit ist Aggression ein wesentlicher Bestandteil auch weiblicher Identität, obwohl viele Frauen dies vehement bestreiten.

Aggression im Lichte der Wissenschaft

Wo ist sie also, die weibliche Aggression, die im Selbstbild der meisten Frauen fehlt? Sie zeigt sich – auf den ersten Blick – nicht in Taten, soviel läßt sich aus internationalen Kriminalstatistiken ablesen. Schon eher zeigt sie sich beim Betrachten typisch weiblicher Krankheitsbilder, wie etwa bei Depressionen, Angst- und Eßstörungen oder frauenspezifischen Formen der Medikamentensucht. Denn hinter einer solchen Symptomatik verbirgt sich nur allzu oft eine Kritik an und Verweigerung der gesellschaftlichen Position und der daran geknüpften Erwartungshaltungen. Sie kann als verständliche Reaktion auf krankmachende Bedingungen gewertet werden.

Dabei setzen zwei Wirkmechanismen ein. Einerseits scheint der Weg in die Krankheit auf der individuellen Ebene oft die einzige Ausdrucksmöglichkeit für Überforderung, Unzufriedenheit und Wut einzelner Frauen zu sein. Andererseits zeigt sich auf gesellschaftlicher Ebene die Abwertung aufmüpfigen weiblichen Verhaltens, das als Störfaktor etikettiert und psychiatrisiert wird, ohne auf den symbolischen Gehalt zu achten. Diese Psychiatrisierung weiblicher Aufsässigkeit ist der Gesellschaft dienlich und hat Tradition, denkt man etwa an die Theorien zur Hysterie zu Beginn unseres Jahrhunderts (vgl. Scheffler 1994; Duda/Pusch 1992; Honegger/Heintz 1984). Derlei Praktiken wurden jedoch kaum jemals thematisiert. Ganz im Gegenteil erhärten diese und ähnliche Forschungsergebnisse den Mythos der friedfertigen und masochistischen Frau, anstatt ihn reflektiert zu hinterfragen. Aggression galt infolgedessen lange Zeit als einer der gesichertsten Geschlechtsunterschiede.

In den siebziger Jahren jedoch änderten vornehmlich feministische Wissenschaftlerinnen ihre Perspektive und wiesen auf zahlreiche methodologische Probleme der Aggressionsforschung hin – ein Meilenstein der Frauen- und Geschlechterforschung. Betrachtet man etwa die jeweilige Lern- und Hemmungsgeschichte aggressiven Verhaltens, so verschwinden die Unterschiede zwischen den Geschlechtern. Statt dessen wird deutlich, daß Frauen aufgrund ihrer Sozialisation eine ganz spezifische Entwicklung von Aggressionsstrategien erleben, weg von kleinkindhaften tätlichen Akten hin zu differenzierteren Methoden, und als Folge davon eher indirekt aggressiv sind (vgl. etwa Björkqvist/Niemelä 1992). Letzteres bedeutet, daß Frauen ihr soziales Umfeld ausnutzen, um unbemerkt von anderen ihren Widersachern zu schaden oder ihren Willen durchzusetzen, ohne dabei ihr Gesicht zu verlieren und jenes ungeschriebene Gesetz, jene Grenze zu übertreten, die sie in die aggressionslose Ecke verweisen. Dazu gehören Techniken wie üble Nachrede, das Verbreiten falscher Gerüchte und ähnliches. Frauen suchen sich insgesamt häufig kreativere Methoden und Wege, um sich zu behaupten.

Im Reich der Phantasien

Auf der Spurensuche nach diesen kreativen, nicht selbstschädigenden Ventilen, die ins friedfertige Selbst- und Fremdbild integriert werden können, gelangt man unweigerlich ins Reich der Phantasien, in dem schlichtweg alles möglich ist – auch das Unmögliche. Denn Aggression wird nicht nur in Handlungen sichtbar, sie entsteht schon im Kopf, zum Beispiel in Form von Rachegelüsten, Verwünschungen oder im Ausdenken von Unglücksfällen. Wenn Aggression also aus dem einen oder anderen Grund nicht direkt oder

19

indirekt ausgelebt, das heißt in Handlungen übersetzt werden kann, müssen andere, zum Beispiel kognitive Kanäle gefunden werden.

Phantasien sind schöpferische Vorgänge und beinhalten immer fruchtbare und vernichtende Momente, was auf ihren widersprüchlichen unharmonischen Charakter und ihre chaotische Struktur hinweist. Sie sind prozeßhaft, vergänglich und spontan, sie können absichtslos schweifen oder aber planvoll und zielbewußt geartet sein (vgl. Wambach-Loviscach 1994; Dorsch 1994). In der Phantasie kann man sich über die Grenzen der Realität hinwegsetzen und Situationen plastisch und ausdrucksstark erleben, die sich vielleicht niemals so abspielen werden. Friday (1991, S. 13) meint, Phantasien „enthalten wie die Träume, mit denen sie eng verwandt sind, simultan widersprüchliche Ideen. Sie erweitern, verzerren oder übertreiben die Realität und führen uns weiter und schneller in die Richtung, wo das schamlose Unbewußte hin will". Für Brückner (1991) stellen Phantasien einen Schnittpunkt zwischen objektiver gesellschaftlicher Situation und subjektiver Bearbeitung der jeweiligen spezifischen Lage einzelner Frauen dar. Oft werden sie umso farbenprächtiger, je minimaler ihre Umsetzbarkeit ist und je restriktiver die Lebenszusammenhänge der betroffenen Frau gestaltet sind. Sie machen Situationen der Unterdrückung kontrollierbar und kehren sie sogar manchmal um. Sie verwandeln mitunter Opfer in Täterinnen. Auch Mitscherlich (1987) betont in diesem Zusammenhang, daß eine Person, die phantasiert, nicht Opfer, sondern Schöpferin und Beherrscherin der Situation ist, die sie phantasiert. Trotzdem werden gerade aggressive Phantasien nicht nur als Befreiung erlebt, sondern können ebenso zu Scham- und Schuldgefühlen führen. Sie wirken also sowohl kathartisch als auch belastend, wie sich im folgenden noch genauer zeigen wird.

In einer qualitativen Untersuchung (Höfner 1996) stellte sich heraus, daß die Fülle weiblicher Aggressionsphantasien geradezu überwältigend ist. 50 Frauen im Alter von 16 bis 80 Jahren berichteten in anonymen Briefen von insgesamt 414 aggressiven Phantasien. Als Phantasien galten sowohl eher unbewußt gesteuerte Tag- und Nachtträume als auch Vorstellungen oder Strategien mit eher bewußtem Gehalt. Wichtig war also lediglich ein schöpferisches Moment unabhängig von der Bewußtseinslage. Zusätzlich wurden reale aggressive Handlungen erfragt sowie zwei Altersgruppen miteinander verglichen. Eine genaue Darstellung dieser Daten würde jedoch den hier gegebenen Rahmen sprengen.

Im Laufe dieser Studie wurde deutlich, daß eine intensive Auseinandersetzung mit weiblicher Aggression durchwegs ambivalente Gefühle hinterläßt.

Obwohl es grundsätzlich zu befürworten ist, daß Frauen ihre Aggressionen zulassen und einen gesunden Ausdruck für ihren Unmut finden, fällt es ihnen mitunter schwer, sich ihnen zu stellen und sie zu ertragen. Dies überträgt sich gleichermaßen auf jene Personen, die sich der Erforschung dieser Thematik widmen. So bedurfte es in vorliegender Untersuchung durch die Menge der eingesandten Beiträge sowie durch die Einseitigkeit der Kommunikation mit den Aggressorinnen* teilweise erheblicher Anstrengungen, das eingegangene Datenmaterial auch selbst psychisch zu verarbeiten. Der lustvollen Auseinandersetzung mit weiblichen Aggressionsphantasien und deren Analyse sind daher in der Tat emotionale Grenzen gesetzt. Wenngleich ein lustvoller Umgang mit diesem Phänomen unser aller Ziel sein sollte, sind Irritationen erlaubt und verständlich.

Die Besonderheiten und Merkmale, die sich im Rahmen der Untersuchung der Aggressionsphantasien herauskristallisierten, sollen nun im folgenden näher beschrieben werden.

Der Stein des Anstoßes

Den meisten aggressiven Phantasien von Frauen gehen ganz konkrete reale Auslöser voraus. Ein Großteil davon ist im zwischenmenschlichen Bereich angesiedelt, wobei es sich um persönliche Angriffe oder um die Mißachtung der eigenen Person in Beziehungen, im Beruf oder in der Öffentlichkeit handelt. Die Hälfte all dieser Konflikte und Auseinandersetzungen betreffen Bezugspersonen wie Eltern oder PartnerInnen, auch wenn bzw. gerade weil sich diese mitunter den Streitigkeiten entziehen. Eine 47jährige Frau schreibt: *„Schon als Kind hatte ich nach einem Streit mit meinem Vater Rache- und Haßgefühle, daß ich ihm den Tod wünschte [...]".* Eine andere Frau, 53 Jahre alt, berichtet: *„Am meisten gekränkt und geärgert habe ich mich, wenn ich mir betrogen vorgekommen bin, wobei ‚betrogen' heißt, daß ich in den Dingen, die mir wichtig sind, hintergangen worden bin. Am stärksten war dieses Gefühl, als mein damaliger Partner mit einer anderen Frau ein Kind bekam [...]."* Frauen scheinen zwischenmenschliche Beziehungen so wichtig zu sein, daß ihr Nichtfunktionieren oder drohendes Scheitern die häufigste Ursache ihrer Aggressionen darstellt.

Des weiteren reagieren Frauen auf sexuelle Übergriffe aggressiv. So schildert eine 47jährige Frau: *„Als ich in den ersten Ehewochen völlig enttäuscht*

---

* Da die Briefe anonym waren, bestand von meiner Seite keine Möglichkeit der Kontaktaufnahme mit den Verfasserinnen.

von dieser Beziehung und auch von dem sexuellen Vollzug war, mein Mann aber sein Recht auf Beischlaf einforderte, hatte ich den Wunsch, ihn umzubringen." Eine 21jährige Frau erzählt: *„Und ganz plötzlich ein erstickter Laut. Leise, höhnische Männerstimmen, ein Kleidungsstück zerreißt. [...] In einem kleinen Park fallen 4 Männer über eine Frau her, wollen sie gerade zu Boden werfen. Sie halten ihren Mund zu, so daß sie nicht schreien kann, dennoch versucht sie, sich zu wehren. Aber sie hat keine Chance",* um im Anschluß daran dieser tragischen Geschichte eine überraschende Wendung, ein neues Ende zu geben – eine Frauengang kommt und verprügelt die Männer in dieser Phantasiegeschichte.

Frauen erleben des weiteren Aggressionsphantasien in Situationen, in denen sie mit besonders schlimmen Mißständen konfrontiert sind wie etwa Kränkungen, dem Erleben von Ungerechtigkeiten, Ohnmacht und ähnlichem: *„[...] da sind die Rollen ja von Anfang an so verteilt, wie er es will: er ist allmächtig und gewährend, und ich bin abhängig und folgsam [...], wann immer ich mein Verhalten geändert habe, um eine Veränderung herbeizuführen, hat sich das System so lange umgeformt, bis es ein neues Machtgefälle zu meinen Ungunsten gab. Hier mündet jede Aggression in Ohnmacht und Resignation. Für Aggression braucht man Partner",* erklärt eine 37jährige Frau. Frauen klagen zudem über generelle Überforderungen und Extrembelastungen in diversen sozialen Situationen familiärer und beruflicher Natur. Eine 25jährige Frau meint: *„[...] ich halte dieses Geschrei, diese Abhängigkeit des Kindes von mir nicht mehr aus."* Probleme mit Autoritäten, strukturelle und physische Gewalt mit Ausnahme der bereits erwähnten sexuellen Übergriffe spielen demgegenüber eine eher untergeordnete Rolle.

Vor allem die geringen Angaben von körperlicher Gewalt gegen Frauen als Auslösersituationen, die doch als individuelles wie strukturelles Problem gemäß statistischen Hochrechnungen einen viel größeren Verbreitungsgrad hat, sind ziemlich überraschend. Frauen dürften auf solch traumatische Erlebnisse eher mit Verletztheit, Schockiertheit, Furcht und Rückzug als mit Gegenaggression reagieren, was die Aussagen einer 24jährigen Studentin bestätigen: *„Also es ging um meinen Ex-Freund. Er war nach unserer Trennung gewalttätig, hatte mich körperlich angegriffen und furchtbar gedemütigt. Ich hatte damals nur Angst vor ihm gehabt und hatte versucht, ihm so gut wie möglich aus dem Weg zu gehen."* Vertreterinnen von Frauenhäusern, Selbstverteidigungsvereinen und anderen einschlägigen Einrichtungen sowie engagierte Wissenschaftlerinnen versuchen seit Jahrzehnten, die Einstellungen und Reaktionen der betroffenen Frauen, der befaßten Institutionen sowie der

Gesellschaft diesbezüglich zu verändern. Trotzdem liegt hier nach wie vor ein weites Betätigungsfeld zur Entwicklung und Erweiterung adäquater Durchsetzungs- und Abgrenzungsstrategien für Frauen, um nicht nur Angst, Scham und Schuld zu empfinden, sondern sich angemessen zur Wehr setzen zu können.

Der Ort des Geschehens

Betrachtet man den Austragungsort der phantasierten aggressiven Handlungen, so fällt auf, daß diese sich weit öfter im öffentlichen Raum abspielen als im privaten Bereich. Dies ist insofern erstaunlich, als die meisten Auslösersituationen nicht in der Öffentlichkeit, sondern in der Intimsphäre zwischenmenschlicher Beziehungen stattfinden. Wahrscheinlich ist dieses Paradoxon darauf zurückzuführen, daß Aggression üblicherweise nicht zu jenen Aspekten weiblicher Identität zählt, die Frauen problemlos in ihr Selbstbild integrieren können. Daher erscheint es nur einleuchtend, daß sie diese nicht im Privatraum stattfinden lassen wollen, sondern den Tatort nach außen verlagern, und somit ihren eigenen Intimbereich möglichst aggressionsfrei gestalten können. Bevorzugt werden vor allem Straßen, öffentliche Gebäude und Verkehrsmittel sowie öffentliche Anlagen wie etwa Parks.

Die bevorzugten Opfer

Wendet man das Augenmerk auf die Opfer in weiblichen Aggressionsphantasien, so ist festzustellen, daß sich der Großteil der Aggressionen gegen Männer richtet. Eine detailliertere Betrachtung zeigt, daß es Frauen hierbei weniger um allgemeine patriarchale Unterdrückung in unserer Gesellschaft, also um eine Reaktion auf strukturelle Ungerechtigkeiten, geht, als vielmehr um ihre ganz privaten zwischenmenschlichen Beziehungen. Die Aggressionen richten sich öfter gegen Männer aus dem partnerschaftlichen Bereich, aus dem Familien- oder Bekanntenkreis als gegen das männliche Geschlecht an sich, das heißt gegen Unbekannte. Dies deckt sich insofern mit der Realität, als Frauen selbst auch weit häufiger Opfer von Aggressionen im Familien- und Intimbereich werden. Vor allem Partner und Väter zählen zu den bevorzugtesten Zielscheiben weiblicher Aggressionsphantasien. Eine 25jährige Frau schreibt über ihren Vater: *„Ich habe auch manchmal die Phantasie, meinen Vater aufzusuchen, der in Wien lebt und den ich genau ein einziges Mal in meinem Leben gesehen habe. Ich umarme ihn und steche* *ihm gleichzeitig ein Messer in den Rücken. Es ist die Strafe für seine Nichtanwesenheit in meiner Kindheit, meinem Leben."* Eine andere Frau, ebenfalls 25 Jahre alt, erzählt: *„Tätliche Phantasien hab ich komischerweise eher bei den Männern, die mir sehr nahe stehen (auch körperlich)."* Trotzdem richtet sich ein immer noch beträchtlicher Teil weiblicher Aggressionsphantasien gegen unbekannte Männer, wie eine 23jährige Frau schreibt: *„Ich hatte vor ein paar Monaten eine Traumserie, in der ich allerlei Männer ermordete. Der erste Traum handelte auf der Straße. Ich wehrte mich und erstach einen Mann mit dem Messer. Immer wieder stach ich auf den am Boden liegenden Mann ein, rund 36 Mal oder so. Sehr oft und weit ausholend."* Der Grund hierfür liegt zumeist in den alltäglichen Belästigungen und Sexismen, denen Frauen auch seitens Fremder, zum Beispiel Passanten auf der Straße, ausgesetzt sind.

Daß Frauen allgemein nur zu einem vergleichsweise geringen Teil zu den Opfern in weiblichen Aggressionsphantasien zählen, läßt sich darauf zurückführen, daß Auseinandersetzungen unter Frauen, laut Angaben der Aggressorinnen, leichter in der Realität auszutragen sind und somit nicht auf der Vorstellungsebene verbleiben müssen.* Interessant ist bei genauerer Analyse das Ergebnis, daß Aggressionen gegen die eigene Mutter nur auf der Vorstellungsebene stattfinden dürfen und nicht auf der realen Handlungsebene. Mütter scheinen diesbezüglich einen besonderen Status im Leben einer Frau zu haben, was eine direkte Konfrontation, sei es aus Gründen der Solidarisierung, der Idealisierung oder der Furcht, erheblich zu erschweren scheint.** So berichtet eine 25jährige Frau: *„Ich fange mit meiner unangenehmsten Phantasie an. Sie richtet sich gegen meine Mutter. Ich stelle mir vor, daß ich bei ihrem Grab stehe mit einem Blumenstrauß in der Hand. Sie ist eines gewaltsamen Todes gestorben. Ein Unfall wahrscheinlich. [...] Ein anderes Mal steigert sich diese Phantasie. Sie kommt plötzlich mit voller Wucht, meistens nachdem sie mich emotional erpreßt hat oder mich sonst irgendwie unter Druck setzt. Ich nehme ein Messer und ersteche sie, während sie schläft."* Ansonsten richten sich die Aggressionen auch häufig gegen Konkurrentinnen, Frauen aus dem beruflichen Umfeld sowie gegen Freundinnen. Vergleicht man die Aggressionsphantasien gegen Frauen mit jenen gegen Männer, so zeigt sich, daß hierbei die Komponente der zwischenmenschlichen Beziehung insgesamt betrachtet eine geringere

---

* Dies ergab ebenfalls die Untersuchung von Höfner (1996), in der, wie bereits andernorts erwähnt, auch die realen Verhaltensweisen erhoben wurden.

** Vgl. in diesem Zusammenhang auch den Artikel von Ingeborg Netzer in diesem Buch.

24

Bedeutung zukommt, sondern eher Machtfragen und Rivalität im Vordergrund stehen.

Gegen Objekte richten Frauen ihre Aggressionen kaum. Sachzerstörung dürfte für sie kein adäquates Mittel sein, sich Erleichterung zu verschaffen, obwohl sogar das bisweilen phantasiert wird, wie etwa von einer 25jährigen Frau: *„[...] wir streiten, total, bis aufs Blut, und dann fange ich einfach an, alles kurz und klein zu schlagen, ihre ganze verfluchte 2-Millionen-Schilling-Wohnung, alles kaputt und hin, damit sie's kapiert, was sie mir antut [...]."*

Auch autoaggressive Phantasien werden eigentlich kaum angeführt, ebenso selten wie Aggressionen gegen Kinder oder Tiere.

Die Wahl der Waffen

Doch nun zum Kernstück weiblicher Aggressionen: zur bevorzugten Aggressionsform in Phantasien. Es ist überraschend, daß entgegen der Hypothese der weiblichen Friedfertigkeit sowie der Bevorzugung indirekter, heimlicher und „hinterhältiger" Aggressionsstrategien in der Realität ein auffällig hoher Prozentsatz aggressiver Phantasien von Frauen tätlicher Natur ist. Dem stehen relativ wenige verbale oder indirekte Aggressionsphantasien gegenüber. Dabei fällt vor allem auch die ungeheure Brutalität und Grausamkeit bei der Durchführung des aggressiven Aktes auf.

Blutrausch

Die Anwendung physischer Gewalt in den Phantasien macht insgesamt fast die Hälfte aller Schilderungen aus. Die Tat an sich wird am ehesten mit bloßer Körperkraft ohne Hinzuziehung zusätzlicher Hilfsmittel vollzogen. *„Ich wollte am liebsten auf ihn losgehen, mit meiner Stirn sein Nasenbein brechen oder ihm genußvoll die Fingerknöchelchen brechen [...]"*, schildert eine 25jährige Frau. Eine der wenigen Aggressionsphantasien gegen Kinder wird so dargestellt: *„[...] ich habe früher die Phantasie gehabt, daß ich ein Baby so lange mit dem Kopf gegen die Wand schlage, bis es tot ist."* Ebenfalls recht blutig stellt sich eine 29jährige ihre Rache vor: *„[...] was ich am liebsten mit ihm machen würde: ihn auf den Boden legen und zerstampfen, ich hau dich mit dem Kopf gegen die Wand, bis das Blut rausrinnt oder bis nur noch Brei übrig bleibt."* Wichtig ist dabei immer die große Kraft der Aggressorin, wie auch die folgende Beschreibung einer 31jährigen Frau deutlich macht: *„Nachdem wir uns getrennt hatten, träumte ich immer wieder davon, ihn in seiner Badewanne zu ertränken [...]. Detailreich und in mehreren Varianten träumte ich, wie ich ihm den Kopf unter*

Wasser drückte, ihn niederhielt, ihn zappeln ließ, bis er endlich ruhig war." Durch Selbstverteidigungskurse geschult dürfte eine Frau, 23 Jahre, sein, denn sie greift auf ganz bestimmte Techniken zurück*: *„[...] ich stelle mir dann vor, wie ich denen, die mich vergewaltigen wollen, die Augen eindrücke, mit der Faust ins Gesicht schlage, das Knie durchtrete, die Eier zerquetsche."* Eine andere Frau gleichen Alters schildert: *„Meistens stelle ich mir dann vor, ihnen mit den Händen, mit den Zähnen [...] die Halsschlagader aufzuschneiden oder sie zu erwürgen. Das geht in meiner Vorstellung immer ganz einfach, man kommt durch die Haut wie Butter."* Dies ist vermutlich ein Ausdruck überwältigender und blinder Wut, die Frauen zu kompensieren versuchen, indem sie sich in ihrer Vorstellung übermenschliche Kräfte zulegen und ohne zusätzliche Vorbereitungen oder Hilfestellungen – wie etwa durch den Einsatz von Waffengewalt – äußerst direkt gegen ihre Opfer vorgehen. Diese Annahme wird noch dadurch verstärkt, daß auch unbestimmte, nicht näher beschriebene Gewaltakte, wie die schlichte Ermordung des Opfers, recht häufig vorkommen, wobei dies ebenfalls sehr spontan, impulsiv und ohne Umschweife geschieht.

Weiters gibt es brutale Gewaltakte, die gewissermaßen Sexualdelikten zugeordnet werden können, was durch sexuelle Übergriffe als Aggressionsauslöser zu erklären ist. Eine 25jährige Frau beschreibt ihre Rachephantasien etwa dermaßen: *„Das denk' ich mir bei dem Typen, der mich fast vergewaltigt hätte, und dem Typen von der Schule, der ähnliches vorhatte, und überhaupt bei jedem Mann, der einer Frau das antut: nicht umbringen, nein – die Eier ab, ist viel besser, das erinnert sie jeden Tag. Am besten noch was, das ihnen bei jedem Pissen weh tut, und Vögeln nicht mehr möglich, echt, jeden Tag dran denken. Einem Vergewaltiger tät' ich echt den Schwanz abschneiden, in Scheiben. Das gehört ihnen. Fesseln, und dann drei Frauen, die beratschlagen, <u>wie</u> sie es tun werden, langsam und schmerzhaft, und dann hat sich's mit dem Ficken und Co."* Immer wieder werden sogar Vergewaltigungen von Männern phantasiert, wahrscheinlich aus dem Wunsch heraus, Gleiches mit Gleichem zu vergelten.

Doch selbst der Gebrauch von Waffen kommt, wenn auch seltener, in weiblichen Aggressionsphantasien vor. Messer erfreuen sich hierbei größter Beliebtheit. *„So einen Mann will ich ermorden, will ihm ins Herz stechen und ihn langsam verbluten sehen und dabei sein Gesicht sehen [...]"*, berichtet eine 45jährige Frau. Eine andere, 23 Jahre alt, schildert: *„Ich träumte jedenfalls, daß ich meine Oma mit einem Messer erstach, das Blut war überall, an ihr*

---

*   Vgl. in diesem Zusammenhang den Artikel von Ingrid Seczer in diesem Buch.

26

und im Bett." Ferner kommen diverse Alltagsgegenstände, wie etwa Baseball-schläger, in den Phantasievorstellungen zum Einsatz.

Wort-Gewalt

Obwohl verbale Aggressionen wie etwa unverblümte Stellungnahmen, Be-schimpfungen, Verhöhnungen oder Streitgespräche eher dem weiblichen Ge-schlechtsrollenbild entsprechen, machen sie nur einen vergleichsweise gerin-gen Teil der aggressiven Phantasien aus. Wahrscheinlich leben Frauen diese Aggressionsform in der Realität eher aus und sind hierbei nicht auf die Vorstellungswelt angewiesen. Zudem werden Verbalinjurien wortgewaltiger Frauen gesellschaftlich oft abgewertet* und sind vielleicht deshalb weniger mit einem kraftvollen, mächtigen Selbst, wie es in Aggressionsphantasien kreiert wird, vereinbar. Sie werden eher assoziiert mit Begriffen wie „zanken-de" und „keifende Weiber" oder „Hausdrachen" statt mit Mut und Durchset-zungskraft. Nichtsdestotrotz wünscht sich eine 29jährige Frau: *„Dann stelle ich mir vor, daß ich denjenigen [...] bloßstelle, daß ich laut sage, daß er das wohl nötig hat, sich in der U-Bahn zu begeilen, daß bei ihm wohl nichts mehr läuft, daß er wahrscheinlich impotent ist, daß er keinen hochkriegt [...]."*

Im Bund mit höheren Mächten

Eine interessante Variation weiblicher Aggressionsformen ist jene, die sich auf einer magisch-mystischen Ebene abspielt. Die Täterin versucht hierbei, mit Hilfe unerklärlicher Kräfte den aggressiven Akt durchzuführen, oder sie überläßt dies höheren Mächten wie Göttern und dem Schicksal, das auf ihrer Seite steht. Eine 53jährige Frau etwa wünscht ihrem Mann, *„daß ihn der liebe Gott schon noch strafen würde"*. Manchmal erinnern diese Schilderungen ein wenig an böse Flüche oder Verwünschungen aus Märchen, manchmal an biblische und religiöse Erzählungen. Die Funktion einer solchen Vorstellung liegt darin, daß die Aggressorin ihre Aggression nicht nur vor ihren Mitmen-schen, sondern sogar vor sich selbst verbergen und maskieren kann. Dieser unbewußte Trick bietet all jenen Frauen, die sich selbst für friedfertig halten – wie viele in ihren Briefen immer wieder betonen – und den aggressiven Aspekt ihres Selbst abspalten müssen, eine Möglichkeit, ihrer Wut freien Lauf zu lassen.

---

*   Dies trifft zwar auf weibliche Aggression im allgemeinen zu, nur selten sind jedoch aggressive Methoden, deren sich Frauen in der Realität bedienen, so offensichtlich und daher so schnell attackier-bar wie verbale Aggression.

Triumph und Herrschaft: Das Spiel mit der (All-)Macht

Fast ebenso häufig stellen sich Frauen Situationen vor, in denen sie ihre Macht in Form von Demütigungen und Erniedrigungen anderer demonstrieren. Bevorzugt werden hierbei neben diversen Machtspielen die Illustration der eigenen Überlegenheit sowie die Solidarisierung mit Gleichgesinnten zuungunsten des Opfers. Eine Frau, 47 Jahre alt, beschreibt diesen Wunsch folgendermaßen: *„Überhaupt phantasiere ich mir oft größere Kräfte an á la Pippi Langstrumpf [...], um so in der Lage zu sein, keinem Mann ausgeliefert zu sein. Mit einem Schlag konnte ich jemanden zur Erde werfen, in Siegerpose über ihm stehen; oder viele gehorchen mir, ich brauche nur zu schauen; oder ich halte einen Vortrag, alle lauschen, klatschen [...]."* Eine andere Frau, 25 Jahre alt, schreibt: *„Bei Wut bin ich nämlich die Allwissende und alles Könnende. Ich würde die Person gern ganz klein machen, mit Schimpfwörtern, die es leider noch nicht gibt, denn sie sind alle zu milde. Ich muß natürlich erhöht stehen und auf diese Person herunterschauen können. Als Machtdemonstration hätte ich gerne eine Peitsche bei mir, die ich manchmal schnalzen ließe. Die Person muß alle Fehler eingestehen, die sie hat, und muß für jeden, der mich betrifft, mit dem sie mich belästigt, Buße tun."* Der Reiz solcher Vorstellungen liegt demnach darin, ein gegebenes Machtungleichgewicht auf individueller und gesellschaftlicher Ebene umzudrehen und die dadurch entstandene Demütigung doppelt und dreifach zurückzugeben. Es handelt sich also um die Umkehrung eines Machtgefälles zum Vorteil der Aggressorin, die Inszenierung einer Revanche.

Agitation und Indoktrination

Weiters bedienen sich Frauen diverser Zwangsmaßnahmen oder Mittel des Freiheitsentzugs, um die Unabhängigkeit und Selbstbestimmung ihrer Opfer einzuschränken. Die Betroffenen werden hierbei zu Handlungen gezwungen, die sie freiwillig niemals ausführen würden. Sie werden mittels Fesseln oder gefängnisähnlichen Auflagen zur Bewegungslosigkeit verdammt. Es geht hierbei weniger um das Zufügen von Schmerz und Leid als vielmehr um die Umerziehung der Opfer. So schreibt eine 37jährige Frau: *„Ohnmacht gegen ausländische Atomkraftwerke und Atomversuche? Warum siedelt man die Befürworter nicht alle nach Tschernobyl oder läßt sie auf einer Kinderkrebsstation arbeiten! Warum haben Frauen mit Kindern keine Aufstiegsmöglichkeiten? Zwangsverpflichtung der Väter zu 6 Jahren Karenz pro Kind! [...] Wenn ich an die Greueltaten Kindesmißhandlung, Vergewaltigung, Tötung etc. denke, kann ich mir für den Täter nur lebenslange Einzelhaft im Dunkeln* *bei Wasser und Brot vorstellen. Nicht Fernsehen, freie Tage, Sport und vorzeitige Entlassung!"* Besonders kreativ klingt auch der Vorschlag einer 41jährigen Frau: *„Geschlagenen Frauen rate ich zum Beispiel, ihren Allerwertesten (= männlichen ‚Partnern') Schlaf- und Beruhigungsmittel ins allabendliche Bier zu geben, statt diese andauernd selbst zu futtern, sich danach mit Stricken und Kochlöffeln bewaffnet den Mann einmal gehörig (und wortwörtlich genommen) vorzuknöpfen und diesen dann erst nach einiger Zeit der ‚Umschulung', nachhaltig körperlich und seelisch beeindruckt, wieder vom Bettpfosten zu lassen."*

Eiszeit

Aggressionsphantasien von Kontaktabbruch und Trennung hingegen können als spezifische Form des Liebesentzugs betrachtet werden. Dabei werden ein mehr oder weniger endgültiger Bruch mit den Aggressionsopfern sowie eigene Fluchtabsichten, das Ignorieren anderer und verwandte Methoden der Abgrenzung geschildert. Diese Aggressionsform hat jedoch oft den Nachteil, die Aggressorin selbst persönlich zu treffen. Das Ziel ist gewissermaßen, den eigenen Wert dadurch zu demonstrieren, daß anderen kein Zugriff mehr auf die eigene Person gewährt wird, jene sich schlagartig des Verlustes bewußt werden und dies sehr bedauern. In der Regel geht es Frauen jedoch eher darum, zwischenmenschliche Beziehungen aufrechtzuerhalten, wie sich schon bei der Darlegung der Aggressionsauslöser gezeigt hat. Distanzierung ist daher vermutlich keine befriedigende Lösung, denn sie schmerzt. Demzufolge wird sie selten phantasiert, wie die Schilderung einer 25jährigen Frau deutlich zeigt: *„Am ehesten kommen böse Gedanken in mir hoch, wenn ich eifersüchtig bin. Wenn ich mit guten Freundinnen unterwegs bin und mich daneben liegengelassen fühle, denke ich mir dann: Paßt schon, wenn ihr mich mal braucht, drehe ich euch den Rücken zu, und ich werde euch so ignorieren, daß ihr euch so richtig liegengelassen fühlt. Ihr sollt euch total einsam fühlen, wie ich im Moment."*

Traue niemals einer Frau

Frauen bevorzugen, wie schon erwähnt, in der Realität eher indirekte Aggressionsformen, bei denen sie andere Personen so manipulieren, daß diese an ihrer Stelle das Opfer attackieren, um somit unentdeckt und vor Rache sicher zu sein. Eine Frau, 44 Jahre alt, meint dazu ganz allgemein, ohne auf eine spezielle Methode einzugehen: *„Es ist eine Stärke der Frauen, gerade die selbstherrlichen Männer einzuwickeln oder auflaufen zu lassen oder sich diese*

Schwäche zunutze zu machen, viel zu erreichen. " Im speziellen kann sich dies in etwa so abspielen wie bei einer 46jährigen Frau: *„Mein stärkster Rachegedanke war aber dann, daß ich ihn finanziell ruiniere, bei der Steuer anzeige und ihn so kaputtmache, daß er sich nie mehr erfängt."* Eine andere Frau, 27 Jahre alt, stellt sich ihre Rache an einem Kollegen folgendermaßen vor: *„[...] so habe ich mir geschworen, daß ich pikante Details über sein Privatleben im Verhältnis zu meinem dagegen langweiligen Privatleben stelle [...]."* Trotzdem machen indirekte Aggressionen nur einen verschwindend geringen Prozentsatz weiblicher Aggressionsphantasien aus. Das seltene Auftreten solcher Phantasien ist wahrscheinlich darauf zurückzuführen, daß die Frauen im eigenen Vorstellungsbereich ohnedies geschützt und nicht auf diese verdeckten Strategien angewiesen sind.

Ruhig Blut

Bezugnehmend auf die eingangs formulierte Definition von Aggression als Einsatz für die eigenen Wünsche, Interessen und Belange sowie als Durchsetzungsstrategie, kann Aggression auch in einem weniger feindseligen Gewand auftreten. So wählen einige Frauen auf die Frage nach ihren aggressiven Phantasien bisweilen einen eindeutig versöhnlichen und verständnisvollen Ansatz zur Bewältigung von Krisen und Mißstimmigkeiten. Eine 37jährige Frau will ihrem Freund am liebsten vermitteln, *„daß ich mit diesem Ungleichgewicht nicht zurande komme und daß ich in Zeiten des besten Einvernehmens mit ihm überlegen möchte, was wir tun können, damit in Krisenzeiten jeder irgendwie auf seine Rechnung kommt".* Diese konstruktiven und kommunikativen Aggressionsformen sind jedoch eindeutig in der Minderzahl.

Die Explosion des Schweigens

Insgesamt läßt sich sagen, daß viele Frauen nicht gerade sparsam beim Einsatz der verschiedensten aggressiven Mittel sind. Diese enorme Flut an Bildern liegt wahrscheinlich unter anderem daran, daß Frauen ihre Aggression lange Zeit unterdrücken, bis sie sich – zumindest in der Phantasie – zügellos und ungehemmt entlädt: *„Wenn ich mit verbalen Belästigungen [...] konfrontiert werde, bin ich angeekelt, angerührt, wütend verletzt, angewiedert ... bin aber nicht imstande ‚richtig' zu reagieren – ich bin sprachlos und handlungsunfähig. Ich spüre die Wut erst, wenn's schon zu spät ist. Dann stelle ich mir vor, daß ich denjenigen auch von oben bis unten mustere, ihn geringschätzig und verächtlich anschaue, ihn bloßstelle, daß ich laut sage, daß er das wohl nötig hat, sich in der U-Bahn zu begeilen, daß bei ihm wohl nichts mehr läuft, daß* *er wahrscheinlich impotent ist, daß er keinen hochkriegt, daß ich ihn anspucke, begrapsche, kratze, beiße, ihn anpinkle, ankotze, mit Kot beschmiere, daß ich ihm den Schwanz abbeiße oder abschneide (und ihm in den Mund stecke), daß ich ihm einen Tritt in die Eier gebe, ihm die Augen eindrücke, daß ich ihn fest verprügle, ihn mit den Haaren nach unten reiße und ihn dann verdresche, daß ich auf ihm trample, ihn würge [...]"*, schreibt etwa eine 29jährige Frau. Deutlich wird an diesem Beispiel auch die breite Streuung der Variationen und Spielarten weiblicher Aggression.

Ernüchterung: Das böse Erwachen?

Die Gefühle, die Aggressorinnen im Zusammenhang mit ihren aggressiven Phantasien empfinden, beziehen sich vorwiegend auf die auslösende Situation, auf das Erleben der ihnen entgegengebrachten Aggression oder Ungerechtigkeit. Eine kühle Analyse als Reaktion auf die erlittene Verletzung sowie das Gefühl von Ohnmacht, Hilflosigkeit oder Angst kommen insgesamt selten vor. Es handelt sich viel mehr um Emotionen wie Wut, Zorn und Haß. Eine 24jährige Frau schildert diesen Zustand folgendermaßen: *„Und eines Tages, ich hatte ein sehr aufwühlendes Seminar hinter mir, spürte ich zum ersten Mal so etwas wie Haß gegen ihn, arge Haßgefühle, ich entwickelte dabei so eine Energie und fühlte mich plötzlich ganz stark."* Aber auch Trauer und Kränkung werden beschrieben.

Relativ gering fallen demgegenüber die retrospektiven emotionalen und kognitiven Bewertungen der eigenen phantasierten aggressiven Handlungen gegenüber den Opfern aus. Entgegen der ursprünglichen Annahme, daß aggressive Phantasien größtenteils positiv empfunden werden und eine wichtige Entlastungsfunktion besitzen, zeigt sich, daß sie sehr wohl belastend und bedrückend wirken und sogar Schuldgefühle auslösen können. Insgesamt sind die Bewertungen oft äußerst ambivalent. Interessant ist dabei, daß „Kopf" und „Bauch" einander hierin häufig widersprechen: Viele Frauen beurteilen nämlich ihre Aggressionsphantasien auf einer kognitiven Ebene vor allem negativ, auf der emotionalen Ebene hingegen vorwiegend positiv. Dies ist ein Zeichen dafür, daß Aggressionen sozial unerwünscht sind und daher rational betrachtet verurteilt werden müssen. Nichtsdestotrotz erzeugen sie mitunter eine gewisse Erleichterung und Befriedigung, eine Überraschung im positiven Sinne sowie ein Gefühl der Überlegenheit. So schreibt etwa eine 25jährige Frau: *„Die erste [Phantasie, Anm. d. Verf.] ist mit Sentimentalität gekoppelt, das zweite Gefühl ist schwerer zu beschreiben. Es ist gar nicht soviel Wut, sondern pure*

Brutalität, Grausamkeit und eine tiefe Zufriedenheit, wenn es [die Ermordung der Mutter, Anm. d. Verf.] dann vorbei ist. Gleichzeitig bin ich auch geschockt. " Es ist für die meisten Frauen also äußerst schwierig, sich eine klare und eindeutige Meinung zu den eigenen Aggressionen zu bilden. Dazu ist dieses Gefühl zu vielschichtig und komplex. Darüber hinaus handelt es sich hierbei um einen auch heute noch tabuisierten Teil des weiblichen Selbst, weshalb vielen Frauen eine genaue und detaillierte Analyse nicht möglich ist.

Am weitaus schwersten fällt es Frauen jedoch, die Gefühle während der Durchführung der aggressiven Handlung in der Phantasie wiederzugeben. Dies liegt wahrscheinlich daran, daß durch eine solche Bewußtmachung und Reflexion die innerpsychischen Kontrollinstanzen aktiviert werden könnten, weshalb die Aggressorin womöglich veranlaßt wäre, ihre Vorstellung abzubrechen oder zu verdrängen. Haben Frauen dennoch Zugang zu diesen Empfindungen, so erleben sie diese insgesamt eher positiv, also als Befriedigung und Gefühl der Überlegenheit. Etliche Frauen schildern aber auch Empfindungen wie Trauer und Bedauern, Angst und Schockiertheit sowie Ohnmacht.

Fazit und Ausblick

Wie in dieser kurzen Darstellung sichtbar wurde, verfügen Frauen in ihrer Phantasie über einen unglaublich vielfältigen und kreativen Umgang mit Aggressionen, wenn sie Zugang dazu haben. Daher ist es wichtig, durch zunehmende Thematisierung und Enttabuisierung weiblicher Aggression einer größeren Anzahl von Frauen den Kontakt mit diesem Aspekt ihrer Identität zu erleichtern. Diese Bewußtmachung von Verschüttetem, diese Ausgrabungsarbeit ist notwendig, um dem Mythos der Friedfertigkeit im Sinne eines jahrhundertelang tradierten und sozialisierten Unterdrückungsmechanismus entgegenzuwirken, denn er macht krank. Nur so kann es gelingen, daß Frauen ihre Aggression als Teil ihrer Identität ins Selbstbild integrieren und dieses Wissen in weiterer Folge Teil unseres kollektiven Bewußtseins wird. Die Chancen auf Erfolg stehen gut. Denn es handelt sich hierbei um einen Lernprozeß, bei dem die jüngere Generation schon etwas weiter gelangt zu sein scheint als die Generationen davor, wie die Ergebnisse der hier zugrundeliegenden Studie zeigen.

Wie schon seinerzeit mit der Erforschung und Veröffentlichung weiblicher Sexualphantasien ein Tabu durchbrochen wurde, wobei viele Frauen Erleichterung fanden, indem sie feststellten, daß sie nicht die einzigen mit solchen Vorstellungen waren, muß auch bei weiblicher Aggression die Botschaft lauten: Aggressive Phantasien sind normal und weit verbreitet. Sie sind kein Grund für Scham und Schuld, sondern ein Potential, das bewußt genutzt werden kann. Sie sollten als das verstanden werden, was sie sind: Als Ausdruck einer Unstimmigkeit und als Aufforderung an Frauen, für ihre Wünsche, ihr Begehren und ihren Willen zu kämpfen.

Literatur

Brückner, Margrit: Die Liebe der Frauen. Über Weiblichkeit und Mißhandlung, Frankfurt am Main 1991.

Björkqvist, Kai/Niemelä, Pirkko (Hg.): Of Mice And Women. Aspects of Female Aggression, San Diego/New York/Boston 1992.

Dorsch, Friedrich: Psychologisches Wörterbuch, 12. Aufl., Bern/Göttingen/Toronto/Seattle 1994.

Duda, Sybille/Pusch, Luise F. (Hg.): Wahnsinnsfrauen, Frankfurt am Main 1992.

Friday, Nancy: Die sexuellen Phantasien der Frauen, Reinbek bei Hamburg 1991.

Höfner, Claudia: Aggressive Phantasien von Frauen. Eine Generationenvergleich, Diplomarbeit, Wien 1996.

Honegger, Claudia/Heintz, Bettina (Hg.): Listen der Ohnmacht. Zur Sozialgeschichte weiblicher Widerstandsformen, Frankfurt am Main 1984.

Mitscherlich, Margarete: Die friedfertige Frau, Frankfurt am Main 1987.

Scheffler, Sabine: Über Frauen, ihre Selbstbehauptung und Aggression oder: Die Listen und Fallen der Ohnmacht. In: Bundesministerium für Frauenangelegenheiten/Dohnal, Johanna (Hg.): Gewalt gegen Frauen gegen Gewalt, Tagungsdokumentation, Band II, Wien 1994, S. 49–58.

Wambach-Loviscach, Lisa: Phantasie. In: Grubitzsch, Siegfried/Rexilius, Günter (Hg.): Psychologische Grundbegriffe. Mensch und Gesellschaft in der Psychologie. Ein Handbuch, Reinbek bei Hamburg 1994, S. 759–762.

Was du nicht willst, das man dir tut, das füg' auch keinem anderen zu?

Selbstverteidigungskurse als Ort der Spurensuche

INGRID SECZER

Rezepte

1.
Nicht abkochen lassen
kochen vor Wut
Nicht Mahlzeit sagen
sagen
mal ist es Zeit
den Hausherrn zu richten
nicht den Tisch.

2.
Nicht weggeputzt werden
Putz machen
nicht mehr putzig sein
aufräumen
mit dem Putzen.

3.
Nicht
Mann nehme
ich nehme mir die Freiheit

(Schröder 1980)

Im vorangegangenen Beitrag von Claudia Höfner wurde deutlich aufgezeigt, zu wieviel Aggression Frauen in der Phantasie fähig sind. Frauen erlauben sich also, an aggressive Handlungsweisen zu denken und diese in bunten Bildern „auszuschmücken". In diesem Artikel geht es um die Umsetzung dieser Vorstellungen. Ein möglicher Ort, an dem adäquate Handlungsmuster gefunden werden können, stellen Selbstverteidigungskurse für Frauen dar. Hier wird die eigene Aggressivität gefordert, denn sich gegen Gewalt zu wehren heißt immer auch, selbst aggressiv zu handeln. In Selbstverteidigungskursen müßte also sehr viel daran gearbeitet werden, daß Frauen den Zugang zur eigenen Aggressivität wiederfinden.

Es sollte vermittelt werden, daß das Ausleben der Aggression nicht auf Extremsituationen beschränkt bleiben soll, in denen die Frauen einem Angreifer gegenüberstehen, der sie schlagen oder vergewaltigen will. Aggressiv sein bedeutet, das eigene Recht zu verteidigen bzw. es sich zu holen, und zwar immer dann, wenn die persönliche Würde mißachtet, angegriffen oder verletzt wird oder wenn eigene Wünsche durchgesetzt und eigene Bedürfnisse eingefordert werden müssen.

Gewalt gegen Frauen

Gewalt gegen Frauen ist tief in den Strukturen der patriarchalen Gesellschaft als Teil eines gesamtgesellschaftlichen Gewaltsyndroms verankert. Sie stellt eine Strategie der Einschüchterung dar, die den Frauen zeigen soll, wer mehr Einfluß und Durchsetzungsstärke hat. Aggressive Handlungen gegen Frauen sind nicht Resultat der Persönlichkeit oder des Verhaltens einzelner Frauen, sie tragen vielmehr zu einem bestimmten Funktionieren der Gesellschaft bei, in der die männlichen Mitglieder dominieren und die weiblichen Mitglieder untergeordnet sind. Die Unterdrückung der Frau ist das Fundament für das Funktionieren der patriarchalen Gesellschaft.

Gewalt gegen Frauen kann auf individueller, struktureller und/oder symbolischer Ebene stattfinden. Der Täter oder die Täterin – eine Person, die entweder auf der privaten Ebene (Familie) oder auf keiner Beziehungsebene (der Fremde, der eine Frau vergewaltigen will) gewalttätig wird – bezieht sich immer auf bestimmte Strukturen (Medizin, Justiz, Wissenschaft etc.), bestimmte Zeichensysteme oder Symbole (Sprache, Religion etc.). Trotz der eindeutigen strukturellen Bedingtheit der Gewalt gegen Frauen setzen Selbstverteidigungskurse auf der individuellen Ebene an, das heißt, der Täter oder die Täterin ist immer eine Person, die sich einer Frau gegenüber psychisch, physisch und/oder sexuell aggressiv verhält. Dabei ist zu beachten, daß den Frauen selbst das Recht zukommt zu bestimmen, was sie als Gewalt erleben, eine Forderung, die aus der feministischen Diskussion erwachsen ist: ein aufdringlicher Blick in der U-Bahn, ein „Mundtot-Machen" in einer verbalen Auseinandersetzung, ein Festhalten, eine Vergewaltigung – das alles kann als Gewalthandlung erlebt werden.

Erst mit dem Beginn der Frauenbewegung Anfang der 70er Jahre wurde das Schweigen zur alltäglichen Gewalt gegen Frauen gebrochen und das gesamte Ausmaß der Verletzungen erkannt. Bestürzend ist die Tatsache, daß der Großteil der Gewalt im Familien- und Bekanntenkreis stattfindet: 70 bis

80 Prozent der Vergewaltigungen werden von Männern ausgeführt, die den Frauen durch eine längere oder durch ein kurz vorher angeknüpfte Bekanntschaft oder Beziehung bekannt sind; jede fünfte Frau hat irgendwann im Verlauf ihres Lebens in einer Beziehung körperliche Gewalt erlebt (vgl. König/Pelikan 1995, S. 536).

Als das hohe Gewaltausmaß bekannt wurde, entstanden als Reaktion zahlreiche Aktivitäten und Angebote für Frauen, wie etwa Frauenberatungsstellen, Frauenhäuser, Notrufe, Selbstverteidigungskurse. Die Kampagnen in Richtung Abhilfe beschränkten sich allerdings darauf, den Frauen Möglichkeiten zu bieten, die sie in Eigeninitiative nutzen können, um Gewalttätigkeiten auszuweichen und keinen weiteren Schaden zu nehmen. Indem Hilfseinrichtungen für Frauen geschaffen wurden, rückten die einzelnen Täter, vor allem aber auch jene Männer, die (noch) keine Täter sind, in den Hintergrund. Es stellt sich folglich die Frage, ob dieser Umgang mit Gewalt gegen Frauen, also die Konzentration auf Hilfe und Rehabilitation für die betroffenen Frauen, das Gewaltverhältnis an den Wurzeln zu verändern sucht, oder ob man sich dadurch mit Gewalt gegen Frauen einrichtet und abfindet (Hagemann-White 1992).

Selbstverteidigungskurse sollen Frauen dazu befähigen, sich gegen gewalttätige Angriffe zu verteidigen. Diese Forderung kann auch kritisch betrachtet werden: Sie beinhaltet neben den widerständigen und verändernden Aspekten auch ein Interesse, daß sich die Frauen anpassen und daß alles gleich bleibt. Die Strategie, Frauen Tips zu geben, wie sie sich zu verhalten haben, damit sie nicht Opfer einer Gewalthandlung werden, manifestiert das ungleiche Verhältnis der Geschlechter oder verschärft es sogar. Denn es wird dadurch nur vermittelt, daß es erstrangig auf die Fähigkeiten der Frau ankommt, ob sie der Gewalt hilflos ausgeliefert ist oder nicht. Die Hoffnung, die Gewalttätigkeit des Mannes zu beenden, indem Frauen selber besser, schneller und geschickter werden, hat einen zunehmenden Schwund des Selbstwertgefühles und eine ansteigende Selbstbeschuldigung zur Folge, wenn diese Anstrengungen erfolglos bleiben. Außerdem wird für Frauen aggressives Handeln erst dann berechtigt und ohne Schuldgefühle möglich, wenn ein tätlicher Angriff stattfindet. Die Frau bekommt also wieder eine Funktion zugewiesen, von der keine Bedrohung ausgehen kann.

Für Selbstverteidigungskurse bedeutet das, daß es unerläßlich ist, eine Auseinandersetzung mit den herrschenden Machtverhältnissen, für die die Gewalt einen stabilisierenden Faktor darstellt, zu initiieren. Die einzelnen Frauen müssen ihre eigene Rolle im System erkennen und thematisieren.

Selbstverteidigungskurse als Ort der Erweiterung des aggressiven Handlungsspielraumes

Durchsetzungsfähigkeit und Selbstbehauptungswille sind für die Entfaltung der eigenen Persönlichkeit von großer Bedeutung. Erst durch die Fähigkeit, aggressives Verhalten zielgerecht einzusetzen, kann auch der eigene Platz im Leben bestimmt, eingenommen und verteidigt werden.

Selbstverteidigungskurse können als Freiräume verstanden werden, in denen die Möglichkeiten aggressiven Verhaltens wieder kultiviert und aufgebaut werden. An erster Stelle steht dabei die Arbeit am Wissen um ein Selbst, das Bedürfnisse und Rechte hat und das der Durchsetzung und Verteidigung wert ist. Selbstverteidigung nützt wenig, wenn man das Selbst, das verteidigt werden soll, nicht wahrnimmt, nicht kennt oder nicht schätzt.

Frauenfreiräume und ihre Funktion als Ort der Spurensuche

Damit Frauen geeignete Aggressionsstrategien finden, ist es wichtig, Orte zu erschließen, in denen sie ungehemmt zornig, kämpferisch und aggressiv sein können. Selbstverteidigungskurse für Frauen sind reine Frauengruppen, die ihnen eine Art Freiraum bieten, in dem sie ungehemmt ungewohnte Verhaltensweisen ausprobieren können. Außerdem können Probleme angesprochen werden, die im alltäglichen Leben keinen Platz finden. Die Gruppe bietet die Möglichkeit, gemeinsam Strategien zu finden und diese auch direkt umzusetzen, indem sich die Frauen gegenseitig unterstützen und bestärken. Durch den Austausch und die Auseinandersetzung können Gemeinsamkeiten und Differenzen zwischen den einzelnen Frauen festgestellt werden.

So können Frauen – vielleicht zum ersten Mal – über Gewalterfahrungen sprechen, und sie werden auch ernst genommen. Das Durchbrechen des Schweigens hat zur Folge, daß Frauen merken, daß sie nicht alleine mit ihren Erfahrungen und den dabei empfundenen Gefühlen sind. Sie können ihre Sensibilitätsgrenzen, ab wann für sie persönlich Gewalt anfängt, neu überdenken. Dabei erkennen sie vielleicht, warum es den einen gefällt, wenn ihnen nachgepfiffen wird, und den anderen nicht.

Durch die Auseinandersetzung mit den herrschenden Machtstrukturen und den persönlichen Erfahrungen können diskriminierende und demütigende Handlungen im zwischenmenschlichen Kontakt in die Gesellschaftsstruktur eingeordnet und von einem weniger individuellen Standpunkt aus betrachtet werden. In der Folge werden demütigende Erfahrungen als Strategien zur

Aufrechterhaltung des Systems entlarvt und müssen nicht mehr als persönliche Schwäche getragen werden.

Erkennen der eigenen Grenzen

Aggressives Handeln setzt das Bewußtsein über die eigenen psychischen und physischen Grenzen voraus. Erst wenn man die eigenen Grenzen kennt, kann deren Verletzung als Überschreitung erkannt und entsprechend aktiv reagiert werden.

Zentgraf (1992) konnte aufzeigen, daß sich Frauen ihrer Grenzen durchaus bewußt sind und eine Verletzung dieser Grenzen prinzipiell als solche wahrnehmen und beurteilen. Frauen kennen also ihre Grenzen. Der Ausdruck der aggressiven Gefühle, wie Wut, Zorn und Haß, die durch eine Verletzung der Grenzen verursacht werden, wird jedoch schon den Mädchen im Zuge der Sozialisation verboten. Mädchen werden also im „eigenen Haus" entmachtet (Mühlen-Achs 1993). Statt dessen werden sie dazu angehalten, auf eine Verletzung mit kompensatorischen Strategien zu reagieren, die soweit wie möglich noch verbindende Elemente beinhalten sollen, wie lächeln, höflich bleiben, zurückweichen. Diese defensive Abgrenzung erkennt den Angreifer als dominanten Gegner an, da einer Auseinandersetzung ausgewichen wird. Frauen lächeln dann zum Beispiel in Situationen, die eigentlich Wut auslösen und offensives Verhalten erfordern würden. Das Erlernen reziproker Durchsetzungsstrategien, bei denen die persönlichen Grenzen aktiv, aggressiv und konfrontativ verteidigt werden, bleibt den Männern vorbehalten und wird bei Frauen meist nicht in Betracht gezogen (Mühlen-Achs 1993).

Hinzu kommt, daß Männer die Grenzverletzungsversuche oft ideologisch vernebeln und als liebevolle Geste definieren, womit Frauen in ihrer Wahrnehmung getäuscht und auf eine falsche Interpretationsfährte gelockt werden. So wird eine Grenzüberschreitung als Kompliment definiert: „Ich starre auf deinen Busen, weil er so schön ist." Bei der Frau führt das zu einer Unsicherheit im Wahrnehmen ihrer eigenen Gefühle, und es resultiert daraus eine Bedeutungsunschärfe ihrer Gestik und Mimik, die den Angreifer dazu veranlaßt, mit der Gewalt fortzufahren.

Die reziproke Verteidigung der Grenzen, in Form von aktivem und aggressivem Handeln, würde in diesem Fall zielführender sein. Dies zeigt auch, daß Angriff mitunter eine Möglichkeit darstellt, die eigenen Grenzen zu bewahren, und er daher für eine effektive Selbstbehauptung durchaus notwendig sein kann. Selbstverteidigung ist also nicht nur als Abwehr und Flucht zu verstehen. Das heißt für Selbstverteidigungskurse, daß neben dem

Selbstverteidigungsaspekt auch dem aktiven Angreifen Platz eingeräumt werden muß.

Für die Arbeit mit Frauen bleibt festzuhalten, daß ihnen im Alltag beigebracht werden muß, ihre negativen Empfindungen im Zusammenhang mit Grenzüberschreitungen abzulehnen und ihren Unwillen dagegen nicht zu unterdrücken. Wenn sie Grenzüberschreitungen als Ausdruck von Zuneigung und Wertschätzung tolerieren, steht dies im Widerspruch zu den eigenen Gefühlen und macht die Interpretation aus ihrer eigenen Perspektive und den eigenen Bedürfnissen entsprechend unmöglich. Frauen müssen sich darin üben, ihre Gefühle bezüglich eines unangenehmen, respektlosen Verhaltens ihrer Person gegenüber zuzulassen und ernst zu nehmen. Durch die Integration der Gefühle wie Wut und Zorn in den eigenen Gefühlshaushalt kann damit produktiv gehandelt, und Grenzen können klar und unmißverständlich gezogen werden. Dann ist es auch möglich, sich von fremden Wertmaßstäben zu lösen und diese durch eigene zu ersetzen.

Erlernen aggressiver Handlungsstrategien

Es scheint daher im Rahmen von Selbstverteidigungskurse unabdingbar, daß Frauen zunächst lernen müssen, ihre Aggressivität zu spüren und ihre bisherigen Durchsetzungsstrategien bewußt wahrzunehmen. Dadurch kann die Energie, die in jeder Aggression steckt, gezielt und ohne Schuldgefühle gegen die Person angewendet werden, die die Frau psychisch oder physisch verletzen will. Wie dargestellt wurde, spüren viele Frauen ihre Wut, sie wissen aber nicht, wie sie sie adäquat äußern können. Deshalb ist es in der Selbstverteidigungsgruppe wichtig, daß die bereits vorhandenen Aggressionsstrategien Beachtung finden und wertgeschätzt werden. Bereits das Bewußtsein, daß eine Frau aggressiv sein kann, gibt Mut, über das eigene aggressive Potential im positiven Sinn nachzudenken. Die Erfahrung von Durchsetzungskraft und Entschlossenheit gibt Frauen Kraft, aus der passiven Rolle auszusteigen und mit der empfundenen Wut aggressiv zu handeln (Lerner 1990).

Es ist auch wichtig, die Frauen spüren zu lassen, welche Wirkung aggressives Handeln hat: einerseits wie es sich anfühlt, aggressiv zu sein, und andererseits wie die anderen Personen darauf reagieren. Dadurch wird es möglich, auch die befreiende Wirkung von Aggression kennenzulernen.

Um mit Situationen umgehen zu lernen, bei denen das Gefühl für adäquates Reagieren fehlt, ist es unerläßlich, Aggressionsstrategien zu modifizieren und zu erweitern. Eingefahrene Verhaltensweisen müssen möglicherweise aufgegeben bzw. verändert werden. Dabei scheint es wichtig, auf individuellen, schon erprobten Selbstbehauptungsstrategien aufzubauen, um den Frauen das Gewohnte nicht völlig zu entreißen und sie dadurch zu verunsichern. Außerdem muß die Möglichkeit geboten werden, das Erlernte in das alltägliche Verhalten zu integrieren.

Eine Arbeit mit dem Ziel, Frauen zu stärken, muß unter dem Gesichtspunkt der Parteilichkeit für die Frauen erfolgen. Sie werden dort abgeholt, wo sie stehen, und in ihren vorhandenen Potentialen und Stärken gefördert. Aggressives Verhalten soll in allen Lebensbereichen erweitert und in das alltägliche Verhalten integriert werden. Dafür ist es notwendig, den Frauen eine Vielzahl von Handlungsstrategien in die Hand zu geben, die dazu ermutigen sollen, individuelle Strategien in Übereinstimmung mit der eigenen Person zu entwickeln.

Abbau von Aggressionshemmungen

Wie im vorangegegangenen Artikel aufgezeigt wurde, glauben viele Frauen selbst, daß sie aggressionslos sind. Sobald sie Wut spüren, sind sie gehemmt, entsprechend zu handeln. Wenn sie ausnahmsweise Aggression zeigen, ist das meist mit Schuldgefühlen verbunden oder zumindest von ambivalenten Gefühlen begleitet und der Angst, die Wut nicht kontrollieren zu können und als hysterisch bezeichnet zu werden.

Um diese Gefühle abzuschwächen, erscheint es sinnvoll, daß Frauen aggressive Handlungen zunächst in der Phantasie ausleben. Wie vielfältig diese Phantasien – von indirekter, „harmloser" bis körperlich brutalster Gewalt – sind, wurde bereits von Claudia Höfner dargestellt. In der Auseinandersetzung mit diesen Phantasien können Frauen feststellen, wieviel aggressives Potential beim sogenannten „friedfertigen" Geschlecht vorhanden ist. Im Phantasieren kann erlebt werden, wie lustvoll es ist, über Racheakte nachzusinnen. Beim Vergleich mit tatsächlich ausgeführten aggressiven Strategien anderer Frauen können Frauen darüber hinaus erkennen, daß manche ihrer Phantasien bereits von anderen ausgelebt werden, also nicht so „schlimm" sein können.

In der Frauengruppe soll auch Raum sein, gemeinsam nach Strategien zu suchen, wie diese Phantasien zum eigenen Wohl in die Realität umgesetzt werden können, bzw. zu ergründen, welche alternativen Handlungsweisen eingesetzt werden können, um der Wut gerecht zu werden. Somit kann erkannt werden, daß Phantasie und Realität nicht dasselbe sein müssen – es ist erlaubt, sich in der Phantasie die schlimmsten Dinge auszumalen, ohne daß in der Realität diese Dinge tatsächlich passieren müssen. Es ist jedoch wichtig zu vermitteln, daß es sich beim Phantasieren und Ausprobieren neuer Aggressionsstrategien um Übungssituationen handelt. In Streßsituationen verfällt man leicht in alte Verhaltensmuster, die vertraut sind und natürlich erscheinen. Die Auseinandersetzung mit Sozialisationserfahrungen und internalisierten Normen ist daher von größter Bedeutung. Indem der Einfluß gesellschaftlicher Rollenbilder aufgedeckt wird, haben die Teilnehmerinnen die Möglichkeit festzustellen, auf welche Art und in welchem Ausmaß frühe Erfahrungen sie daran hindern, ihre Energien für sich zu nutzen.

Im Prozeß der gemeinsamen Überlegungen von Durchsetzungsstrategien können Übergänge von Angst und Hemmung zu Mut und Aggression geschaffen werden (Graff 1995).

Möglichkeiten und Grenzen von Selbstverteidigungskursen

Meine Untersuchung, die ich im Rahmen einer Diplomarbeit durchgeführt habe, stellt eine Evaluation von 13 verschiedenen Selbstverteidigungskonzepten in Wien dar (Seczer 1996). Mich interessierte, was die Kursleiterinnen den Teilnehmerinnen vermitteln wollen. Die Ergebnisse sagen demnach nichts darüber aus, was sie tatsächlich vermitteln, dafür müßte man die Teilnehmerinnen der Kurse befragen. Um die tatsächlich vermittelten Inhalte zu erfassen, stellen die Ergebnisse dieser Untersuchung allerdings eine wichtige Voraussetzung dar.

Im folgenden zeige ich schwerpunktmäßig zu den behandelten Themen die Ergebnisse der Befragung auf und werde sie kurz diskutieren.

Auseinandersetzung mit dem Geschlechterverhältnis

Der Großteil der Kursleiterinnen hat zum Ziel, eine Auseinandersetzung mit Gewalt gegen Frauen und mit dem Geschlechterverhältnis zu initiieren. Die Kursleiterinnen zeigen auf, wie das patriarchale System aufgebaut ist und welche Rolle der Gewalt gegen Frauen darin zukommt. Ein Anliegen ist es, die Teilnehmerinnen auf ihre Benachteiligung auf allen gesellschaftlichen Ebenen aufmerksam zu machen. Die Frauen sollen durch dieses Wissen befähigt werden, selbst bestimmen zu können, ab wann für sie persönlich eine Handlung mit Gewalt verbunden ist.

Ein kleiner Teil der Leiterinnen hat jedoch die Auseinandersetzung mit dem Geschlechterverhältnis nicht im Konzept. Bei diesem Teil kommt auch beim Thema „Männer" die Überzeugung zum Vorschein, diese würden sich ändern, sollten Frauen sich nicht mehr alles gefallen lassen und zurückschlagen; allein die Vorstellung, daß Frauen dazu fähig sind, sich zu wehren, würde Männer vorsichtiger werden lassen. Hier kann man die Tendenz erkennen, Gewalt als Problem der schwachen, ängstlichen Frauen zu definieren und nicht als Problem der patriarchalen Gesellschaft, auch wenn die Kursleiterinnen diese Meinung nicht direkt aussprechen.

Frauen können Männer aber nicht verändern! Frauen können sich nur vor dieser Gewalt schützen und sich (manchmal) dieser Gewalt entziehen (zum Beispiel durch das Verlassen des gewalttätigen Partners). Dies ist jedoch in adäquater Form nur möglich, wenn sie die strukturellen Zusammenhänge erkennen. Dann werden sie sich auch nicht mit Schuld- und Unzulänglichkeitsgefühlen herumschlagen, wenn sie angegriffen werden, sondern sie können diese Gefühle in Wut über die herrschenden Verhältnisse umwandeln. Zorn fördert Widerstand, und in diesem Fall muß genau definiert werden, gegen welche Verhältnisse der Widerstand gerichtet sein soll.

Erweiterung des aggressiven Handlungsspielraumes

Es ist nur der Hälfte der Kursleiterinnen ein Anliegen, daß sich im alltäglichen Leben das Aggressionsverhalten der Frauen verändert. Dieser Teil will den Teilnehmerinnen vermitteln, Aggression nicht gegen sich selbst zu richten, sondern möglichst lustvoll auszuleben. Bei vielen Kursen geht es jedoch nur darum, in Reaktion auf einen physischen Angriff aggressiv zu handeln. Dabei soll der Handlungsspielraum erweitert werden, damit die Kontrolle über eine Situation, bei der eine körperliche Grenze überschritten wurde, selbstverständlich wiederhergestellt werden kann.

Das Sammeln eigener Durchsetzungsstrategien gehört zum fixen Bestandteil fast aller Kurse. Die Teilnehmerinnen sollen sich ihrer bereits vorhandenen Selbstbehauptungsstrategien bewußt werden, sie sollen sie schätzen und möglicherweise kritisieren und ändern lernen. Diese Durchsetzungsstrategien werden meist in Form von selbst erlebten und bewältigten Gewalterfahrungen erzählt, leider baut jedoch nur die Hälfte der durchgesehenen Konzepte auf diesen individuellen Vorlieben und Möglichkeiten der einzelnen Frauen auf. Diese Konzepte lehren also Techniken, die zusätzlich zu vorhandenen Aggressionsmustern neue Abläufe für Angriffssituationen darstellen.

Nur der Hälfte der Kursleiterinnen ist es wichtig zu betonen, daß die Frauen selbst Strategien entwickeln sollen, die ihnen persönlich besonders liegen und von denen sie sich auch vorstellen können, daß sie diese auch wirklich einsetzen. Das wäre jedoch sehr wichtig, denn vorgesetzte und gelehrte

Strategien, die man nachmacht und wiederholt, werden nur benützt werden, wenn sie auf individuellen Fähigkeiten aufbauen.

Beim Großteil der Kurse geht es also darum, zusätzlich zu alltäglichen Handlungsmustern neue Abläufe für bestimmte Situationen zu lehren. Dabei bauen zwar manche Strategien auf vorhandene Verhaltensweisen auf, aber nur wenige Konzepte haben zum Ziel, die Verhaltensbandbreite grundsätzlich zu erweitern und zu verändern, sodaß neue individuelle Verhaltensmuster in den alltäglichen Handlungsspielraum integriert werden können.

Angriff als Möglichkeit, die eigenen Grenzen zu wahren

Die Frage, ob es im Kurs auch darum geht, das Angreifen zu lehren, verursachte verschiedenste Reaktionen. Ein kleiner Teil der Kursleiterinnen meinte sofort, daß Angreifen auf keinen Fall gelehrt werden würde. Die Hälfte kann sich vorstellen, daß die Frauen selber Angriffstechniken entwickeln können. Nur ein kleiner Teil sagt, daß auch Angriffstechniken gelehrt werden, wie zum Beispiel Schläge und Tritte, aber auch verbale Angriffstechniken. Zwei Kursleiterinnen benennen diese Techniken sogar im Kurs als Angriffstechniken. Diese Frauen meinen weiters, daß ein Angriff – oder ein Gegenangriff – seitens der Frau auch notwendig ist, um massiven Widerstand leisten zu können. Obwohl alle Kursleiterinnen angeben, daß die Teilnehmerinnen die Strategien zu zweit üben, wobei eine angreift und die andere abwehrt, meint dennoch nur ein kleiner Teil, daß Frauen auch das Angreifen lernen.

Verteidigen wird mit Zurückgeben verbunden, also mit Reagieren. Angriff wird hingegen mit Fordern und Nehmen assoziiert, und auch mit aktivem Handeln. Es ist wichtig, daß Frauen die Vorstellung von sich bekommen, daß sie die aktiv Handelnden sind und nicht immer nur die Reagierenden. Deshalb ist es notwendig, daß sie sich selbst als Angreiferin bzw. Gegenangreiferin betrachten können.

Die Notwendigkeit, aggressives Verhalten im Alltag zu üben

Einem Großteil der Kursleiterinnen ist es wichtig, Aggressionshemmungen allgemein – also nicht nur die Hemmung zuzuschlagen – zu thematisieren und zu bearbeiten, um sie in der Folge abbauen zu können. Als Maßnahmen zum Hemmungsabbau wenden einige Kursleiterinnen das Besprechen der Aggressionsblockaden an sowie auch das Imaginieren von Bedrohungssituationen, die erfolgreich bewältigt werden. Eine Kursleiterin versucht durch das Besprechen von aggressiven Phantasien der Frauen, diese Blockaden zu überwinden.

Auf lange Sicht können die Aggressions- und die Schlaghemmung nur dann erfolgreich abgebaut werden, wenn aggressives Verhalten von Frauen von Grund auf – also indem Sozialisationsfaktoren aufgezeigt und Gefühle ernst genommen und benannt werden – thematisiert wird. Nur so kann es möglicherweise dazu kommen, daß Frauen im alltäglichen Leben sowie in einer Bedrohungssituation bewußt und gezielt aggressiv sein können. Wie Graff (1995) feststellte, ist eine wichtige Voraussetzung, um bei Gefahr zuschlagen zu können, die Durchsetzungsfähigkeit und Aggressionsfähigkeit im Alltag.

Resümee

Selbstverteidigungskurse für Frauen können grundsätzlich Impulse zur Spurensuche nach der eigenen Aggression geben. Hier wird den Frauen – vielleicht zum ersten Mal – die Erlaubnis und das Recht gegeben, aktiv aggressiv zu handeln. Dies kann dazu führen, daß auch das alltägliche Aggressionsverhalten neu überprüft und bewußter gestaltet wird, obwohl diesen Anstoß nur ein kleiner Teil der durchgesehenen Konzepte geben will. Eine Untersuchung über die Wirkung von Selbstverteidigungskursen auf das Aggressionsverhalten im Alltag wäre daher interessant.

Selbstverteidigungskurse für Frauen sind überaus wichtig und nicht mehr wegzudenken, weil damit erreicht wurde, daß das Problem der Gewalt gegen Frauen und Mädchen in der öffentlichen Diskussion präsent geblieben ist. Sie stellen jedoch nur eine individuelle Strategie zur Bekämpfung der Gewalt dar und mögen den Frauen individuell kurzfristig helfen, langfristig jedoch muß die Gesellschaft es schaffen, Frauen ernst zu nehmen und Strategien zu entwickeln, die solche Kurse unnötig machen. Bei den Opfern allein anzusetzen stellt nur eine am Rande geführte Auseinandersetzung mit Gewalt dar. Die gesellschaftlichen und individuellen Ursachen der Gewalttätigkeit können damit nicht abgebaut werden. Dafür ist eine Auseinandersetzung mit jenen unerläßlich, denen die Rolle zugestanden wird, diese Gewalt auszuüben – mit den Angehörigen des männlichen Geschlechts. Bereits im Kindergarten- und Grundschulalter müßten alternative Wege zur Konfliktbewältigung aufgezeigt werden. Über diese Form der Prävention wurde bisher sehr wenig nachgedacht. So lange weiterhin das in der Gesellschaft kritiklos akzeptierte Bild – der Mann ist Angreifer, also aktiv, und die Frau ist die sich Verteidigende, also passiv – bestehen bleibt, wird das Problem nicht an den Wurzeln gepackt. Angriffskurse für Frauen und Mädchen würden ein neues Licht auf die Rollen der Geschlechter werfen, aber auch auf die Rolle der Gewalt in unserer Gesellschaft.

Um Gewalt gegen Frauen auf gesellschaftlicher Ebene aufzuzeigen, abzubauen und zu beenden, wäre ein politisch unterstütztes Vorgehen wichtig, von dem in Österreich kaum etwas zu bemerken ist. Im Gegenteil, Subventionen für Frauenprojekte in diese Richtung werden ohne Alternativen gekürzt oder ganz gestrichen bzw. müssen alljährlich aufs neue beantragt werden. Dies zeigt deutlich, daß das Interesse an der Erhaltung der bestehenden gesellschaftlichen Macht- und Herrschaftsverhältnisse ausgeprägter ist als Bemühungen um die Verwirklichung der festgeschriebenen Menschenrechte, die für Frauen, Männer und Kinder gleichermaßen Geltung haben.

Literatur

König, Ilse/Pelikan, Christa: Männergewalt gegen Frauen. In: Bundesministerin für Frauenangelegenheiten/Bundeskanzleramt (Hg.): Bericht über die Situation der Frauen in Österreich, Frauenbericht 1995, Wien 1995, S. 533–550.

Graff, Sunny: Mit mir nicht! Selbstbehauptung und Selbstverteidigung im Alltag, Berlin 1995.

Hagemann-White, Carol/Lang, Heide/Lübbert, Jutta/Rennefeld Birgitta: Strategien gegen Gewalt im Geschlechterverhältnis. Bestandsanalysen und Perspektiven, Pfaffenweiler 1992.

Lerner, Harriet Goldhor: Wohin mit meiner Wut? Neue Beziehungsmuster für Frauen, Zürich 1990.

Mühlen-Achs, Gitta: Wie Katz und Hund. Die Körpersprache der Geschlechter, München 1993.

Schröder, Margot: Rezepte. In: Werkkreis Literatur der Arbeitswelt. Für Frauen. Ein Lesebuch, Frankfurt am Main 1980, S. 268.

Seczer, Ingrid: Selbstverteidigungskurse für Frauen: zwischen Widerstand, Anpassung und dem Weg zur Selbstbestimmung der eigenen Rolle, Diplomarbeit, Wien 1996.

Zentgraf, Maritta: Vom Mädchen zur Frau: Fluch und Verheißung in der Entwicklung des weiblichen Körpers. In: Vogt, Irmgard/Bormann, Monika (Hg.): Frauen-Körper. Lust und Last, Tübingen 1992, S. 89–107.

2. Frust und Lust von Kinderlosigkeit

Einleitung

Gabi Weger, Vera Schedenig

Daß Mutterschaft zum Frausein gehört, daß Unfruchtbarkeit und Kinderlosigkeit selbstverständlich als trauriges Geschick bzw. als Mangel betrachtet werden, ist im Alltagsverständnis unserer Gesellschaft bei beiden Geschlechtern tief verankert. Dahinter steht ein Menschenbild, das in seinem Kern die Frau auf ihre biologische Fähigkeit des Gebärens reduzieren will und aus der Gebär*fähigkeit* auch gleich das *Bedürfnis* danach samt allen Eigenschaften, die eine gute Mutter ausmachen, ableitet.

So wird ein Modell der Gesellschaft konstruiert und mit „wissenschaftlichen" Theorien legitimiert, in dem der angestammte Bereich der Frau das Heim und die Kinder sind, der des Mannes die Welt außerhalb ist. Gerade in Zeiten einer angespannten Arbeitsmarktsituation wie heute wird besonders von konservativer Seite mit dieser Argumentation verstärkt eine Familien- und Sozialpolitik betrieben, die Frauen den Haushalt und die Kinderpflege wieder schmackhaft machen soll und die knapper werdenden Arbeitsplätze für die Männer reservieren hilft.

In einer auf diese Weise zweigeschlechtlich strukturierten Welt aufzuwachsen, hinterläßt tiefe Spuren und läßt die Geschlechterdichotomie statt als gesellschaftlich produziert als anthropologische Konstante erscheinen. So bleibt Mutterschaft nicht bloß ein von außen herangetragener Auftrag an Frauen, sondern wird meist von klein auf als wichtiger Identitätsaspekt verinnerlicht.

Trotzdem erlauben die sich wandelnden ökonomischen, sozialen und politischen Lebensumstände immer mehr Frauen, auch andere Lebensperspektiven zu entwerfen und gegen vielfältige Widerstände auch zu leben. Wir befassen uns in den folgenden Artikeln damit, wie unterschiedlich Frauen in ihren Lebens- und Selbstentwürfen die (in Ansätzen brüchig gewordenen) traditionellen Normvorgaben verarbeiten.

So läßt sich eine Art Kontinuum in der Einstellung zu (Un)fruchtbarkeit, Kinderwunsch, Mutterschaft oder Kinderlosigkeit darstellen, an dessen einem Ende idealtypisch das „Leiden an der Kinderlosigkeit" steht und an dessen anderem Ende der unbedingte Wunsch, kinderlos zu bleiben, in der Entscheidung zur Sterilisation als endgültiger Verhütungsmethode mündet.

Gabi Weger beschäftigt sich mit den Weiblichkeitsentwürfen ungewollt kinderloser Frauen: Frauen, für die die eigene Kinderlosigkeit psychisches Leid bedeutet und die sich in der Folge physisch wie psychisch enorm belastenden medizinischen Sterilitätsbehandlungen unterwerfen. Das Leiden und die Aufopferungsbereitschaft analysiert die Autorin als Versuch einer Anpassungsleistung an die verinnerlichte Normvorgabe unbedingter Mutterschaft. Massive Schuld- und Schamgefühle für „unweibliches" Denken, Handeln und Fühlen bedingen Selbstaufopferung in Form medizinischer Behandlungen und verhindern bei den Betroffenen alternative Lebenskonzepte.

Vera Schedenig hat in ihrer Interviewstudie das andere Ende des Kontinuums beleuchtet: Frauen, in deren bewußter Entscheidung gegen Mutterschaft bzw. zur Sterilisation sich der Wunsch nach Selbstbestimmung und die Widerständigkeit gegen etablierte Weiblichkeitsbilder ausdrückt und deren Geschichten auch die Stärke dokumentieren, mit der sie oft gegen äußere Widerstände ihre „unweiblichen" Lebensentwürfe durchsetzten. Diese Entwicklung war ihnen trotz teilweise sehr ähnlicher Kindheitsbiographien wie in Gabi Wegers Studie möglich.

Das zeigt, daß Frauen trotz Hindernissen mehr Handlungsräume als die traditionell weiblichen offenstehen, wenn sie sich bloß trauen und ein tragfähiges soziales Netz haben, in dem meist ähnlich aufmüpfige Frauen Vorbilder und Freundinnen sind. Aufgefallen ist uns auch, daß ungewollt kinderlose und bewußt ohne Kinder gebliebene Frauen in ihren Vorstellungen, was „Weiblichkeit" – abgesehen von Mutterschaft – ausmacht, oft gar nicht so weit auseinanderliegen, wie es oft unterstellt wird.

„Weil es vielleicht nichts Schöneres gibt für eine Frau"

Zur Problematik ungewollter Kinderlosigkeit

GABI WEGER

In Österreich werden jährlich 2.000 In-vitro-Fertilisationen durchgeführt (Feigl 1995), um nur eines der Verfahren zu nennen, die die Medizin ungewollt kinderlosen Frauen anbietet. Hormonbehandlungen, künstliche Befruchtung und operative Eingriffe sind weitere. Die medizinischen Therapieformen stellen allesamt einen massiven Angriff auf die physische und psychische Integrität dar. Die Gewalt der Medizin beginnt mit der Totalüberwachung des Körpers und der Sexualität bei der Diagnoseerstellung und setzt sich fort mit schädlichen Nebenwirkungen von Medikamenten und hohen Verletzungsgefahren bei operativen Eingriffen. Hinzu kommen noch finanzielle Belastungen, hoher Zeitaufwand durch häufige Klinikaufenthalte und extreme psychische Belastungen durch ständige Konzentration auf die Behandlung sowie Frustrationen bei Mißlingen der Eingriffe.

Viele der an Fruchtbarkeitsstörungen leidenden Frauen lassen sich dennoch nicht davon abhalten, sich über Monate oder Jahre hinweg den erwähnten medizinischen Prozeduren zu unterwerfen. Welche Beweggründe bringen Frauen dazu, sich derart invasiven und destruktiven medizinischen Eingriffen auszusetzen?

Die Basis meines Artikels bildet eine empirische Studie über die Problematik ungewollter Kinderlosigkeit, die ich im Rahmen meiner Diplomarbeit durchgeführt habe (Weger 1995). Es wurden zwölf ungewollt kinderlose Frauen, die sich unterschiedlichen Sterilitätsbehandlungen unterzogen, zu ihrer Situation und zu Aspekten ihres Lebens befragt.

Anhand der Ergebnisse wird deutlich, wie sehr das Leiden an der Kinderlosigkeit durch die Scham geprägt ist, nicht dem gesellschaftlichen Bild einer „richtigen Frau" zu entsprechen. Das Leiden ist Resultat der gesellschaftlichen Definition von Weiblichkeit, einer Weiblichkeit, die die Sehnsucht nach Mutterschaft als natürliches weibliches Bedürfnis definiert und die Ablehnung der Mutterrolle als widernatürlich betrachtet.

Mädchen durchlaufen in unserer Gesellschaft eine Sozialisation, die ein ausgeklügeltes System von Belohnungen dafür bereithält, sich als Frau nach einem Kind zu sehnen und die dafür notwendigen Eigenschaften (Fürsorglichkeit, Verbundenheit, Abhängigkeit) auszubilden. In diesem Sozialisationssystem lernen Mädchen, daß Macht, Unabhängigkeit, Leistung und Kompetenz nicht die Grundpfeiler weiblicher Identität bilden; das Streben nach einer beruflichen Karriere gilt als explizit unweiblich.

Geschlechtszugehörigkeit ist in unserer Gesellschaft ein grundlegendes Organisations- und Konstruktionssystem der Identität (Hagemann-White 1993). Aus den im Verlauf der primären Sozialisation erworbenen kulturspezifischen Vorschriften und Normen bezüglich geschlechtsadäquater Verhaltensweisen entwickelt sich die Geschlechtsrollenidentität. Sie enthält die Möglichkeit gradueller Nichtübereinstimmung mit der gesellschaftlich definierten Geschlechtsrolle (Mertens 1992).

Das Beharren auf ein ersehntes Kind, die Unvorstellbarkeit eines erfüllten Lebens ohne Kind und leibfeindliches selbstzerstörerisches Verhalten sind deutliche Zeichen der Überanpassung an die weibliche Geschlechtsrolle. Erforscht werden muß, wie es zu dieser Überanpassung kommt. In einem System, in dem Frauen erst dann als vollwertige Frauen anerkannt werden, wenn sie dem gesellschaftlichen Auftrag zur Mutterschaft nachkommen, führt die Frage nach den Ursachen des Leidens zur Frage nach der psychischen Aneignung geschlechtsrollenkonformer Bedürfnis- und Verhaltensstrukturen.

Ich werde aufzeigen, daß die Aneignung eines Weiblichkeitskonzeptes, das der traditionellen Ideologie folgend Mutterschaft zum Kernelement weiblichen Daseins erklärt, bei ungewollt kinderlosen Frauen zu psychischem Leiden und in weiterer Folge zu selbstdestruktivem Verhalten führt. Mein Interesse gilt der Frage, wie es dazu kommt, daß Frauen bereit sind, einen ihnen zugeschriebenen Mangel (Kinderlosigkeit, Unfruchtbarkeit) als persönliche Minderwertigkeit zu empfinden und sich monate- oder jahrelang der quälenden Prozedur medizinischer Fruchtbarkeitsbehandlungen zu unterziehen.

Im folgenden werde ich anhand unterschiedlicher Aspekte der Weiblichkeitsentwürfe die Problematik der Betroffenen darstellen. Es geht zunächst um die Internalisierung eines Weiblichkeitsbildes, in dem Mutterschaft den zentralen und ausschlaggebenden Aspekt der Identität bildet. Die Bedeutung des Körpers – insbesondere die Bedeutung von Fruchtbarkeit und Gebärfähigkeit – für das eigene Selbstverständnis wird beleuchtet. Ich untersuche weiters, welchen Stellenwert Kompetenz und Leistungsstreben im Beruf als identitäts-stiftende Ausdrucksmöglichkeiten des weiblichen Selbst haben. Da der Wunsch nach einem Kind auch den Aspekt des Wunsches nach einer intensiven Beziehung beinhaltet, setze ich mich mit den sozialen Bezügen der betroffenen Frauen, insbesondere ihren Partnerschaften, auseinander. Abschließend gehe ich den Erfahrungen der Frauen in ihren Herkunftsfamilien nach, gewissermaßen als primärer Ort der Entstehung und Entwicklung von Bedürfnis- und Gefühlsstrukturen für das Selbst.

Der Wunsch nach Mutterschaft als Sehnsucht nach Weiblichkeit

Mutterschaft ist eine der zentralen gesellschaftlichen Normvorgaben für Frauen, sie verleiht in der traditionellen Sichtweise weiblichem Leben Daseinsberechtigung und Sinnhaftigkeit.

In vielfältiger und subtiler Weise formen gesellschaftliche Anforderungen über die Prozesse geschlechtsspezifischer Sozialisation die psychischen Strukturen von Männern und Frauen. Gesellschaftliche Bestimmungen und Normvorgaben finden sich auf der Ebene des Individuums als persönliche Wünsche und Bedürfnisse wieder: Frauen wollen nicht deshalb Mütter werden, weil eine Norm dies vorschreibt, sondern vor allem deshalb, weil sie ein tiefes inneres Bedürfnis danach verspüren. Der Wunsch nach Mutterschaft ist eng verflochten mit den Vorstellungen darüber, was zum Frausein zugehörig erlebt wird. Diesen Wunsch aufgeben zu müssen kann also gleichzeitig bedeuten – vorausgesetzt die Prozesse der Internalisierung greifen –, daß die Identität, und damit der Kern des Frauseins, in Frage gestellt wird.

Mutterschaft ist für ungewollt kinderlose Frauen der wesentliche Grundpfeiler ihres Weiblichkeitsempfindens: die Betroffenen empfinden sich – als kinderlose Frauen – in ihrem Frausein unvollständig.

> K.: „Irgendwie ist in meinen Augen eine Frau geschaffen zum Kinderkriegen, das ist das Natürlichste, was es gibt."
>
> B.: „Ein eigenes Kind ist wie ein Teil vom ganzen Leben. Ich fühle ..., ich bin nicht ganz, etwas fehlt."

Die Vorstellung von einem weiblichen Leben ohne Kinder ist durchgängig negativ besetzt: Es werden damit Eigenschaften wie psychische Unreife oder Egoismus assoziiert. Eine freiwillig kinderlose Frau wird wie folgt beschrieben:

O.: „[...] weil ich auch so eine Freundin hab', die sagt, sie borgt sich gern eines aus und schaut drauf, aber selber will sie keines, *weil sie einfach nicht die Nerven hat, die wird mit sich selber nicht fertig.*"

Die enge Verknüpfung des Kinderwunsches und der eigenen Vorstellung von weiblicher Identität ist manchmal weniger bewußt; sie zeigt sich oft eher subtil in einer sehr starken Verunsicherung der Frauen, sobald sozialer Druck zum Kinderkriegen spürbar wird:

W.: „Als bedrückend empfinde ich eigentlich das Rundherum, ob das jetzt seine Eltern sind oder meine Mutter, [...] die wünschen sich nichts sehnlichster als ihr Enkelkind. Jederzeit sagen's ‚Für wen tun wir das alles, wer soll das denn erben!‘ Da hab ich manchmal das Gefühl, die zw... – ich mein', ich will's eh selber."

Es gibt durchaus auch Brüche in der Aneignung der traditionellen Weiblichkeitskonzeption: einige Frauen äußern Bedenken dagegen, eigene Kinder zu haben, zum Beispiel weil die Aufgaben der Mutterschaft als Last empfunden werden oder weil die eigene Unabhängigkeit einen sehr hohen Stellenwert hat. Einige Frauen meinen, ein Leben ohne Kind wäre gut vorstellbar.

Dennoch: diese Frauen erlauben sich im Unterschied zu den freiwillig kinderlosen Frauen nicht, selbstbewußt unkonventionell zu sein, offen der gesellschaftlichen Norm zu widersprechen und kinderlos zu bleiben und somit die beengenden Grenzen des traditionellen Geschlechtsrollenentwurfes zu sprengen. Es scheint beinahe so, als ließe das Bewußtsein keinen offenen Widerstand gegenüber dem einengenden Weiblichkeitskonzept zu: Er bleibt auf der Ebene des Unbewußten und sucht seinen Ausdruck in Form körperlicher Fortpflanzungsverweigerung. Unfruchtbarkeit und gleichzeitige Fixierung auf ein Kind spiegeln die innere Dynamik zwischen unbewußtem Widerstand und bewußtem – nach außen gelebtem – Befolgen der traditionellen Weiblichkeitsbestimmungen.

Massive Schuld- und Schamgefühle für eine Lebensführung und für Verhaltensweisen, die dem gesellschaftlich geforderten Weiblichkeitsbild nicht entsprechen, verhindern alternative Lebenskonzepte. So wird zum Beispiel eine frühere Abtreibung selbstquälerisch bereut, andere machen sich Selbstvorwürfe, weil sie nach Unabhängigkeit streben, nicht genügend fürsorglich oder beruflich erfolgreich sind:

K.: „Ich bin ja auch egoistisch, [...] das ist Egoismus, weil von Haus aus hab' ich mir gesagt, ich will nicht abhängig sein, ich hab' immer Angst gehabt, wenn ich ein Kind hab', mach' ich mich vom Mann abhängig, wenn ich ein Kind hab', ist mein Mann Vater, und in dem Moment, wo ich ein Kind hab', bin ich von diesem Mann abhängig."

Schuld- und Schamgefühle für „Unweiblichkeit" treiben die betroffenen Frauen zu Handlungsweisen, denen insgeheim die Absicht zugrunde liegt, die eigene Weiblichkeit unter Beweis zu stellen. Unter diesem Gesichtspunkt sind die Fixierung auf ein Kind und die selbstaufopfernde Bereitschaft, sich jeder möglichen medizinischen Behandlung zu unterziehen, eine Art Sühneleistung für „unweibliche" Gedanken, Wünsche oder Handlungen.

Bedeutungsdimensionen des Körpers – leidvoller Leib

Die Phantasien, Gedanken und Gefühle rund um den Körper geben Aufschluß über die Bedeutungsdimension des Körpers im Erleben der Frauen. Daß die Frauen ihren Körper zum Schauplatz reproduktionsmedizinischer Eingriffe machen erweckt den Anschein, als bestraften sie sich selbst. Auf der Ebene der Leibidentität wiederholt sich das Drama traditioneller Weiblichkeitsbestimmung. Die Frauen zentrieren ihre Körperlichkeit stark um den Aspekt der Fruchtbarkeit und Gebärfähigkeit; die Generativität ist beinahe die einzige Ausdrucksmöglichkeit ihrer Körperlichkeit.

Die eigene Unfruchtbarkeit ruft Assoziationen des Unvollständig-, des Krank-, des Defektseins hervor und wird als Mangel an Weiblichkeit erlebt:

> K.: „Und wenn ich unfruchtbar bin und keine Kinder kriegen kann, dann ist irgend etwas unterbrochen in der natürlichen Weiter-, in der Fortpflanzung, also das ist von der Natur her. Ich stell' mir vor, wenn eine Pflanze blüht und Ableger kriegt, dann lebt das weiter, und wenn das nicht ist, dann stirbt's ab. Ich bin irgendwie so ein toter Ast am Baum, der stirbt."

Die körperliche Befindlichkeit im allgemeinen ist bei den meisten Frauen gestört: die Beschwerden und Erkrankungen betreffen vornehmlich das Bauchinnere (den Magen, den Darm und die generativen Organe). Der als defekt empfundene weibliche Körper erkrankt gewissermaßen an seinen zentralen Stellen. Diese Beschwerden verstehe ich als somatisierten Ausdruck der Weiblichkeitsproblematik. Die Konfliktualisierung des Bauchinneren verweist auf das, was King (1992) als „innergenitale Ängste" bezeichnet hat: Sie äußern sich in Phantasien über die Gefährlichkeit der begierigen inneren Genitalien oder in der Phantasie, einen entsexualisierten Körper zu haben.

Während die Frauen, die sich bewußt für ein Leben ohne Kinder entschieden haben, ihren Körper genießen, sich in ihm wohl fühlen und darin beheimatet sind, sind Lust und Freude am eigenen Körper für die befragten unfreiwillig kinderlosen Frauen spärlich, sie schätzen sich zudem wenig attraktiv ein und sind insgesamt in ihrem Körper nicht gern zu Hause:

> O.: „Ich find' mich überhaupt nicht schön, ich hab Probleme mit der Haut – Akne. Meine Haut ist gräßlich. Das verunsichert mich, wenn ich unter Leuten bin."

> R.: „Mein Körper gefällt mir nicht, mein Busen ist viel zu klein, am Bauch bin ich durch die vielen Narben entstellt, im allgemeinen gefalle ich mir überhaupt nicht."

Weibliche Körperlichkeit ist von Heimlichkeit, Scham und Verachtung umgeben:

> D.: „Meine Mutter hat es nie fertiggebracht, über diese Dinge zu sprechen, wie Menstruation oder Sexualität. Sie hat sich benommen, als wäre es eine Schande oder etwas Schmutziges. [...] Das war in meiner Familie überhaupt alles sehr übertrieben; ein Mann darf keine Binden sehen und so."

Auch das sexuelle Begehren ist von Scham und Sprachlosigkeit umgeben. Sexuelle Lust kann die Phantasie auslösen, das eigene Begehren sei „abnormal". Eine libidinöse Besetzung des eigenen Körpers, insbesondere des genitalen Innenraumes, fehlt. Die Frauen haben ein mangelhaftes Gefühl der körperlichen Integrität, sie fühlen sich in ihrer Weiblichkeit verstümmelt. Die medizinischen Eingriffe, denen sie sich unterziehen, sind einerseits Ausdruck des Wunsches nach Heilung und danach, einen integeren, weiblichen, generativen Leib zu haben, andererseits äußern sich darin Selbsthaß und massive Wut gegen die als krank empfundenen inneren Genitalien.

Die vernachlässigten Anteile weiblicher Identität: Kompetenz und Leistungsstreben

Sich durch die berufliche Tätigkeit bestätigt zu fühlen ist für Männer eine Selbstverständlichkeit. Im weiblichen Selbstkonzept hingegen sind Kompetenz und Leistungsstreben wenig verankert.

Ein Großteil der von mir befragten Frauen geht Beschäftigungen nach, die unter ihrem Qualifikationsniveau liegen, ein hohes Maß an beruflicher Unzufriedenheit ist die Folge. Die gesellschaftliche Situation, in der Frauen aus dem Arbeitsmarkt verdrängt werden, in der ihnen unqualifizierte und schlecht bezahlte Arbeiten zugewiesen werden, spiegelt sich in den Erfahrungen dieser Frauen. Die äußeren Lebensbedingungen der Frauen sind so gestaltet, daß sie in die traditionelle Rolle zurückgedrängt werden. Diese äußeren Bedingungen gehen mit den inneren Hand in Hand. Trotz Unzufriedenheit streben die befragten Frauen keine Veränderungen der beruflichen Situation an. Die

Veränderung der unbefriedigenden Lebenssituation wird vom ersehnten Kind erhofft.

> K.: „Ich hab' jetzt zwanzig Jahre im Büro gearbeitet, ich hab' jetzt eigentlich von dem Ganzen genug, und ich könnte mir jetzt vorstellen, daß ich zu Hause ... jetzt wär' ich mehr eingestellt auf Zuhause und Familienleben."

Als Mädchen haben die Frauen teilweise mit viel Engagement versucht, ihre Schul- oder Berufswahl gegen den Willen der Eltern durchzusetzen; das Scheitern dieser Bestrebungen führte sie in eine resignative Haltung. Kompetenz und Leistung konnte für sie keine Quelle der Bestärkung weiblicher Identität werden.

Ein kleinerer Teil der befragten Frauen zählt zu den beruflich erfolgreichen und zufriedenen, die mit Stolz von ihrer Leistung berichten. Gleichzeitig empfinden gerade diese Frauen die Erwartungen anderer an ihre Geschlechtsrolle als äußerst belastend und sind in ihrem Selbstbild verunsichert.

> W.: „Der Druck entsteht durch die Umgebung [...]. Das ist sehr, sehr schwierig, vor allem, wenn man die Arbeit macht, wie ich sie mach', mit Politikern oder bekannten Personen, die man in Zeitungen oder im Fernseher sieht. Die fragen dann immer: ‚Was wirst Du mit Deinen Kindern machen, wenn Du Kinder bekommst, dann kannst Du keine Reisen mehr machen.' Was geht die das an, [...] das ist wirklich der Hauptdruck und Ärger."

Für die beruflich erfolgreichen unter den unfreiwillig kinderlosen Frauen sind Leistung und Kompetenz schuldbeladene und konfliktreiche Aspekte der eigenen Identität.

Das Dilemma in den Beziehungen: Ein Kind als Ersatz für fehlende Emotionalität

Kinderwunsch beinhaltet auch den Aspekt des Wunsches nach einer intensiven Beziehung. Chodorow (1985) ist zu der Annahme gelangt, daß das Bedürfnis nach einem Kind umso bedeutender wird, je weniger emotional verfügbar Männer sind und je weniger Frauenfreundschaften gepflegt werden.

In den Interviews war festzustellen, daß – was die Partnerschaft betrifft – die Bedürfnisse nach Anerkennung, Geborgenheit, Verläßlichkeit und Sicherheit nicht oder nur bedingt befriedigt werden. Besonders zeigt sich dies in den Aussagen über die Unfähigkeit der Partner zu den von den Frauen gewünschten Zuwendungsformen (Äußern von Gefühlen, Austausch von Zärtlichkeit).

55

A.: „Also, es bin immer ich diejenige – die Denkerin. Mich interessieren seine Gedanken, aber ich werd' nicht klug, ich glaub', er denkt auch nichts. [...] Ich würd' halt gern oft etwas ausschweifender diskutieren – oder, wenn man ein Problem hat, darüber reden, also, das ist nicht immer einfach ... Wobei ich sagen muß, er bemüht sich auch, das will ich nicht abstreiten."

Die von den Partnern gewünschte Anerkennung, Bestätigung und Aufmerksamkeit versuchen die Frauen über ihre Bemühungen um ein Kind zu bekommen: Sie freuen sich, wenn der Mann stolz auf sie ist, wenn sie sich für den Kinderwunsch opfern, oder sind gekränkt, wenn diese Form der Anerkennung ausbleibt. Die Anerkennung für ihre Aufopferungsbereitschaft bedeutet für die Frauen gewissermaßen eine Bestätigung ihrer weiblichen Identität.

S.: „Ich bin da g'sessen mit meinem Mann, und der hat Händchen gehalten [...]. Eigentlich war er irgendwie, wie soll ich sagen, sogar stolz auf mich, daß ich das [die medizinische Behandlung, Anm. d. Verf.] auf mich nehm'."

Auch die freiwillig kinderlosen Frauen kommen häufig zu der Erkenntnis, daß emotionale Befriedigung in den Partnerschaften nur bedingt möglich ist. Doch während diese Frauen die notwendige Bestätigung und Anerkennung in vertrauensvollen Beziehungen zu ihren Freundinnen suchen, sehen die unfreiwillig kinderlosen Frauen im ersehnten Kind den Ausweg aus dem emotionalen Vakuum:

M.: „Der Mann ist nicht alles im Leben einer Frau. Ich hab das bei einer Freundin gesehen, die jetzt ein Baby hat, die sagt auch, sobald eine Frau ein Kind hat, dann wird das Kind zur wichtigsten Beziehung."

Der soziale Kontext der Frauen weist eine besondere Auffälligkeit auf: die meisten Frauen haben keine Freundinnen oder engen Vertrauenspersonen. Ein persönlicher Austausch über das doch als sehr belastend erlebte Problem der Kinderlosigkeit findet selten oder gar nicht statt.

W.: „Ich habe keine so nahen Freundinnen, denen ich was anvertrauen kann. Sicher, ich hab' viele Bekannte [...], aber ich hab' niemanden, dem ich Bettg'schichten erzählen würd'."

Die Vehemenz, mit der ein Kind ersehnt wird, zeigt die emotionale Bedürftigkeit der befragten Frauen: Partnerschaftsbeziehungen werden als unbefriedigend erlebt, intensive Bindungen zu anderen (Frauen) fehlen. Den Ausweg aus der Beziehungslosigkeit stellt das gewünschte Kind dar.

Konstruktion traditioneller Weiblichkeit durch die familiäre Sozialisation

Eine wichtige Bedingung dafür, daß die Frauen zu einer Überanpassung an die weibliche Rolle gelangen, ist der familiäre Bezugsrahmen, in dem die Frauen aufgewachsen sind. Die Familie ist im Leben dieser Frauen der Ort, an dem zahlreiche Traumatisierungen stattgefunden haben, etwa ihre eigene Minderbewertung und Einschränkung ebenso wie die ihrer Mütter, ihre emotionale Vernachlässigung, die Gewalt und/oder Gewaltandrohung des Vaters gegenüber der Mutter bzw. gegenüber den Töchtern, Depressionen der Mütter und beängstigende Konflikte zwischen den Eltern.

Die Wertehierarchien und Interaktionsstrukturen in den Herkunftsfamilien bieten Einsicht, warum die Frauen als Erwachsene in Form von übertriebener Geschlechtsrollenkonformität ihre Lebenssituation zu bewältigen versuchen.

> S.: „Mein Vater hat mir immer eingeredet, Mädchen haben zu heiraten und Kinder zu kriegen."
> M.: „Meine Mutter kommt aus einer sehr katholischen Familie, und ihrer Meinung nach hätt' ich schon längst Kinder haben sollen."

Die Beziehungsstrukturen entsprechen vorrangig dem geschlechtshierarchischen Arrangement; die Väter sind überwiegend dominant, die Mütter fürsorglich und unterwürfig.

> S.: „Mein Vater war sehr diktatorisch in der Familie, da hat niemand reden dürfen, wenn er geredet hat, es hat auch nur seine Meinung gezählt."

Die Kompetenzen der Töchter werden sehr häufig geringgeschätzt, ihr Leistungsstreben wird vernachlässigt oder sogar unterdrückt; wenn es gefördert wird, dann nur durch einen Elternteil, der jeweils andere ist desinteressiert oder mißachtet weibliches Kompetenzstreben.

> D.: „Meine Ausbildung wurde sehr gefördert, darin wurde ich sehr unterstützt, aber es war kein Muß, daß ich ein Studium machte. Wenn ich Schwierigkeiten hatte – in der Schule zum Beispiel in Mathe, war die Reaktion meines Vaters einfach: ‚Du kannst ja aufhören!' [...] Darüber hab' ich mich immer sehr geärgert. Die Mutter hat mich aber immer ermutigt, sie war eigentlich die treibende Kraft, was die Ausbildung betraf."

Die Identifikationsmöglichkeiten, die die Frauen als Mädchen hatten, waren in jedem Fall problematisch: Mütter, die gegenüber der Tochter einschränkend und bestimmend sind, und Väter, die mit verbaler Gewalt den Willen der

Töchter brechen, lassen der Tochter keine Möglichkeit der Selbstbestimmung. Wenn die Selbständigkeit und Aktivität der Tochter mit Vergeltung und Bestrafung beantwortet wird, entsteht daraus die Bereitschaft zur Unterwerfung (vgl. Benjamin 1990). Mütter, deren Stärke ausschließlich in Fürsorglichkeit und Aufopferung liegt, und Väter, die die Familie beherrschen, bieten der Tochter nicht das Bild einer über sich selbst bestimmenden Frau.

Resümee

Die Problematik der an unerfülltem Kinderwunsch leidenden Frauen ist im Kontext des bestehenden Geschlechterverhältnisses zu verstehen. Die Ergebnisse weisen darauf hin, daß das Beharren auf und die Aufopferung für ein Kind Formen der Verarbeitung repressiver Erfahrungen darstellen, sie sind Reaktionen auf die engen Vorgaben traditioneller weiblicher Identitätsbestimmung.

Die streng geschlechtshierarchischen Strukturen in den Herkunftsfamilien verweisen die Frauen auf den für sie vorgesehenen Ort als Mutter und als sich aufopfernde Frau. Die subtile innerpsychische Aneignung traditioneller Weiblichkeitsvorgaben erschwert es, die gängigen Normvorstellungen zu brechen. Das Leiden an der Kinderlosigkeit und die Aufopferungsbereitschaft stellen eine – wenn auch dysfunktionale – Form der Bewältigung dar, gewissermaßen eine Art Überlebensstrategie.

Auf der symbolischen Ebene könnte Unfruchtbarkeit als nicht bewußte und nicht offen gelebte Form des Widerstands gegen die Mutterrolle verstanden werden, die sich die Frau auf bewußter Ebene nicht erlaubt. Indem sie alle möglichen medizinischen Eingriffe über sich ergehen läßt und alles für das ersehnte Kind tut, bestraft sie sich jedoch quasi selbst und entspricht zudem dem Ideal weiblicher Aufopferungsbereitschaft.

Die Medizin findet unter ungewollt kinderlosen Frauen willige Patientinnen, gerade weil sie unkritisch das Bild der nur durch Mutterschaft erfüllten Weiblichkeit bestätigt und die medizintechnischen Mittel zur Korrektur des unvollkommenen (zu bestrafenden) Körpers liefert. Durch ein beinahe unerschöpfliches Angebot an medizinischen Interventionsformen zur Behandlung der Kinderlosigkeit wird den Frauen suggeriert, daß ihr Leiden ernst genommen wird. Die Problematik wird auf einen körperlichen Mangel reduziert, die medizintechnische Reparatur des Körperdefektes weckt Hoffnungen auf eine schnelle Lösung und hält die Illusion aufrecht, ein Kind beende das Leiden. Reproduktionsmedizinische Eingriffe tragen nicht zur

Heilung bei, im Gegenteil, sie machen den Leidenszustand zu etwas Chronischem.

Das Leiden an der Kinderlosigkeit ist meines Erachtens als seelische Gleichgewichtsstörung zu begreifen, die im Kontext repressiver Vorgaben für weibliches Dasein entsteht. Die Fähigkeit, rechtzeitig mit Leiden zu reagieren, ist auf der psychischen Seite eine Voraussetzung für die Revision traditioneller Leitbilder. Die an Kinderlosigkeit leidende Frau sollte sich von den althergebrachten Weiblichkeitsnormen verabschieden. Psychotherapeutische Unterstützung ist hier angeraten, zumal die Infragestellung des traditionellen und vertrauten Weiblichkeitsentwurfs und die Loslösung davon Schmerz bedeuten und mitunter eine schwere Identitätskrise auslösen können. Krisen bieten allerdings immer auch die Chance der Entfaltung und Persönlichkeitsentwicklung: In diesem Sinne müssen sich Frauen – im Widerspruch zu den gesellschaftlichen Weiblichkeitsbestimmungen – auf die Suche nach alternativen sinnstiftenden Aspekten ihres Lebens machen, um die Kreativität und schöpferischen Potentiale ihres Selbst und ihres Körpers (wieder) zu entdecken (Norbisrath 1988).

Literatur

Benjamin, Jessica: Von den Fesseln der Liebe. Psychoanalyse, Feminismus und das Problem der Macht, Frankfurt am Main 1990.

Chodorow, Nancy: Das Erbe der Mütter. Psychoanalyse und Soziologie der Geschlechter, München 1985 (1978).

Feigl, Susanne: Frauen in Österreich 1985–1995. Broschüre zum Bericht der Frauen in Österreich, Frauenbericht 1995, Hg. Bundesministerin für Frauenangelegenheiten, Wien 1995.

Hagemann-White, Carol: Die Konstrukteure des Geschlechts auf frischer Tat ertappen? Methodische Konsequenzen einer theoretischen Einsicht. In: Feministische Studien, 11. Jg., Heft 2, Weinheim 1993, S. 68–79.

King, Vera: Geburtswehen der Weiblichkeit – Verkehrte Entbindungen. Zur Konflikthaftigkeit der psychischen Aneignung der Innergenitalität in der Adoleszenz. In: Flaake, Karin/King, Vera (Hg.): Weibliche Adoleszenz. Zur Sozialisation junger Frauen, Frankfurt am Main/New York 1992, S. 103–125.

Mertens, Wolfgang: Entwicklung der Psychosexualität und der Geschlechtsidentität, Bd. 1, Stuttgart/Berlin/Köln 1992.

Norbisrath, Sylvia: Weiblicher Identitätskonflikt am Beispiel ungewollter Kinderlosigkeit. In: Beiträge zur feministischen theorie und praxis: Mamalogie, Heft 21/22, Köln 1988, S. 97–114.

Weger, Gabi: Das Leiden an der Kinderlosigkeit – Versuch einer Annäherung. Eine qualitative Studie zu Beweggründen und Motiven ungewollt kinderloser Frauen, sich reproduktionsmedizinischen Behandlungen zu unterziehen, Diplomarbeit, Wien 1995.

„Mit einem Kind bin ich da eing'sperrt und kann nimmer raus"

Über das weibliche Selbstverständnis gewollt kinderloser Frauen

VERA SCHEDENIG

Vorbemerkung

Mitte der 90er Jahre habe ich im Rahmen meiner Diplomarbeit (Schedenig 1997) in einer qualitativen Interviewstudie mit dreizehn bewußt kinderlos gebliebenen Frauen deren weibliches Selbstverständnis nachzuzeichnen versucht. Sieben von ihnen haben sich freiwillig und zum Teil gegen erheblichen Widerstand ihrer Umwelt einer Eileiterunterbindung unterzogen, um ihre Entscheidung endgültig und hundertprozentig sicherzustellen.

In der Einleitung zu den beiden Artikeln dieses Kapitels haben Gabi Weger und ich bereits kurz umrissen, daß der gemeinsame Kern unserer Untersuchungen die kritische Auseinandersetzung mit dem Mutterschaftsmythos der patriarchalen Gesellschaft ist. Wir haben uns diesem Thema aber von entgegengesetzten Seiten angenähert – Gabi Weger aus der Sichtweise von Frauen mit unerfülltem Kinderwunsch, ich aus dem Blickwinkel gewollt kinderloser Frauen.

Damit erfüllen die von uns befragten Frauen – unfreiwillig die einen, freiwillig die anderen – ein wesentliches Definitionskriterium von Weiblichkeit in unserer Gesellschaft – Mutterschaft – nicht. Gabi Wegers Gesprächspartnerinnen leiden unter ihrer Unfruchtbarkeit und nehmen mit der In-vitro-Fertilisation meist noch mehr Leiden auf sich, um endlich das ersehnte Kind zu bekommen. So entsprechen sie, zumindest was ihren Umgang mit dem gesellschaftlichen Stigma der weiblichen Kinderlosigkeit betrifft, gängigen Rollenerwartungen. Ganz anders die Frauen, mit denen ich gesprochen habe und die sich freiwillig und bewußt gegen Mutterschaft entschieden haben; ihnen wird häufig unterstellt, daß sie „Probleme mit ihrer Weiblichkeit" hätten und ihrer „natürlichen Bestimmung" als Frau nicht nachkämen.

Wir gehen davon aus, daß „Weiblichkeit" – abgesehen von der biologischen Geschlechtlichkeit – nicht ein über alle Zeiten und Kulturen unabänderlich konstanter „Geschlechtscharakter" ist, der naturhaft an die weibliche Geschlechtlichkeit gebunden wäre; sie wird vielmehr sozial in der lebenslangen Interaktion mit der Umwelt konstruiert – bestätigt, verstärkt oder auch verändert. Weiblichkeit kann also viele Gesichter haben, aber nur wenige davon sind gesellschaftlich akzeptiert. Das „Gesicht" des freiwilligen Verzichts auf Mutterschaft erscheint vielen wie ein Medusenhaupt.

Dieses Gesicht will ich in meinem Beitrag gerne portraitieren und ihm den Schrecken nehmen. Ich bin in meiner Untersuchung deshalb der Frage nachgegangen, welche Vorstellungen kinderlose Frauen – vor allem, wenn sie sich sterilisieren lassen, um die Kinderlosigkeit sicherzustellen – mit „Weiblichkeit" verknüpfen und ob „Weiblichkeit" überhaupt etwas ist, das in ihrem Bild von sich selbst und für ihren Lebensentwurf eine Bedeutung hat.

Nach einigen kurzen theoretischen Überlegungen zum Thema „Woher kommt der Kinderwunsch" beschäftige ich mich in bewußter Gegenüberstellung zu den Ergebnissen von Gabi Wegers Interviewstudie mit folgenden Aspekten:

- Gabi Weger arbeitet die *„Sehnsucht nach Weiblichkeit"* – Ausdruck eines internalisierten traditionellen Weiblichkeitskonzeptes – als ein treibendes Motiv ihrer Interviewpartnerinnen heraus. *„Der Wunsch nach einem lebenswerten Leben"* zeigt im Kontrast dazu, was im Leben meiner Gesprächspartnerinnen den zentralen Platz einnimmt, den für die Kinderwunsch-Frauen das ersehnte Kind hat; hier gehe ich darauf ein, welche Vorstellungen von einem Leben mit Kind sosehr im Widerspruch zu ihren Lebensplänen stehen, daß Kinder darin keinen Platz haben. Der Wunsch nach Unabhängigkeit ist dabei ein Leitmotiv.

- Dem Abschnitt *„leidvoller Leib"* möchte ich mit *„Der gern bewohnte Körper"* das weitgehend positive Verhältnis meiner Interviewpartnerinnen zu ihrem Körper und ihrer Sexualität gegenüberstellen. Interessant sind die Überschneidungen und Trennlinien zwischen den ungewollt und gewollt kinderlosen Frauen bezüglich der Bedeutung von Fruchtbarkeit und im medizintechnischen Umgang mit einem Körper, der nicht gemäß den eigenen Bedürfnissen kontrollierbar ist. Wieder ist es das Bedürfnis nach Emanzipation und nach Lebenslust, warum ein Teil der bewußt kinderlosen Frauen sich zur Sterilisation entschließt.

- Der Teil *„Männer sind zusätzlich"* hat analog zu Gabi Weger *„Das Dilemma in den Beziehungen"* zum Inhalt: Auch in den Vorstellungen von geglückter Partnerschaft und im Stellenwert bestehender Partnerschaften bzw. darin, ob das Fehlen einer solchen Partnerschaft als großer Mangel empfunden wird, zeigen sich Unterschiede zu den von Gabi Weger befragten Frauen: die Wichtigkeit des selbstbestimmten Lebens steht auch hier wieder im Vordergrund. Unterschiedlichen Stellenwert haben auch Frauenfreundschaften als Ort von emotionalem Austausch und Unterstützung.

- *„Wo bleibt die Weiblichkeit"*: Wenn nicht Mutterschaft – was dann macht „Weiblichkeit" für meine Gesprächspartnerinnen aus? In vielen Aspekten teilen die von mir befragten Frauen gängige Weiblichkeitsvorstellungen – aber sie sind sich der sozialen Konstruiertheit „weiblicher" Eigenschaften bewußt und nicht bereit, sich darauf reduzieren zu lassen. Ihre Sehnsucht ist nicht die nach Weiblichkeit, wie sie Gabi Weger für ihre Interviewpartnerinnen gefunden hat, sondern die Sehnsucht nach „Menschlichkeit" in dem Sinn, daß unabhängig vom Geschlecht jeder Person alle Entfaltungsmöglichkeiten offenstehen sollen.

Woher kommt der Kinderwunsch?

Ich gehe mit Schmerl und Ziebell (1988, S. 29) davon aus, daß es für die Genese bewußter Kinderlosigkeit idealtypisch zwei Möglichkeiten gibt, die beide den Kinderwunsch *nicht* als natürlich gegeben voraussetzen. Für die Frauen, mit denen ich gesprochen habe, waren diese Annahmen jedenfalls zutreffend:

„a) Der Kinderwunsch wurde sozial erzeugt, aber aus ebenso sozialen Gründen (Erfahrungen, Überzeugungen) wieder abgelegt bzw. nicht realisiert; b) der Kinderwunsch ist sozial nur schwach oder gar nicht erzeugt worden, deshalb auch nicht (oder nur schwach) vorhanden und muß somit auch nicht eigens wieder abgelegt werden."

Schmerl, Ziebell und Queisser (1992, S. 34) meinen, daß man von einem „natürlichen Kinderwunsch" in dem Sinn, daß er den Frauen durch ihr Frausein schon angeboren wäre, nicht sprechen kann, sondern daß eher „eine natürliche Tendenz, die eigene Kinderzahl zu begrenzen, [...] d. h. eine naheliegende Neigung der Frauen, Geburten in Abhängigkeit von eigenen Überlegungen zu limitieren oder in bestimmten Fällen auch ganz zu unterlassen," vermutet werden kann.

Viele Untersuchungen haben sich mit den Motiven hinter einem manifesten Kinderwunsch beschäftigt und den Zusammenhang zwischen individueller Motivation und gesellschaftlichen Entwicklungen – zum Beispiel der Struktur der modernen „Risikogesellschaft" (Beck 1986) – untersucht. Die Analyse der Antworten von Menschen beiderlei Geschlechts zu ihrem persönlichen Kinderwunsch zeigt, daß in der westlichen Industriegesellschaft – sogar von den Menschen, die selber Kinder bekommen und großziehen – viel mehr rationale Argumente vorgebracht werden, die gegen Elternschaft sprechen, als solche dafür (vgl. u. a. Jagenow/Mittag 1982). Die Entscheidung für ein Kind ist vor allem eine emotionale, in der sich auch viel an eigener Bedürftigkeit äußern kann (vgl. u. a. Beck-Gernsheim 1989).*

Da es letztlich immer die persönlichen Gründe der Erwachsenen und nicht die des noch Ungeborenen oder irgendeine abstrakte „Verantwortung für die Gesellschaft" sind, warum Kinder bewußt in die Welt gesetzt werden, ist die Entscheidung für ein Leben mit eigenen Kindern ebenso „egoistisch" wie die Entscheidung gegen ein Kind.

Der Wunsch nach einem lebenswerten Leben

Während für Frauen mit unerfülltem Kinderwunsch ein geglücktes Leben nur mit einem eigenen Kind vorstellbar ist, haben die gewollt Kinderlosen, so unterschiedlich im Einzelfall ihre Biographien auch sind, ebenfalls den Wunsch nach einem „lebenswerten Leben" gemeinsam – aber der verträgt sich aufgrund ihrer persönlichen emotionalen Erfahrungen wie auch ihrer rationalen Überlegungen nicht mit eigener Mutterschaft. Im Zentrum ihrer Aussagen steht immer wieder der Wunsch nach Unabhängigkeit und Selbstbestimmung – ganz allgemein, als Orientierung auf Berufstätigkeit, als Ergebnis bewältigter Lebenskrisen, in einer Partnerschaft, als Abgrenzung von mütterlichen Lebensentwürfen des Dienens und der Unterordnung und im Zusammenhang mit ausreichenden persönlichen Freiräumen. Diese einzelnen Aspekte möchte ich mit den folgenden Interviewpassagen anschaulich machen.

„Einfach so, wie mein Leben ist"
Für viele meiner Interviewpartnerinnen war in ihren Überlegungen zwar jeweils *ein* Aspekt besonders zentral, zum Beispiel Berufstätigkeit als haupt-

---

* Mit „rationalen Argumenten" sind solche gemeint, die auf die häufig nachteilige Veränderung der äußeren Lebensumstände durch Elternschaft abzielen, wie finanzielle Einschränkungen, geringere Mobilität, Unterbrechung der beruflichen Entwicklung, Wohnraumprobleme etc.; „emotionale" Faktoren, die mit eigener Bedürftigkeit zusammenhängen können, wären der Wunsch nach einer langdauernden intensiven, ganz besonderen Beziehung in einer Umwelt, in der rascher Wandel und brüchige Bindungen auf der Tagesordnung stehen; auch der Wunsch, die Wunde einer als unglücklich erinnerten Kindheit durch ein eigenes Kind zu heilen, steht oft als treibendes Motiv hinter dem Wunsch nach Elternschaft.

sächlicher Lebensinhalt; trotzdem gab es nie nur *ein* isoliertes Argument, sondern fand eine Vielzahl von Einzelargumenten Eingang in die Vorstellungen von einem „lebenswerten Leben". Typisch ist etwa folgende Aussage von Frau N.:

> „Einfach so, wie mein Leben ist und wie meine Lebensumstände sind, ist es einfach für mich indiskutabel. [...] Ich wär' niemals bereit, wie manche Frauen unter allen möglichen Entbehrungen ein Kind auszutragen, und wo ich sag', ich mein', das ist ein Leben, wo *ich* für mich persönlich das Leben nicht mehr lebenswert fände, weil ich einfach gewisse Sachen mir erwart', die ich dann einfach nicht haben könnte."

Eigentlich wird hier konkret *nicht* gesagt, wie die Lebensumstände sind, die ein Kind indiskutabel machen oder was das Leben *jetzt* lebenswert macht, worauf dann mit einem Kind verzichtet werden müßte. Es ist aber eine typische Antwort, die andere Frauen in ähnlicher Weise geben und die zeigt, daß ihr *ganzes* Leben, so wie es jetzt ist, umfassend betroffen wäre, sodaß sich die nachteiligen Veränderungen eben nicht kurz und prägnant an ein oder zwei konkreten Punkten festmachen lassen. Das wird dann erst im weiteren Gespräch und durch die Beleuchtung aller wichtigen Lebensbereiche klarer.

Was sich zum Beispiel Frau N. erwartet, ist weiterhin in ihrem zeitaufwendigen Beruf, der ihr viel Freude bereitet, arbeiten zu können sowie weiterhin als alleinstehende Frau in ihrer eigenen Garconniere, die sie ihren Bedürfnissen entsprechend adaptiert hat, unabhängig zu leben; Liebesbeziehungen zu Männern sind zwar wichtig für sie, aber sie braucht viel Raum und Zeit für sich, sodaß sie eine zu enge Bindung nicht eingehen will – also müßte sie sich auf Mutterschaft als Alleinerzieherin einstellen. Ein Kind zu haben setzt für sie finanzielle Unabhängigkeit voraus, was wiederum Berufstätigkeit nötig macht, sodaß sie selber gar keine Zeit für das Kind hätte – wozu sollte sie dann eines bekommen?! Und diese Situation ist prototypisch für viele meiner Gesprächspartnerinnen.

„Ich will einen *Beruf* haben, der mir was gibt"

Zukünftige Berufstätigkeit ist für die meisten von mir befragten Frauen schon seit der frühen Kindheit oder spätestens ab dem Schulalter ein wichtiger Identitätsaspekt und eine Selbstverständlichkeit. Alle Frauen berichten übereinstimmend, daß sie – oft unter schwierigen finanziellen Bedingungen oder zu einer Zeit, wo Berufstätigkeit bei Mädchen bestenfalls als Überbrückung bis zur Heirat gesehen wurde – prinzipiell von ihren Eltern in ihrem Wunsch nach einer Berufsausbildung unterstützt wurden, wenn auch nicht unbedingt im eigenen Wunschberuf. Heute jedenfalls arbeiten fast alle Frauen, teilweise nach Studienabbrüchen oder Studien- bzw. sogar Berufswechseln in Bereichen, die sie sich selbst ausgesucht haben und in denen sie gerne tätig sind.

Die Berufstätigkeit ist also für alle interviewten Frauen nicht nur lästiges Übel zur unabdingbaren eigenständigen materiellen Existenzsicherung, sondern ein wichtiger Lebensinhalt, der eine Bestätigung und Entwicklung der eigenen Fähigkeiten und die Mitgestaltung des gesellschaftlichen Lebens ermöglicht. Für Frau F. war das immer schon klar:

> „[...] also der Lebensentwurf war von vornherein eher mehr: ich will einen *Beruf* haben, der mir was gibt, und nicht: ich will eine *Familie* haben."

Frau G., heute Journalistin, schildert ihren Weg folgendermaßen:

> „Ich hab nie was mit Kindern anfangen können, das war also sehr kurios. Während alle anderen immer begeisterte Babysitter waren, bin ich daheim g'sessen und hab deutsche Heldensagen g'lesn oder König Arthus und so [...]; dann in der Schule ist das eigentlich so weitergegangen – während alle anderen geplant haben, Familien zu gründen, hab' ich geplant, einen phantastischen Beruf auszuüben und irgendwas zu tun."

Eine freischaffende Künstlerin, die heute in der Theaterszene engagiert ist, berichtet, daß sie schon als kleines Mädchen mit ihren Puppen nie Mutter und Kind gespielt hatte, sondern Theater. Von anderen Frauen werden als Vorstellung von „phantastischen Berufen" auch „*Künstlerin oder als Pilot in Alaska*" oder „*abenteuerlich, natürlich*" – zum Beispiel „*Expeditionsarzt am Himalaya*" – „*auf alle Fälle etwas, wo ich viel in der Welt herumkomm',*" genannt.

Die Perspektive späterer Berufstätigkeit geht nicht unbedingt von Anfang an mit der Ablehnung späterer eigener Mutterschaft einher. Einige Frauen kommen erst durch die Erfahrung, wie schwierig bis unmöglich die Vereinbarung beider Ziele wäre, zu der reflektierten Entscheidung, kinderlos zu bleiben. Die kindlichen Vorstellungen einer selbstverständlichen späteren eigenen Mutterschaft sind dabei verschieden stark emotional besetzt – manche Frauen fanden es als Kind einfach „normal", später einmal wie die eigene Mutter, die geliebt und bewundert wurde, oder weil es als wichtiger Wert in der Erziehung vermittelt wurde, auch selber Kinder zu haben. Fast alle Frauen erzählen aber, nie einen wirklichen *Wunsch* nach einem eigenen Kind verspürt zu haben. Nur für zwei Frauen war bzw. ist ihre Entscheidung zur Kinderlosigkeit bzw. zur Sterilisation auch konfliktreich. Beide hätten sich auch ein Leben mit eigenen Kindern – unter anderen Lebensumständen – schön vorgestellt und empfinden eine gewisse Trauer darüber, daß ihnen

dieser Weg nicht möglich war. Dennoch halten sie an der Richtigkeit ihrer
Entscheidung fest.

„der letzte Blödsinn [...] in einer *Sinnkrise* ein Kind als Lösung"

Bei den anderen Frauen taucht der Gedanke an ein Kind, wenn überhaupt, in
beruflichen oder privaten Krisensituationen auf. So berichtet Frau B.:

> „Vielleicht ein einziges Mal und da – da hab ich mich selber dabei ertappt, da hab'
> ich eine irrsinnige Krise g'habt [...], und *da* kam mir der Gedanke an ein Kind, und
> da hab' i ma dann aber selber gedacht, also *des* is' ja wohl wirklich der letzte
> Blödsinn, ja, sozusagen in einer *Sinnkrise* irgendwo – ein Kind dann ... oder den
> Wunsch nach einem Kind herzunehmen als Lösung, weil *i* ned weiß, was i mit mir
> selber jetzt konkret weitertu."

B. schildert damit eine Situation, die für viele Frauen der Auslöser für einen
Kinderwunsch ist, hinter dem in Wahrheit nicht der authentische Wunsch nach
der Beziehung zu dem zukünftigen Kind steht, sondern die Flucht vor Problemen, für die im Augenblick keine greifbare Lösung vorhanden ist; viele
Frauen werden in dieser Situation auch wirklich schwanger – Frau B. ging
anders damit um:

> „In dem Moment, wo i g'sehn hab ... *warum* i des mach, hab *ich* mir gedacht: Gut,
> der Wunsch is' jetzt da, jetzt *wart'* ich, bis mir besser geht, und wenn er *dann* noch
> immer da is', dann [...] kann ich zur Tat schreiten."

Nachdem sie den Wunsch als Flucht vor ihren Problemen erkannt hatte,
blieb sie aber nicht beim „Abwarten" stehen, sondern nahm die Lösung
dieser Probleme in Angriff und: *„Sobald i irgendwie wieder mit mir
halbwegs im Reinen war, war's mir kein Bedürfnis mehr."* Daß sie sich nicht
wie andere Frauen in die Kinderwunsch-Phantasie tiefer hineinfallen ließ,
hängt für sie auch damit zusammen, daß sie sich schon lange Zeit mit
gesellschaftspolitischen – vor allem frauenspezifischen – Fragen beschäftigt
und die Unvereinbarkeit ihrer Lebensvorstellungen mit denen von Mutterschaft erkannt hatte.

Frau F., für die Weiblichkeit viel mit Fruchtbarsein zu tun hat, geriet vor
Beginn der Wechseljahre in *„eine Art Torschlußpanik [...], also: bald einmal
gehts eh nicht mehr";* sie wurde in dieser Situation – nach eigener Aussage
sicher nicht ganz zufällig – wegen nachlässiger Verhütung schwanger. Sie
selber glaubt, daß es ihr eigentlich nicht um ein Kind ging, sondern um einen
Beweis ihrer Fruchtbarkeit, bevor es dafür zu spät wurde; sie ließ ohne Zögern
eine Abtreibung durchführen und würde das auch wieder tun, obwohl sie große

moralische Probleme damit hat. Denn: „*[...] mein Leben gilt halt auch was, nicht?*"

„*Ich* will *ich* sein"

Ein wichtiger Aspekt des lebenswerten Lebens ist das Bedürfnis nach ausreichenden Möglichkeiten, sich auf sich selbst besinnen zu können, Rückzugsmöglichkeiten und persönliche Freiräume zu haben. So wie unsere Gesellschaft „*von der gesamten Organisation*" her „*extremst kinderfeindlich*" ist (Frau B.) und aufgrund der geschlechtsspezifischen gesellschaftlichen Arbeitsteilung Frauen den Großteil der Erziehungslast allein zu tragen haben, besteht wenig Möglichkeit für diese Freiräume, vor allem wenn Frauen die Bedürfnisse des Kindes ernst nehmen, wie Frau L.:

> „[...] du hast nicht die Möglichkeit, wenn man so will – das klingt jetzt pathetisch, aber – zu dir selber zurückzukommen, du bist immer [...] mehr oder minder nach außen gerichtet und versuchst, da diesem Lebewesen alles zu bieten, was ihm zusteht. Und ich war der Meinung, es steht ihm immer alles zu – wenn ich mich dafür entscheide, dann steht ihm am Anfang sicherlich 100 Prozent meiner Zeit und meines körperlichen Einsatzes und meines seelischen und emotionalen Einsatzes zu. Und ich war nie gewillt, das zu bringen [...], ich will mich *nicht* so verpflichten, nämlich jetzt seelisch und emotional. Ich will mich zurückziehen können, ich will halt meine Identität schon immer wieder behaupten können, und ich bin der Meinung, ich kann das nicht mit einem Kind."

Einen ähnlichen Standpunkt nimmt Frau E. ein, wenn sie sagt:

> „Ich hab mir mein Leben nicht vorstellen können wirklich auch mit Kindern. [...] so am stärksten wahrscheinlich doch so: *Ich* will *ich* sein, und alles, was passiert sozusagen, soll passieren – oder *nicht* passieren –, weil das mit *mir* was zu tun hat ..."

Häufig ist das der Punkt, der Frauen als „Egoismus" angekreidet wird. Ich habe schon eingangs festgehalten, daß die Vorstellung, das eigene Leben könne durch ein Kind bereichert werden, ebenfalls von egoistischen Bedürfnissen ausgeht – wie dem Wunsch nach Symbiose, nach sicherer Bindung, nach neuen Erfahrungen mit der Spontaneität und Natürlichkeit von Kindern, nach dem Erlebnis der Schwangerschaft, nicht selten auch dem Wunsch nach Macht angesichts persönlicher, gesellschaftlicher und politischer Ohnmacht. Aber weil dieser Egoismus in Gestalt des Kinderwunsches daherkommt, der für Frauen als natürlich gilt, wird er gesellschaftlich positiv bewertet und gefördert – und nicht als Egoismus diskreditiert.

Für die gewollt kinderlosen Frauen ist ihre Form des Egoismus aber auch Ausdruck ihres Verständnisses von Verantwortung; so meint Frau E.:

> „[...] ausprobier'n und schau'n, wie's ist und dann womöglich draufkommen, das ist es *nicht* – das [...] hätt' mir nicht getaugt."

Und Frau A. meint zur Frage der Verantwortung:

> „[...] i hab auch g'merkt [...] daß ich mir weder Tiere noch [...] Kinder, noch irgendwem zulegen möcht', der von mir abhängig is', weil ich diese Verantwortung nicht – also ich möcht' volle Verantwortung für mich übernehmen, aber ich möcht' für niemanden anderen eine Verantwortung übernehmen."

„daß sich eine Zweierbeziehung auf jeden Fall ändert, wenn man Kinder hat"

Die gewollt kinderlosen Frauen sehen in Partnerbeziehungen in erster Linie Liebesbeziehungen zwischen zwei Menschen und nicht die Grundlage einer Familiengründung. Kinder können sich für die weitere Entwicklung der Partnerschaft als problematisch erweisen: Die finanzielle Abhängigkeit aufgrund von Mutterschaft kann Liebesbeziehungen empfindlich belasten; es entspricht der gesellschaftlichen Realität nur allzu häufig, daß Partnerschaften ausschließlich eines Kindes wegen weitergeführt werden – auch wenn von Liebe schon lange keine Rede mehr ist.

Es besteht aber auch die Befürchtung, durch ein Kind als dritte Person könnte die Qualität der Partnerschaft sich in ungewünschter Weise verändern. Frau L. meint dazu:

> „[...] weil ich auch intuitiv meine, daß sich eine Zweierbeziehung auf jeden Fall ändert, wenn man Kinder hat [...], wenn da ein kleines Menschenkind da ist, dann muß man sich einfach anders arrangieren, auch in der Partnerschaft, und das ist etwas, was ich nie wollte [...], ich wollte diese Rolle einfach nicht spielen, daß ich die Mutter eines Kindes für meinen Partner bin. Ich wollte einfach [...] die Rolle der Liebespartner beibehalten und das nicht unbedingt umändern müssen in eine Mutter-Vater-Kind-Familie und emotionale Beziehung."

„Nicht wie meine Mutter!"

Die rationale Erkenntnis, daß ein erfülltes, selbstbestimmtes Leben als berufstätige Frau in dieser Gesellschaft mit Kindern nur schwer oder gar nicht möglich ist, wird emotional häufig durch das Bild der eigenen Mutter als abgerackerte, auf alle eigenen Wünsche verzichtende und im Fall von Frau A. und Frau F. auch noch zu schlechter Letzt von ihren Ehemännern verlassene Frauen geprägt. So schildert Frau A.:

„Ich hab immer dieses Bild meiner Mutter vor mir g'habt, diese abgerackerte Frau, die sich opfert; und die ihre eigenen Bedürfnisse überhaupt nicht ausleben kann, und ich hab' halt dann so mit 16, 17, 18 halt immer so g'spürt, mah, da könnt' ich net weggehn, da müßt' ich dauernd wen finden, der aufs Baby aufpaßt, und – und dieses schreiende Kind die ganze Zeit und – und – und – und überhaupt, dann bin ich verantwortlich dafür, und wenn ein Mann abhaut, ja, dann haut er ab, aber wenn ich abhau', bin ich die Rabenmutter."

Die Verknüpfung der Gefühle von Eingesperrtsein und Ausweglosigkeit mit der Vorstellung von Mutterschaft kommen auch in folgendem Traum von Frau C. zum Ausdruck:

„[Da] war so ein riesengroßer Käfig, so ... Raubtierkäfig in Schönbrunn oder so, und in diesem Käfig war ich drinnen mit einem Kind; und ich hab' mich wirklich so erlebt, so wie ... wie ... ein – ein – [...] wann s'd in Schönbrunn dir die Viecher anschaust, wie die da ein'kastlt sind – und so hab ich mich auch g'fühlt, so irgendwie, so total auswegslos und in einer *irren* panischen Situation; und mit diesem Kind, 's war irgendwie so ein kleines, so ein, noch ein hilfloses Würmchen, und ... und des war's auch für mich, so: dieses Eing'sperrt-Sein; ... mit einem Kind bin ich da eing'sperrt und kann nimmer raus und hab irgendwie überhaupt keine Möglichkeit und ... kann nur die Runden marschieren und die Kreise und – und die drehn."

Der gern bewohnte Körper

Hinsichtlich des Körpererlebens und der Bedeutung, die weiblicher Fruchtbarkeit beigemessen wird, gibt es interessante Überschneidungen wie auch Trennlinien zwischen den Frauen mit unerfülltem Kinderwunsch und den Frauen, die sicher ohne Kinder bleiben wollen.

Nur ein fruchtbarer Körper ist ein weiblicher Körper
Die von Gabi Weger befragten Frauen sind gekränkt darüber, daß ihr Körper nicht so funktioniert, wie er als weiblicher Körper funktionieren sollte. Sie fühlen sich als Frauen nicht vollständig und deshalb in ihrem Selbstwertgefühl beeinträchtigt. Das ersehnte Kind wäre vor allem der sichtbare, dauerhafte Beweis der eigenen Fruchtbarkeit und damit der eigenen Weiblichkeit.

Auch für Frauen, die sich wegen ihrer anderen Lebensperspektiven bewußt zur Kinderlosigkeit entschieden haben, kann das Wissen um ihre vorhandene Fruchtbarkeit einen wichtigen Aspekt ihres Gefühls weiblicher Ganzheit bedeuten; einige von ihnen widmen daher dem weiblichen Zyklus und generell der Weiblichkeit ihres Körpers besondere Aufmerksamkeit und beziehen daraus einen wichtigen Teil ihres Gefühls weiblicher Integrität und Identität. Manche erleben die Möglichkeit, unfruchtbar zu sein, als bedrohlich und kränkend. Diese Frauen würden sich daher keinesfalls oder nur unter ganz besonderen Umständen zu einer Sterilisation als sichere Verhütungsmaßnahme entschließen. Ihre Beschäftigung mit der Weiblichkeit des Körpers und dem Körper allgemein mündet dennoch nicht im Wunsch, ein Kind als sichtbare, bleibende Bestätigung seines Funktionierens zu bekommen. So fragt sich zum Beispiel die schon zitierte Frau F., ob eine kinderlose Frau nicht vielleicht doch so etwas wie eine *„vertrocknete Hülse"* sei, da es der Auftrag der Natur an die Frau sei, zu gebären. Als sie wegen nachlässiger Verhütung schwanger wird, passiert das ihrer eigenen Vermutung nach nicht ganz zufällig, sondern um vielleicht unbewußt ihre Fruchtbarkeit zu „testen". Ein Kind haben möchte sie trotzdem nicht.

Trotz der relativ großen Bedeutung, die Fruchtbarkeit auch für das weibliche Identitätserleben gewollt kinderloser Frauen haben kann, sind für diese Frauen andere identitätsstiftende Faktoren – wie zum Beispiel das Wissen um eigene Kenntnisse und Fähigkeiten oder berufliche Selbständigkeit – von noch größerer Bedeutung.

Der feindliche Körper, der bezwungen werden muß

Die Frauen, die Gabi Weger interviewt hat, sind insgesamt mit ihrem Körper unzufrieden, können ihn nicht als Quelle von Lust genießen und gehen daher auch nicht liebevoll mit ihm um. Sie unterwerfen sich den Mühsalen der Reproduktionsmedizin, um mit den Mitteln der medizinischen Technik ihren Körper endlich zur Fruchtbarkeit zu zwingen. Für die Frauen, die sich zur Sterilisation entscheiden, um ganz sicher der Gefahr einer Schwangerschaft zu entgehen, ist es dagegen nicht die Unfruchtbarkeit, sondern gerade die Fruchtbarkeit, die eine Gefahr bedeutet und sie in diesem einen Aspekt ihren Körper durchaus ebenfalls als „Feind" erleben läßt. In diesem Aspekt, nämlich der Wahl der Mittel, den „feindlichen", zumindest aber unberechenbaren Körper gemäß den eigenen Bedürfnissen mit medizintechnischen Mitteln beherrschen zu wollen, gleichen sie oberflächlich betrachtet den von Gabi Weger befragten Frauen.

Dennoch ist ihre grundlegende Intention eine andere: Fast alle von mir befragten Frauen, auch die, die in der Kindheit oder Pubertät ein belastetes oder zwiespältiges Verhältnis zur Entwicklung der Weiblichkeit ihres Körpers hatten, geben an, daß sie nun *„gerne in ihrem Körper wohnen"*. Sie sind mit ihrem Aussehen im wesentlichen zufrieden, und bei allem Widerspruch zur traditionellen Frauenrolle und eigener Kritik an „Tussis" schätzen sie es, daß sie sich – anders als es Männern zugestanden wird – der Pflege, Verschönerung und Verwöhnung des Körpers mittels Massagen, Cremen, Einölen, Schminken oder dem Tragen von Seidenwäsche widmen können. Bemerkenswert daran ist, daß sie das vor allem *für sich* tun und erst in zweiter Linie oder im konkreten Anlaßfall, um einem Mann damit zu imponieren. Auch Tanzen wird als eine lustvolle und Frauen in besonderer Weise zugängliche Art des Körpererlebens erwähnt. Auf die unterschiedlichsten Arten schätzen sie also ihren Körper als Quelle von Lust; und sie wollen auch Erotik und Sexualität genießen. Dieser Genuß würde aber durch die Möglichkeit einer Schwangerschaft empfindlich gestört, oft sogar zerstört.

Weil Fruchtbarkeit für diese Frauen überhaupt nicht verknüpft ist mit ihrer Vorstellung von Weiblichkeit, können sie sich problemlos von ihr trennen und erleben diesen *Schnitt* als einen befreienden *Schritt*. Manche können danach erstmals Freude an ihrem weiblichen Körper entwickeln, wenn die Bedrohung durch eine unerwünschte Schwangerschaft wegfällt. So erzählt Frau J., daß es ihr bei der Sterilisation vor allem um *„das Abstellen der Gebärfunktion"* an sich gegangen sei, auch wenn sie so gut verhütete, daß sie keine ungewollte Schwangerschaft befürchten mußte – für sie bedeutete der Eingriff einen emanzipatorischen Schritt sowohl in ihrer Partnerbeziehung als auch im Unabhängigwerden von abgelehnten weiblichen Körperfunktionen; deshalb hat sie sich hinterher auch wie ein *„kleiner Schneekönig"* gefühlt. Auch Frau C. berichtet vom *„Göttinen-Gefühl"* nach dem Eingriff, den sie gegen viele Widerstände durchgesetzt hatte.

Generell kann gesagt werden, daß bei den von mir befragten Frauen im Entschluß zur Kinderlosigkeit bzw. zur Sterilisation der Wunsch nach Unabhängigkeit und Selbstentfaltung in vielerlei Hinsicht und zum Teil ganz bewußt als Abkehr vom traditionellen und von der Mutter vorgelebten Frauenbild zum Ausdruck kommt. Bei einigen führt die Ablehnung dieser Konzeption von Weiblichkeit in der Jugend dazu, den weiblichen Körper als „Schuldtragenden" an diesen Verhaltenserwartungen nicht schätzen zu können, teilweise sogar zu hassen – aber nicht, weil sie ihren weiblichen Körper generell ablehnen würden, sondern weil sie nicht seinetwegen in die Rolle der Gebärenden und Mutter gedrängt werden und damit auf andere Lebenschancen verzichten wollen. Wenn die „Gefahr" einer Schwangerschaft gebannt ist, können auch sie sich ihrem Körper mit Interesse und Wertschätzung zuwenden.

„Männer sind zusätzlich"

„Männer sind *zusätzlich* [...] – die hat man, damit's einem *besser* geht und *auf keinen Fall*, damit's einem *schlechter* geht."

Der Wunsch nach einem selbstbestimmten Leben ist auch die Leitlinie in der Einstellung zu Partnerschaften. Das angeführte Zitat von Frau E. trifft mit Ausnahme einer Frau auf alle meine Interviewpartnerinnen in unterschiedlichem Ausmaß zu, wobei es teilweise Diskrepanzen zwischen diesem Anspruch und der gelebten Wirklichkeit in der Partnerschaft gibt.

Gleichgültig, ob in langfristigen stabilen Beziehungen oder – freiwillig bis unfreiwillig – ohne festen Freund bzw. in relativ unverbindlichen Beziehungen, halten die befragten Frauen Männerbeziehungen zwar aus verschiedenen Gründen für wichtig, für manche sind sie auch unverzichtbar; dennoch sind sie nicht das einzige, was in ihrem Leben zählt – sie sind also gewissermaßen *„zusätzlich"*, und vor allem dann, wenn ihre eigene Selbstentfaltung zu kurz kommt, werden sie in Frage gestellt.

Die Bedeutung, die das Leben nach eigenen Vorstellungen gegenüber dem partnerschaftlichen Teilen des Lebens für einen großen Teil meiner Interviewpartnerinnen hat, drückt sich unter anderem darin aus, daß über ein Drittel der Frauen unabhängig von der Qualität der Partnerschaft auf jeden Fall alleine leben möchte, weniger als ein Drittel zum Zeitpunkt des Interviews mit ihren Partnern zusammenlebte (wobei eine dieser Frauen das lieber geändert hätte) und das restliche Drittel nur unter der Bedingung des ausreichenden Freiraums – zeitlich, räumlich und metaphorisch – sich ein Zusammenleben mit einem Liebespartner vorstellen kann.

Grundlage für eine geglückte Liebesbeziehung, die über eine sexuelle Beziehung hinausgeht, ist der gegenseitige seelisch-geistige Austausch, *„die gleiche Wellenlänge"*, wie es eine Frau formuliert, die damit betonen will, daß es möglich ist, sehr verschiedene Interessen und einen großen eigenen Bereich zu haben, wenn grundlegende Einstellungen in Lebensfragen stimmen.

Anders als für die Frauen aus Gabi Wegers Untersuchung spielen Frauenfreundschaften (mit Müttern und Nichtmüttern) für fast die Hälfte der von mir befragten Frauen eine wichtige Rolle als Ergänzung bzw. Alternative zu Liebesbeziehungen mit Männern – um sich mit einer Person, die einem selber ähnlich ist, über Lebensfragen auszutauschen, sich in Krisensituationen gegenseitig zu unterstützen, aber auch um Spaß miteinander zu haben; dabei ist die Gewichtung gegenüber der Beziehung zu einem männlichen Partner verschieden. Frau B. meint dazu:

„Für mich war'n Frauen immer [...] eigentlich die wesentlicheren Bezugspersonen [...], überspitzt formuliert könnt' man sagen, daß in meinem Privatleben Männer eher ich als Annehmlichkeit seh' ... aber vielleicht nicht unbedingt als [lachend] lebensnotwendig.".

Beziehungen zu Männern unterliegen ihrer Ansicht nach wegen der *„Ebbe und Flut der erotischen Anziehung"* großen Schwankungen, dagegen hängt *„die Harmonie mit einer Freundin, die Übereinstimmung, die – die Zuneigung [...] viel mehr mit ... Identität z'samm', ja, also mit – mit dem Gleichsein oder mit dem sich als sehr ähnlich zu empfinden"*.

Daß Frauenfreundschaften die emotional größere Bedeutung im Leben haben und stabiler sind als Beziehungen zu Männern, halten manche meiner Gesprächspartnerinnen für selbstverständlich und sehen darin keinen Anlaß des Bedauerns, manche empfinden es aber auch als Mangel, daß Beziehungen zu Männern nicht ebenso harmonisch und dauerhaft sein können wie die zu Freundinnen; teilweise spielen sie – wie bei Frau M. – eine gleichberechtigte Rolle neben einer bestehenden heterosexuellen Liebesbeziehung. Sie meint zu diesem Thema, *„also ohne Freundinnen – unmöglich"*, um gleich hinzuzufügen, daß sie sich ein Leben ohne ihren Ehemann genausowenig vorstellen könnte. Für sie stehen beide Beziehungsformen ebenbürtig nebeneinander, in ihrer Ehe sind der seelisch-geistige Austausch und die erotische Beziehung gleich wichtig und gleich gelungen; aber sie sind kein Ersatz für die Beziehung zu Frauen, denn ohne diese wäre ihre psychische Gesundheit ernsthaft gefährdet – scherzhaft ausgedrückt bräuchte sie sonst

„[...] zehn Psychiater! [lacht] Ich – ohne schwätzen?! Unmöglich! *Ich?!* Da erstick' ich, soviel kann ich gar nicht schreiben [Frau M. ist Schriftstellerin, Anm. d. Verf.], daß ich das alles rauskrieg' [lacht]. Nein. Auch die Fröhlichkeit und die Vertrautheit und die gegenseitigen Zuwendungen und der Spaß, den wir haben zusammen, und alles – das wär' furchtbar; nein, könnt' ich mir nie vorstellen. Also ohne Freundinnen – unmöglich."

Schlußwort: Wo bleibt die Weiblichkeit?!

Wenn sie nicht Mütter sein wollen, wenn manche von ihnen nicht einmal fruchtbar sein wollen – wollen sie denn dann überhaupt noch Frauen sein?!
Für alle meine Gesprächspartnerinnen war es eine selbstverständliche und akzeptierte Tatsache, daß die Biologie sie als Frauen definiert hat. Auch die Frauen, die ihre Kinderlosigkeit durch eine Sterilisation unwiderruflich sicher-

stellen wollten, betonten, daß durch diesen Eingriff sich nichts an der Weiblichkeit ihres Körpers (Vorhandensein der weiblichen Organe, Hormonzyklus, Menstruation) geändert habe – sehr wohl aber, daß sie diesen weiblichen Körper nun besser genießen könnten.

Meine Gesprächspartnerinnen entsprachen nicht dem weitverbreiteten, vorurteilsbeladenen Klischee, solche Frauen müßten beinhart, gefühlskalt und nur mit ihrer Karriere befaßt sein. Richtig ist, wie im Abschnitt „lebenswertes Leben" ausführlich dargestellt, daß andere Werte als Mutterschaft für ihr Leben identitätsstiftend sind. Viele von ihnen unterhalten aber zu Kindern von Familienmitgliedern oder Freunden und Freundinnen sehr enge und auch sehr verbindliche Beziehungen, die sie nicht missen möchten. Auf die Frage, was in ihren Augen Weiblichkeit ausmache, fallen auch meinen Gesprächspartnerinnen zuerst meist solche Dinge ein wie: *„[...] halt einfach dieses – dieses Sorgen und für alles einen Blick haben und helfen und Probleme lösen und schon im vorhinein wissen, wann wer das Salz braucht".* Es fallen Begriffe wie Fürsorglichkeit, Wärme, Einfühlungsvermögen, eine gewisse Ausstrahlung – und im selben Atemzug kommt die Feststellung, daß dies eigentlich allgemein menschliche Eigenschaften seien, die prinzipiell auch Männern zugänglich wären, nur leider aufgrund von Sozialisation und gesellschaftlichen Zuschreibungen so ungleich verteilt sind. Selbst die Frauen, die meinen, es könnte auch mit der Biologie der Frau und ihrer Gebärfähigkeit zusammenhängen, daß sie einen etwas anderen Zugang zur Welt haben als die Männer, sehen in der Erziehung und in gesellschaftlichen Strukturen die Hauptursache für die unterschiedlichen Rollenzuteilungen an die Geschlechter und das weitgehend diesen Rollenerwartungen entsprechende Verhalten.

Alle Frauen sind durchaus zufrieden damit, daß sie diese „weiblichen" Eigenschaften besitzen, sie halten sie für persönlich befriedigend und gesellschaftlich notwendig – ganz und gar nicht zufrieden sind sie damit, daß sie auf diese Eigenschaften reduziert werden sollen. Ihre bewußte Entscheidung gegen Mutterschaft ist der deutlichste Ausdruck davon, weil sie als Mütter zwangsläufig viel schwierigere Bedingungen hätten, ihren anderen Interessen nachzugehen und umfassend ihre Fähigkeiten zu entwickeln. Alle sind mehr oder weniger verärgert über die Schranken, an die sie ständig nur deshalb stoßen, weil sie Frauen sind, und alle setzen sich in verschiedener Weise dagegen zur Wehr, teils in organisierter Form, teils durch individuellen Widerstand.

Die von mir befragten Frauen sehen – bei allen Hindernissen der Verwirklichung dieses Gedankens – das Problem eigentlich sehr einfach: Zu allererst einmal sind sie Menschen mit allen menschlichen Fähigkeiten; und: sie sind als Frauen geboren, und *alles*, was sie tun, tun sie *als Frauen* und ist *daher weiblich* – auch wenn sie Karriere machen, Motorrad fahren, keinen Wert auf „den Mann fürs Leben" legen und die Welt außerhalb von Heim und Herd erobern.

Trotz ihres Ärgers über die gesellschaftliche Chancenungleichheit der Geschlechter können sie allem Anschein nach für sich die positiven Aspekte des Frauseins nutzen und sind so mit ihrem Frausein zufriedener als die Frauen mit unerfülltem Kinderwunsch, deren „Sehnsucht nach Weiblichkeit" wegen des fehlenden Kindes nicht gestillt werden kann. Das Lebensgefühl des Großteils der von mir befragten Frauen läßt sich mit folgendem Zitat charakterisieren: *„Also, erstens einmal, find' ich's was Schönes; ich bin wahnsinnig gern eine Frau. [...] Weil ich gern lebe, und weil ich mich einfach nie als etwas anderes als eine Frau begriffen hab'."*

Literatur

Beck, Ulrich: Risikogesellschaft. Auf dem Weg in eine andere Moderne, Frankfurt am Main 1986.

Beck-Gernsheim, Elisabeth: Die Kinderfrage. Frauen zwischen Kinderwunsch und Unabhängigkeit, München 1989.

Jagenow, Angela/Mittag, Oskar: Psychosoziale Aspekte der Empfängnisverhütung, Schwangerschaft und Sterilität: eine Literaturstudie. In: Medizinische Psychologie, Jg. 8, Nr.2/3, 1982, S. 85–99.

Schedenig, Vera: „A Kinderlose wird sie do ned unterbindn lossn!" Eine qualitative Studie zum weiblichen Selbstverständnis gewollt kinderloser sterilisierter und nicht sterilisierter Frauen, Diplomarbeit, Wien 1997.

Schmerl, Christiane/Ziebell, Lindy: Der Kinderwunsch und die „Natur der Frau". In: Neuwirth, Barbara (Hg.): Frauen, die sich keine Kinder wünschen, Wien 1988, S. 6–46.

Ziebell, Lindy/Schmerl, Christiane/Queisser, Hannelore: Lebensplanung ohne Kinder, Frankfurt am Main 1992.

3. REKONSTRUKTION: VERMITTLUNG DES KÖRPERS

Einleitung

CLAUDIA KNEISSL, KATHARINA MOSER, EVA KAUFMANN

Körpererleben und Geschlechtlichkeit sind in unserer Kultur auf vielfältige Art und Weise miteinander vernetzt. In vielen Fällen ist das eine sogar Bedingung für das andere. Diese Verknüpfung stellt einen zentralen Aspekt weiblicher Identität dar.

In unserer Auseinandersetzung damit setzen wir voraus, daß sich gesellschaftliche Maßstäbe im Körpererleben widerspiegeln. Diese Maßstäbe sind historisch gewachsen und über die Zeiten hinweg veränderbar. Wir gehen davon aus, daß es innerhalb unserer Kultur nicht nur Zwänge gibt, bestimmte Regeln und Normen zu erfüllen, sondern auch Freiräume, in denen die Gestaltung des eigenen Körpers stattfinden kann. Das heißt, Frauen sind nicht nur in unterschiedlichem Ausmaß Zwängen unterworfen, sondern sie haben auch, je nach eigenen Ressourcen, die Möglichkeit, ihr Körpererleben selbst zu gestalten. Dabei handelt es sich um einen Prozeß, der ein Leben lang anhält und der sowohl durch den Widerstand gegen als auch durch die Anpassung an die jeweiligen Regeln und Normen zustande kommt. Da Frauen aktuell noch immer stärker als Männer über ihre Körperlichkeit definiert werden, müssen sie sich auch intensiver mit diesen Regeln und Normen auseinandersetzen.

Im Sinne des postmodernen Diskurses betrachten wir den Körper nicht als etwas von vornherein Gegebenes, das, was wir als Körper wahrnehmen, wird in Interaktionen, in Beziehungen zu anderen ausgehandelt. Als Ausdruck dessen verwenden wir die Begriffe Körperlichkeit, Körpererleben und Leiblichkeit anstelle eines vergleichsweise statischen Körperbegriffs.

Uns dreien ist gemeinsam, daß uns interessiert, welche Entwicklungen in bezug auf Körperlichkeit und Körpererleben Mädchen und junge Frauen durchlaufen. Dabei liegt unser Augenmerk auf der unterschiedlichen Sozialisation und der je individuellen Dynamik im Umgang mit Regeln und Normen. Wir sehen die Ursachen für diese unterschiedlichen Formen des Umgangs zuerst darin, daß Regeln und Normen auf unterschiedliche Arten vermittelt werden. In weiterer Folge ist es wichtig, was für Alternativen den Mädchen und jungen Frauen angeboten werden bzw. welche sie sich selber suchen können.

Claudia Kneißl beschäftigt sich in ihrem Artikel mit der Normalität weiblicher Adoleszenz hinsichtlich Körpererleben und Geschlechtlichkeit. Die Auseinandersetzung mit den konfliktträchtigen kulturellen Weiblichkeitsbildern findet ihren Ausdruck auch im „normalen" Körpererleben adoleszenter Mädchen und junger Frauen. Die beiden folgenden Artikel greifen das Phänomen Magersucht als besonders gravierende körperlich-leibliche Manifestation des Ringens um individuelle Spielräume bei gleichzeitig enger Begrenztheit der Möglichkeiten auf, widmen sich dem Thema aber aus verschiedenen Perspektiven. *Katharina Moser* analysiert anhand von Biographien sowohl patriarchale Anforderungen an den weiblichen Körper als auch zwischenleibliche Kommunikation. Im Anschluß daran zeigt *Eva Kaufmann* die Relevanz des Vaters als Vermittler kultureller Bilder über Frauen und ihre Körperlichkeit für die Entwicklung Magersüchtiger auf.

Geschichten von Mädchen und jungen Frauen

Bausteine zu einer Theorie des geschlechtlichen Körpererlebens während der weiblichen Adoleszenz

CLAUDIA KNEISSL

> „Sind wir, und das wäre bereits viel,
> einfach dieses Etwas, das auf einen
> Anspruch antworten soll, das
> Verlangen, nicht zu leiden, zumindest
> nicht, ohne zu verstehen? – In der
> Hoffnung, daß, wenn verstanden würde,
> das Subjekt nicht allein von seinem
> Nichtwissen befreit würde, sondern von
> seinem Leiden selbst."
> *(Lacan 1996, S. 15)*

Einleitung

Wenn wir unseren Blick hinwenden auf das Körpererleben adoleszenter Mädchen und junger Frauen, so finden wir eine Fülle von Forschungsmaterial, das im Rahmen klinischer Studien gewonnen wurde. Die Ergebnisse dieser Untersuchungen zeigen vor allem das Krankhafte, das Pathologische, die möglichen Abweichungen von der Normalität an, in der Hoffnung, durch die Beschreibung und Erforschung des Krankhaften indirekt auch die Normalität bestimmen zu können. Die negative Definition der Normalität, daß sie alles ist, was nicht pathologisch ist, bringt nur ein sehr einseitiges Bild von ihr zustande, das ihren unterschiedlichen Erscheinungsformen nicht gerecht wird. Nun gibt es bereits einige Untersuchungen zum Körpererleben während der weiblichen Adoleszenz, die vor allem darauf hinweisen, daß in dieser Zeit sehr viele Widersprüche an adoleszente Mädchen herangetragen werden, die sich in ihrem Körpererleben wiederfinden lassen (vgl. Flaake/King 1992). Oft sind die Grenzen zwischen dem, was pathologisch, und dem, was normal ist, verschwommen. Es stellt sich die Frage, wie es manchen jungen Frauen möglich war, trotz aller Widersprüche und Schwierigkeiten ein für sie zufriedenstellendes Körpererleben zu entwickeln. Wie war es ihnen möglich, während ihrer Adoleszenz alle Probleme und Schwierigkeiten zu meistern, dabei manchmal die Grenze zum Pathologischen zu überschreiten und wieder zurückzukehren, ohne klinisch auffällig zu werden?

Erwachsene junge Frauen, die von ihrer Vergangenheit erzählen, wie es war mit den kulturell verankerten Indizien für Weiblichkeit, zum Beispiel ihrer Menstruation, ihren anderen körperlichen Veränderungen, ihrer Sexualität und ihrer Attraktivität, erinnern sich von ihrem jetzigen Standpunkt aus. Erinnerungen sind weder absolute Wahrheit noch tatsächlich geschehene Wirklichkeit. Denn wer auch immer sich erinnert, erzählt eine Geschichte, die subjektiv gesehen wahr ist, denn in ihr wird die Biographie eines Menschen als kohärent und kontinuierlich geschaffen. Erinnerung ist wahr in bezug auf die momentane Position eines Menschen. Wenn Frauen von ihrer Adoleszenz erzählen, so sprechen sie ihre Biographie aus, so wie sie für ihr jetziges Leben passend ist. Es ist eine Form, das jetzige Leben zu erklären, die jetzige Sicht der Dinge, die jetzige Sicht ihrer selbst. Und insofern enthält ihre Biographie auch Wahrheit, da sie uns erzählt, wie sich eine junge Frau rückblickend erklärt, daß sie trotz aller Widrigkeiten ein befriedigendes Körpererleben entwickelt hat. Sie erzählt uns, welche Dinge notwendigerweise in die eigene Biographie integriert, welche ausgespart werden mußten, damit sie ein stimmiges Bild der eigenen Entwicklung darstellen kann. Dies bedeutet nicht, daß zu einem anderen Zeitpunkt notwendigerweise eine völlig andere Biographie entstehen würde. Vielmehr bedeutet es, daß es bestimmte Dinge gibt, die in bestimmten Lebensabschnitten von zentraler Bedeutung sind, und andere, die es nicht oder vielleicht zu einem anderen Zeitpunkt sind. Und diese Dinge, die integrierten und die ausgesparten, sind relevant für eine Theorie des geschlechtlichen Körpererlebens, insofern sie mit dem Bewußtsein und dem Wissen um den kulturellen Hintergrund gelesen werden.

Theorie – das unerläßliche Fundament

Um den Ausgangspunkt für den Blick auf das Körpererleben in der weibliche Adoleszenz festzulegen, ist es notwendig, ein wenig bei der Diskurstheorie und dem Dekonstruktivismus zu verweilen. In diesen postmodernen Ansätzen wird mit fortschreitender Radikalität der Körper als gegebene Materie aufgelöst.

Da nicht in allen Kulturen das System der Zweigeschlechtlichkeit anzutreffen ist und auch nicht in allen Kulturen dieselben Merkmale zur Bestimmung von Geschlecht herangezogen werden, muß davon ausgegangen werden, daß die Zuweisung von Geschlecht anhand biologischer Kriterien eine kulturelle

Entwicklung darstellt und nicht ursächlich in der Biologie begründet liegt (vgl. Gildemeister/Wetterer 1992; Hagemann-White 1988). Dementsprechend können biometrische Daten auch keine Erkenntnis über die Entwicklungen und Ausformungen von Geschlecht liefern. Die Biometrik ist in diesem Wissenschaftsbereich sehr deutlich eine Form der Naturalisierung von Geschlecht und verstellt so den Blick auf das Zustandekommen von Geschlechtern in unserer Kultur. Deshalb wurden in der Untersuchung, die diesem Artikel zugrunde liegt (Kneißl 1997), qualitative Daten über das Leben – Biographien – verwendet.

Von zentraler Bedeutung für die erwähnten postmodernen Ansätze ist der Begriff der Subjektivität. Es wird nicht mehr vom Subjekt gesprochen, denn dieser Begriff impliziert, daß es so etwas wie eine fertige, komplette, perfekte Person wirklich gibt. Statt dessen spricht man von Subjektivität, dem fortwährenden Prozeß der Produktion der eigenen Person, des Selbst und aller weiteren psychologischen Kategorien. Entscheidend ist, daß dieser Prozeß nie endgültig zum Abschluß kommen kann, da sich jede Person immer wieder in unterschiedlichen Situationen befindet, denen sie in unterschiedlicher Form gerecht werden sollte. Dementsprechend bedeutet Subjektivität auch die ständige Verschiebung der letztendlich kompletten eigenen Person, des abgeschlossenen endgültigen Subjekts in die Zukunft. Dabei wird in der Subjektivität eine Vorstellung von „sich selbst" in der Zukunft entworfen. Wie man sein will, wie man nicht mehr sein will. Hierbei liegt das Hauptgewicht auf der willentlichen Entscheidung einer Person.

Dabei soll nicht völlig ausgespart bleiben, daß die Psychoanalyse einen unschätzbaren Beitrag zum Verständnis des Menschseins geleistet hat. Was als bewußte Entscheidung zutage tritt, basiert auf unbewußten Verarbeitungsprozessen der jeweiligen Auseinandersetzung eines Menschen mit den anderen und der Welt. Interessant ist deshalb für diese Untersuchung, was den Interviewpartnerinnen im Laufe der Zeit bewußt wurde, woran sie sich erinnern konnten, was sie sich zu denken erlaubt haben.

Zurück zu den Vorstellungen. Sie werden nicht wahllos entwickelt. Sie basieren auf den vorangegangenen Vorstellungen und den jeweiligen Versuchen, diese Vorstellungen umzusetzen. Sie finden ihren Ausgang in der Genealogie, also in der Geschichte der Subjektivität, in den vorangegangenen Vorstellungen und in der Auseinandersetzung mit den anderen und der Welt. Wenn wir nun über Geschlechtlichkeit als einen Aspekt der Subjektivität sprechen, werden wir unweigerlich auf die Frage nach dem Körper bzw. nach dem Verhältnis von Körper und Geschlecht stoßen. Da es zumindest auf den ersten Blick so scheint, als sei der Begriff Körper untrennbar an die Kategorie Geschlecht gebunden, muß das Verhältnis zwischen beiden näher betrachtet werden. Dem Dekonstruktivismus folgend, entbehrt Geschlechtlichkeit jeder materiellen, also körperlichen Grundlage. Was immer der Körper ist oder genauer gesagt darstellt, ist uns nur vermittels Kultur, einem ausgefeilten, sehr differenzierten System von Symbolen, zugänglich. Zu beachten ist, daß diese Symbole nicht ein für allemal Gültigkeit besitzen, sondern immer wieder in Interaktionen ausgehandelt werden.

Anstelle des Körpers, der nicht zu fassen ist, wird das körperliche Erleben fokussiert. Beim Körpererleben handelt es sich um Zuschreibungen, die in bestimmten Interaktionen mit anderen ausgehandelt werden und von denen manche bleiben, andere verschwinden, wiederkehren oder von Beginn an weniger wichtig sind. Manche dieser Zuschreibungen sind wichtiger und werden zu Einschreibungen, Niederschriften im Unbewußten. In diesem Fall können sie Auswirkungen auf das Körpererleben haben, die als psychosomatisch beschrieben werden. Sowohl Zuschreibung als auch Einschreibung treffen die Tatsache sehr gut, da es sich dabei um in andere Zeichen verwandelte Sprache handelt.

Der Begriff des Entwurfs kommt dem Umstand, daß immer wieder versucht wird, die Vorstellungen umzusetzen, am nächsten. In bezug auf den Körper ist es folglich wichtig, die entsprechenden Entwürfe herauszukristallisieren. Um dieses endliche, aber doch sehr große Feld aller möglichen Körperentwürfe einzukreisen, möchte ich mich auf die möglichen Körperentwürfe während der weiblichen Adoleszenz beziehen, wobei unter Adoleszenz die subjektive Verarbeitung verschiedenster Prozesse während der Lebensphase Jugend zu verstehen ist.

Weibliche Adoleszenz und Körpererleben

Es gilt, bestimmte Situationen, in denen Geschlechtlichkeit und Körpererleben bei Frauen zusammenfallen, genauer zu betrachten. Den großen Rahmen dafür bildete für meine Arbeit die weibliche Adoleszenz, eine Lebensphase, in der der Entwurf der eigenen Geschlechtlichkeit viele Situationen bietet, die in starkem Maße das Körpererleben konstituieren. Verschiedene Studien belegen, daß sich Mädchen und junge Frauen in dieser Zeit verstärkt mit Weiblichkeitsentwürfen konfrontiert sehen, die einander widersprechen (vgl. Flaake/King 1992). So wird zum Beispiel die Menstruation als entscheidend für die Frauwerdung angesehen, gleichzeitig wird sie aber als etwas Schmutziges, Unangenehmes behandelt, das es zu verheimlichen gilt. Mädchen, die ihre Menarche erreichen, müssen sich damit auseinandersetzen, ebenso mit widersprüchlichen Weiblichkeitsentwürfen in Hinsicht auf das Brustwachstum, heterosexuelle Attraktivität und Sexualität.

Widersprüchliche Erfahrungen

Zwischen Stolz und Tabuisierung – die körperlichen Veränderungen

Wie bereits erwähnt, werden in der wissenschaftlichen Literatur die widersprüchlichen und konflikthaltigen Bedeutungen von Menstruation und anderen körperlichen Veränderungen, vor allem dem Wachsen der Brüste, hervorgehoben (vgl. Haug 1983; Flaake 1992). In unserem Kulturkreis wird die Menstruation sowohl als Zeichen für das Erwachsenwerden, das Zur-Frau-Werden eines Mädchens gewertet, als auch als etwas, das es vor anderen zu verheimlichen gilt, da es mit Unreinheit behaftet ist. Das Brustwachstum ist ebenso ein Zeichen für das Zur-Frau-Werden. Aber es wird auch banalisiert, als nebensächlich abgetan oder auch von anderen übermäßig sexualisiert.

Teilweise hatten die Frauen in den Interviews keine präzise Erinnerung, in der die Widersprüchlichkeit klar zum Ausdruck kommt. Bei manchen handelte es sich um ein Diffuses „davon gewußt zu haben", aber ohne die Erinnerung daran, wie das ganze begonnen hatte. Alle Interviewpartnerinnen wußten um diese Widersprüche, aber nicht alle hatten sie auch persönlich erlebt. Ein paar Frauen schilderten, daß sie zwar bei anderen Mädchen diese Widersprüche mitbekommen hatten, daß sie sie selbst aber nicht erlebt hätten.

Interessant ist, daß die Frauen, die ihre körperlichen Veränderungen mit positiven Gefühlen erlebt hatten, insgesamt ein für sie konfliktfreieres Bild von Weiblichkeit entwarfen, das sich auch in ihrem Körpererleben widerspiegelte. Im Gegensatz dazu erzählten die Frauen, für die ihre körperlichen Veränderungen überwiegend mit Scham, Selbstzweifeln und Tabuisierung verbunden waren, von einem für sie sehr ambivalenten Weiblichkeitsentwurf. In extremen Fällen gingen sie dazu über, in ihren alltäglichen Praktiken alles zu vermeiden, was in irgendeiner Form Körpererleben in bezug auf ihre körperlichen Veränderungen hervorbringen hätte können.

Jede Frau erzählte, daß sie ihre körperlichen Veränderungen unter anderem als Zeichen für ihre Frauwerdung sah. Die meisten Frauen konnten sich sehr genau an ihre Menarche erinnern. Jedoch die wenigsten Frauen erinnerten sich an die Zeit, als ihre Brust zu wachsen begann. Erinnerungen dazu begannen meist erst ein paar Jahre später, als sie bereits adoleszente Mädchen waren und sich mit gleichaltrigen Mädchen verglichen. Es scheint eine Form der Amnesie über der Zeit des Brustwachstums zu liegen. Dies könnte in Verbindung stehen mit dessen Banalisierung im Umfeld der Mädchen, vor allem in der Familie, die bei manchen Frauen durch sexuelle Anspielungen von älteren Männern unterbrochen wurde, was wiederum konflikthaft für sie war.

Die Frauen, die sich genauer an diese Zeit erinnern konnten, schilderten sehr ausführlich Gefühle von Stolz und Freude. Sie sehnten bereits die Zeit herbei, in der ihre Brüste zu wachsen beginnen würden. In Vergleichen mit gleichaltrigen Freundinnen und durch Gespräche mit erwachsenen Frauen stellten sie für sich eine Normalität her, die es ihnen ermöglichte, ihr Körpererleben als positiv zu bewerten. Wichtig war hierbei, daß Normalität ein möglichst großes Spektrum beinhalten mußte, so daß die Mädchen ihre Brüste als „richtig" und nicht als „zu groß", „zu klein" usw. erleben konnten.

Lust und Druck – Attraktivität und Sexualität

Die Erfahrungen mit der äußeren Erscheinung und mit der Sexualität dauern an und kommen nicht, wie die körperlichen Veränderungen, zu einem einstweiligen Ende. Auch die Bedeutungen von Sexualität und äußerer Erscheinung werden in der wissenschaftlichen Literatur als widersprüchlich beschrieben. Heterosexuelle Attraktivität bringt für adoleszente Mädchen einen hohen sozialen Status innerhalb ihrer Gleichaltrigengruppe und ist meist die einzig konstante Quelle der Anerkennung. Sexuell aktiv zu sein hingegen gewährleistet selbst in der Gleichaltrigengruppe nur bis zu einem gewissen Grad einen hohen sozialen Status.

Die Anforderung an die adoleszenten Mädchen von außen, heterosexuell attraktiv zu sein, wird von allen Frauen geschildert. Die meisten Frauen erlebten dies als enormen Druck, vor allem wenn sie die herrschenden Schönheitsmaßstäbe nicht ausreichend erfüllen konnten. Es machte sie wütend, und sie vermißten die Anerkennung. In sehr deutlicher Weise schilderten die Frauen, wie sehr ihr Körpererleben durch die Nichterfüllung der Schönheitsmaßstäbe und die fortwährenden Bemühungen, diese doch zu erfüllen, bestimmt wurde.

> E: „Ich habe da plötzlich angefangen, daß ich zu Hause Sachen, von denen man normal sagt, die machen dick, nicht mehr gegessen habe. Ich habe auch total angefangen, selber so zu schauen und mich selber sehr dick zu sehen. Die anderen haben zwar gesagt: Du spinnst! Aber ich habe das nicht hören können. Ich habe mich einfach als so dick empfunden." (Kneißl 1997, S. 140)

Auffallend ist auch, daß Schlanksein sehr häufig mit Gesundheit konnotiert war, was es den Mädchen erschwerte, sich vom Schlankheitsideal zu distanzieren. Oft konnten sie sich im nachhinein gar nicht erklären, wie sie über so viele Jahre hinweg der Überzeugung sein konnten, zu dick zu sein. Trotzdem waren die Schönheitsmaßstäbe für die adoleszenten Mädchen wirkliche Maßstäbe für ihr Körpererleben, und sie brauchten lange Zeit, um ein anderes Körpererleben und Distanz zu den Zwängen der Schönheitsmaßstäbe zu entwickeln.

Auch hinsichtlich Sexualität waren die Erfahrungen der meisten Frauen problematisch, vor allem dann, wenn sie das Gefühl hatten, Anforderungen von außen unbedingt erfüllen zu müssen. Sexualität war dann eine Leistung, die erbracht werden mußte, um sich und anderen zu zeigen, daß es und man selbst „funktionierte", daß man normal war. Verinnerlichte Anforderungen konnten noch in anderer Hinsicht problematisch sein. Teilweise löste die Angst vor überhöhten Erwartungen an die Sexualität und an sich selbst bei den adoleszenten Mädchen eine mehr oder weniger ungewollte Enthaltsamkeit aus.

Sexuelle Erfahrungen wurden dann als schön beschrieben, wenn sie den Bedürfnissen der adoleszenten Mädchen entsprachen. Da aber meist nur ein sehr eingeschränktes Bild expliziter Heterosexualität an sie herangetragen wurde, in dem sie den offiziell passiven, nur versteckt aktiven weiblichen Teil einnehmen sollten, war für die meisten adoleszenten Mädchen Sexualität nicht in erster Linie mit Lust verbunden. Trotzdem gab es auch Frauen, die eine für sie von Anfang an sehr schöne Sexualität schilderten, wobei diese Frauen direkt oder indirekt betonten, daß sie ihre eigenen Bedürfnisse leben konnten, was sehr stark von den Möglichkeiten abhing, die ihnen ihr Umfeld eröffnete.

Bewältigungsstrategien finden

Die interessante Frage ist nun, wie die Frauen, für die bestimmte Aspekte ihres Körpererlebens konfliktreich waren, damit umgingen, so daß es ihnen möglich wurde, ein für sie zufriedenstellendes Körpererleben zu entwickeln oder sich zumindest auf dem Weg dorthin zu befinden.

Auf die Frage, wie es ihnen möglich war, ihr Körpererleben zu verändern, konnten sich die wenigsten Frauen an ein bestimmtes Ausgangsereignis erinnern. Viel eher erinnerten sie sich an eine Entscheidung, etwas nicht mehr zu wollen, etwas anderes zu wollen. Sie begaben sich sozusagen auf die Suche nach einem neuen Entwurf ihres Körpers.

Durch Reden eine andere Realität schaffen

Da es generell notwendig war, neue Körperentwürfe zu finden und zu etablieren, die für die Mädchen zumindest akzeptabel waren, kam dem Reden ein besonderer Stellenwert bei. Das Reden, vor allem im Freundeskreis, veränderte das Körpererleben. Über den Vergleich der Erfahrungen konnte eine Normalität erzeugt werden, zu der sich die adoleszenten Mädchen in Beziehung setzen konnten. Oft wurde durch das Reden einer Problematik überhaupt erst Realität außerhalb des Erlebens der Mädchen verliehen. Das Reden wurde als sehr beruhigend erlebt, weil sich die Mädchen nicht mehr als exotische Einzelfälle sahen, sie waren dadurch mit ihrem Körpererleben nicht mehr isoliert. Außerdem wurde durch das Sprechen und das Zuhören Anerkennung vermittelt, wodurch manchmal Körpererleben erstmals überhaupt stattfinden konnte.

Strategien: Aggression versus Rückzug

In der Konfliktbewältigung ging es auch darum, wie die adoleszenten Mädchen mit den einstweiligen Körperentwürfen umgingen. Die zwei häufigsten Wege waren der Rückzug und die Aggression nach außen in Form von Streit, Protest und Verweigerung. Sie nützten ihr eigenes Aggressionspotential, um sich gegen die Anforderungen von außen in bezug auf Sexualität und ihre äußere Erscheinung zu wehren. Der Rückzug war nicht notwendigerweise eine Möglichkeit, einen Konflikt zu bewältigen; er bot aber eine Art von Schutz, sich nicht völlig dem Konflikt aussetzen zu müssen. Außerdem bestand durch den Rückzug auch die Möglichkeit, andere Formen der Konfliktbewältigung zu entwickeln.

Arbeiten am Leib

Manche Frauen bewältigten problematische Erfahrungen, indem sie Sexualität selbstbestimmter lebten, Tanzkurse belegten oder sich sportlich betätigten, und brachten so die Körperentwürfe, die ihren Bedürfnissen entsprachen, zum Ausdruck. Durch dieses „Arbeiten am Leib" veränderten sie ihr Körpererleben.

Der Wert der Postadoleszenz

Schließlich ist auch der hohe Stellenwert der Postadoleszenz zu betonen, der ebenfalls damit zu tun hat, daß die Körperentwürfe verändert wurden. Unter Postadoleszenz versteht man eine Lebensphase zwischen Adoleszenz und Erwachsenenalter, die eintritt, wenn noch nicht alle Anforderungen des Erwachsenenalters erfüllt werden müssen. Diese Zeit bietet die Möglichkeit, alte

Konflikte in einem neuen Licht zu betrachten. Generell wurde die Konflikt-bewältigung als ein langer Prozeß erlebt. Auch in dieser Hinsicht war die Postadoleszenz wichtig, weil durch die Verlängerung der Adoleszenz mehr Zeit vorhanden war, sich mit den Konflikten auseinanderzusetzen. Die Post-adoleszenz bot neue Möglichkeiten durch die neuen Ziele, die mit der Anfor-derung, das eigene Leben zu meistern, wie zum Beispiel Studium oder Arbeit, in den Mittelpunkt traten.

Die geschilderten Konfliktbewältigungsformen hatten alle den Versuch, neue oder veränderte Körperentwürfe finden und etablieren zu können, zum Inhalt. Nicht immer gelangen diese Versuche. Aber es ist fraglich, ob die Konfliktträchtigkeit des sozialen Entwurfs von Weiblichkeit für ein Individu-um überhaupt ganz und gar bewältigt werden kann. Vielmehr kommt hier zum Ausdruck, daß verschiedene Bewältigungsmöglichkeiten notwendig sind, um die jeweilige Lösung für einen Konflikt finden zu können.

Körperentwürfe

In ihren Biographien erzählten die Frauen von bestimmten Situationen und Grundstimmungen, in denen ihr geschlechtliches Körpererleben zum Aus-druck kam. Manchmal sehr direkt, aber oft auch indirekt schilderten sie dabei die Vorstellungen, die sie von ihrem geschlechtlichen Körper hatten. Diese Vorstellungen beinhalten verschiedene Körperentwürfe, die sich auf sie selbst als geschlechtliche Wesen beziehen. Es ist wichtig anzumerken, daß grund-sätzlich nicht jedes Körpererleben und nicht jeder Körperentwurf geschlecht-lich bestimmt sein muß, sondern daß dies vielmehr von den Inhalten, die in den Interaktionen ausgehandelt werden, abhängt.

Die Entwürfe, die die Frauen schilderten, wurden von mir nach ihren zentralen Inhalten unterschieden und benannt. So wurden vier verschiedene Entwürfe extrahiert: der natürlich weibliche, der funktionstüchtige, der kind-liche und der verleugnete Körperentwurf.

Im natürlich weiblichen Körperentwurf kam eine große semantische Nähe von Natürlichkeit und Weiblichkeit zum Ausdruck. Oft wurden diese Begriffe synonym verwendet. Der Körper wurde als Ort ursprünglicher und eindeutig positiver Gefühle entworfen. Auch Weiblichkeit bzw. Frausein wurde als ein sehr positives Gefühl beschrieben. Wenn es möglich war, dieses positive Gefühl näher zu bestimmen, dann handelte es sich dabei in erster Line um Stolz. Im Körpererleben waren Menstruation und Heterosexualität von zen-traler Bedeutung. Negative Gefühle, wie zum Beispiel Angst oder Unsicherheit, wurden hier völlig ausgespart. Auffallend an diesem Entwurf ist, daß er im Vergleich zu den anderen Entwürfen völlig frei von Ambivalenz ist. Die Widersprüchlichkeiten in den kulturellen Weiblichkeitsentwürfen wurden zwar wahrgenommen, blieben hier aber völlig ausgespart.

> F: „Das hat schon so, wie soll ich sagen? Für mich hat es eine gewisse Natürlichkeit gehabt, wie ich gemerkt habe, für mich stimmt mein Körpergefühl. Ich habe mich schon wohl gefühlt damit." (Kneißl 1997, S. 186)

Im Gegensatz dazu wurde im funktionstüchtigen Körperentwurf Sexualität als Leistung geschildert, die erbracht werden mußte. Sexualität mußte funktionieren, weil der Körper als mit entsprechenden Funktionen versehen gedacht wurde. Wenn Sexualität nicht funktionierte, war die Frau folglich selber schuld. Auch hier waren Menstruation und Heterosexualität zentral für das geschlechtliche Körpererleben, aber die Gefühle, die damit verbunden wurden, waren wesentlich ambivalenter.

> G: „[...] Aber so in puncto Probleme, die man damit [mit der Sexualität, Anm. d. Verf.] haben kann, das hätte ich mir nicht gedacht. Das habe ich mir nicht gedacht. Ich dachte: So sieht man aus, und das muß halt so funktionieren, weil das biologisch so vorgesehen ist. Und deswegen hat mich das auch so beschäftigt, weil es nicht funktioniert hat." (Kneißl 1997, S. 189)

Der Wunsch, noch keine Frau zu werden, asexuell zu sein, steht beim kindlichen Körperentwurf im Mittelpunkt. Frausein wurde gleichgesetzt mit Schwierigkeiten, Gefahren und Sorgen, denen sich die Mädchen nicht aussetzen wollten. Sie wollten sich als Kind, als noch nicht sexuell bestimmt erleben. Dieser Entwurf bezieht sich auf die Zeit der Menarche und des Brustwachstums. Der starke Wunsch nach Regression, der hier geschildert wird, weist auf eine sehr konflikthafte Wahrnehmung der Weiblichkeitsentwürfe hin, wobei versucht wird, deren Unvereinbarkeit durch das Zurückweichen in die kindliche Welt zu begegnen.

> C: „Ich wollte noch gerne länger Kind sein. Ich wollte noch nicht die ernsten Frauensachen besprechen." (Kneißl 1997, S. 190)

Der verleugnete Körperentwurf beinhaltet eine ähnliche Konflikthaftigkeit, aber zu einem späteren Zeitpunkt. Dieser Entwurf bringt auf unterschiedliche Art zum Ausdruck, daß die Entwürfe von Weiblichkeit vor allem in bezug auf Sexualität für die adoleszenten Mädchen äußerst konfliktträchtig sein konnten. Sie wollten geschlechtliches Körpererleben vermeiden, was nicht immer möglich war. Da der Körper entworfen werden mußte, wurde er als verleugneter entworfen, bis hin zur Negation. Der Wunsch, unsichtbar zu werden, zu verschwinden, ist Ausdruck einer tiefen Regression. Hier gibt es keine Ambivalenz mehr, denn es bleibt nur die Aggression gegen sich selbst. Alle lustbetonten Anteile sind verschwunden.

A: „Es war so ein Kampf, eigentlich immer gegen meinen Körper." (Kneißl 1997, S. 195)

Alle vier Körperentwürfe zeigen ein unterschiedliches Ausmaß an Lust, Aggression und Ambivalenz. Da die Weiblichkeitsentwürfe sowohl ein gewisses Potential an Lust als auch an Widersprüchlichkeit und Konflikthaftigkeit beinhalten, kann dies auch in Form von Ambivalenz zum Ausdruck kommen.

Keine der Frauen schilderte nur einen Körperentwurf. Die meisten Frauen wurden in ihrer Adoleszenz mit verschiedenen Widersprüchen hinsichtlich ihrer Geschlechtlichkeit konfrontiert, die sich auch auf ihr Körpererleben auswirkten. Da dieses eben nicht kontinuierlich und kohärent verläuft, entwickelten sie verschiedene Körperentwürfe, die sich abwechselten oder auch nebeneinander existierten. Die Körperentwürfe veränderten sich im Laufe der Zeit, vor allem dann, wenn die Frauen mit ihrem geschlechtlichen Körpererleben unzufrieden waren und sich dazu entschlossen, etwas zu verändern. Keiner dieser Entwürfe ist natürlich in dem Sinne, daß er seinen Ursprung in einer Materie Körper hätte. Sie wurden alle durch die Frauen in Auseinandersetzung mit deren Umwelt entwickelt.

Resümee

Der Begriff Subjektivität beinhaltet die Möglichkeit zur willentlichen Entscheidung. Hinsichtlich von Körpererleben und Geschlechtlichkeit bedeutete dies für die interviewten Frauen, daß sie sich entschieden haben, sich selbst, so wie sie sich als Frauen erlebten, verändern zu wollen. Sie nahmen die widersprüchlichen Weiblichkeitsentwürfe wahr, was für sie häufig ein konflikthaftes Erleben ihrer Körperlichkeit bedeutete. Sie wollten sich zukünftig anders erleben und nutzten dafür die Bewältigungsmöglichkeiten, die in ihrem Umfeld möglich waren. Indem sie mit anderen Mädchen und Frauen redeten, ihr Körpererleben in den Mittelpunkt stellten oder sich Raum verschafften durch Aggression, Rückzug und die Zeit der Postadoleszenz erweiterten sie ihre Welt für sich.

Die Körperentwürfe sind das einstweilen vorhandene Produkt dieser Konfliktbewältigungen. In ihnen kommt auch das Ausmaß an Konflikten, das es jeweils zu bewältigen galt, zum Ausdruck. Sie zeigen das Ausmaß an Lust, Aggression und Ambivalenz, das jeweils vorhanden war. Gleichzeitig bilden sie auch den Ausgangspunkt für die zukünftigen Entwürfe.

Der Anspruch dieser Arbeit ist es, zumindest teilweise eine Antwort auf die Frage nach der Normalität von Körpererleben und Geschlechtlichkeit in der weiblichen Adoleszenz zu geben. Wie wir gesehen haben, ist diese Normalität auch mit Konflikten ausgestattet, die nicht immer auflösbar sind. Insofern soll dieser Beitrag, um mit Lacan zu sprechen, auch eine Antwort auf das Verlangen sein, das Leiden, das durch diese Konflikte entsteht, zu verstehen, dadurch mehr zu wissen und in Zukunft vielleicht auch weniger zu leiden.

Literatur

Flaake, Karin: Weibliche Adoleszenz und Einschreibungen in den Körper. Zur Bedeutung kultureller Definitionen von körperlicher Weiblichkeit für die Entwicklungsmöglichkeiten von Mädchen. In: Jahrbuch für psychoanalytische Pädagogik 4, 1992, S. 137–148.

Flaake, Karin/King, Vera: Psychosexuelle Entwicklung, Lebenssituationen und Lebensentwürfe junger Frauen. Zur weiblichen Adoleszenz in soziologischen und psychoanalytischen Theorien. In: Flaake, Karin/King, Vera (Hg.): Weibliche Adoleszenz. Zur Sozialisation junger Frauen, Frankfurt am Main/New York 1992, S. 13–39.

Gildemeister, Regine/Wetterer, Angelika: Wie Geschlechter gemacht werden. Die soziale Konstruktion der Zweigeschlechtlichkeit und ihre Reifizierung in der Frauenforschung. In: Knapp, Gudrun-Axeli/Wetterer, Angelika (Hg.): Traditionen Brüche Entwicklungen feministischer Theorie, Freiburg 1992, S. 201–254.

Hagemann-White, Carol: Wir werden nicht zweigeschlechtlich geboren. In: Hagemann-White, Carol/Rerrich, Maria (Hg.): Frauen Männer Bilder: Männer und Männlichkeit in der feministischen Diskussion, Bielefeld 1988, S. 224–235.

Haug, Frigga (Hg.): Sexualisierung der Körper, Frauenforum 2, Berlin 1983.

Lacan, Jaques: Die Ethik der Psychoanalyse. Das Seminar, Buch VII (1959–1960), Weinheim/Berlin 1996.

Kneißl, Claudia: Zu den Körperentwürfen in der weiblichen Adoleszenz aus biographischer Sicht, Diplomarbeit, Wien 1997.

„Corpus delicti"

Zwischenleibliche Kommunikation am Beispiel der Magersucht

KATHARINA MOSER

> „Durch den Leib bin ich in der Welt, er
> ist meine Verankerung in der Welt und
> das natürliche Ich."
> *(Merlau-Ponty 1966)*

Einleitung

Körper sind die Orte der Geschlechtszugehörigkeit. Die Frage nach der Bedeutung der Körper ist im besonderen für die weibliche Geschlechtsidentität zentral. Der Körper ist der Ort, an dem sich einerseits die Zuschreibungen und Normen von „Weiblichkeit" manifestieren und an dem andererseits „Weiblichkeit" festgeschrieben wird.

In einer Studie, die ich in den Jahren 1994 bis 1996 durchgeführt habe (Moser 1997), wurde der Umstand in den Mittelpunkt gestellt, daß Frauen verschiedene Strategien im Umgang mit patriarchalen Anforderungen an die Körper entwickeln. Es wurde dabei auf zwei Strategien, nämlich die Strategie der Aneignung und die des Widerstandes, das Hauptaugenmerk gelegt. Ausgangspunkt der Überlegungen war, daß sich beide Mechanismen, die Aneignung und der Widerstand, im Körpererleben von Frauen und im Sozialisationsgeschehen widerspiegeln. Das bedeutet, daß sich Frauen im Vorgang der normativen Zuschreibungen an den weiblichen Körper einerseits patriarchale Dominanz- und Unterwerfungspraktiken aneignen und andererseits Strategien, die einen Widerstand ausdrücken, entwickeln. Im Rahmen der Untersuchung galt es grundsätzlich die Fragen zu beantworten, ob Frauen der patriarchalen Ansprüche an den weiblichen Körper und aufgrund der dabei wirksamen Mechanismen ein konfliktfreies Verhältnis zu ihrem Körper haben und welche Strategien Frauen anwenden, patriarchale Anforderungen an den weiblichen Körper zu integrieren.

Das Männerbild bzw. die normativen Ansprüche an Männer und die damit verbundenen Rollenvorschriften* und Rollenerwartungen sind ein-

---

* Ich beziehe mich im Begriff der Rollenvorschriften auf die Theorie des symbolischen Interaktionismus von Krappmann (1993).

heitlicher und in diesem Sinn klarer und erfordern deshalb nicht im selben Ausmaß, wie das für das Frauenbild der Fall ist, die Überwindung von Widersprüchlichkeit.

Das wohl plakativste und eindringlichste Beispiel für in sich widersprüchliche Rollenerwartungen zeigt sich in der Mutterrolle. Eine Frau hat als Mutter die Rollendefinition von Sexualität und der verführenden, „allzeit bereiten" Geliebten zu integrieren – zur Mutterrolle durchaus divergente Ansprüche. Nach der Identitätstheorie von Krappmann können wir im Zusammenhang mit den normativen Ansprüchen und deren Widersprüchlichkeit von einem Akt des Ausbalancierens sprechen, den ein Individuum immer wieder in Interaktionen mit anderen zur Aufrechterhaltung der Identität durchführt. In diesem Sinn können wir festhalten, daß sich jedes Individuum in einem stetigen Prozeß zwischen Anpassung und Abgrenzung befindet. Der Balanceakt ist also wie folgt zu verstehen: Da es unmöglich ist, den sozialen Erwartungen und Normen in vollem Umfang zu entsprechen, muß sich das Individuum auf einer „als ob"-Basis verhalten (Krappmann 1993, S. 71), wobei die Fähigkeit zur Balance ein Produkt des Sozialisationsprozesses ist.

Aufgrund der Vielzahl an sozialen Erwartungen müssen Frauen in einem hohen Ausmaß balancieren. Bezogen auf das oben genannte Beispiel der Mutterrolle bedeutet der Balanceakt, sich als Mutter abhängig vom sozialen Umfeld bzw. den jeweiligen Interaktionspartnern so zu verhalten, als ob sie die Rolle der Geliebten erfülle. Im Sozialisationsprozeß wird das für das jeweilige Geschlecht und das zur jeweiligen Geschlechtsidentität strukturell bestehende Rollenrepertoire gelernt. Identität ist in diesem Sinn als ein flexibler, kreativer Akt zu sehen, in dem in Interaktionsprozessen immer wieder neuerlich eine Balance hergestellt wird.

Sprechende Körper

Eine der Frauenkrankheiten unseres Jahrhunderts ist *Anorexia nervosa*, besser bekannt unter dem Namen Magersucht (ich werde an dieser Stelle nicht näher auf die klinischen Aspekte der Magersucht eingehen). Die Tatsache, daß Magersucht fast ausschließlich bei Frauen auftritt, hält feministische Theoretikerinnen dazu an, die Lebenszusammenhänge des Patriarchats in diesem Kontext zu analysieren. Nach Eichenbaum und Orbach findet in der Magersucht die Ambivalenz gegenüber dem Frausein ihren Niederschlag. Lilli Gast (1989) und Christina von Braun (1974) betrachten das Magersuchtgeschehen vor dem Hintergrund philosophisch-existenzialistischer Theorien. Von Braun bezeichnet die Magersucht als „Krankheit des Gegenwillens" und meint, daß sich in der Dynamik die Unterwerfung der Körper widerspiegelt. Diese Betrachtungsweise ist meines Erachtens zu einseitig, da aufgrund dieser Zuschreibung Magersucht vorwiegend als emanzipatorische Dynamik betrachtet wird und der Leidensdruck der betroffenen Frauen, vor allem wenn wir an jene Frauen denken, die sich auf diese Weise zu Tode hungern, aus dem Blickfeld gerät. Gerade für problem- und lösungsorientierte therapeutische Interventionen ist es notwendig, differenzierte theoretische Konzepte zu entwikkeln.

Die Interpretation von Gast, die Anorexie als eine individuelle Strategie der Betroffenen im Umgang mit den in der patriarchalen Gesellschaft vorherrschenden Konflikten und als ein Ringen um eine persönliche Geschlechtsidentität zu sehen, schafft eine gute Basis für eine weitere, tiefergehende Analyse und Differenzierung des Magersuchtgeschehens: Aufbauend auf die Körper-Ich-Dichotomie, die Gast in der Dynamik der Magersucht beschreibt, habe ich in meiner Untersuchung den Fokus auf die Körper-Ich-Interaktion gelenkt und diese mit den theoretischen Ansätzen der Zwischenleiblichkeit von Merlau-Ponty (1966) und der zwischenleiblichen Kommunikation von Küchenhoff (1992) verbunden.

Körper-Ich-Interaktion

Die mystifizierende Vermarktung des weiblichen Körpers verhindert einerseits eine positive Besetzung des eigenen Körpers und zwingt andererseits zur Übernahme der männlichen Sichtweise. Das manifestiert sich in einem rigiden und verdinglichten Körpergewahrsein, in einer „Köper-Ich-Dichotomie", die in der Magersucht lediglich konsequent vollzogen und sichtbar gemacht wird (Gast 1989, S. 129). Ausgehend von der nach Gast im Magersuchtgeschehen bestehenden Dichotomie von Körper und Ich, spreche ich von einer Körper-Ich-Interaktion. Die Körper-Ich-Interaktion ist sowohl geprägt von dem Versuch der Loslösung vom Körper, genauer einer Loslösung von einem Körperbild, auf dem sich die Rollendefinitionen und Normen von „Weiblichkeit" festschreiben, als auch von dem Versuch, das Ich im Körper zu verleugnen, indem die Betroffenen so agieren, als ob sich ihr Körper vom Ich losgelöst hätte, der Körper also ein identitätsloses Objekt wäre.

Zwischenleibliche Kommunikation

„Daß die ‚Ausübung des Leibes‘ kreativ
sein kann, verdankt sich der
Unbestimmtheit und Unbegrenztheit der
zwischenleiblichen Kommunikation."
(Küchenhoff 1992, S. 48)

Der platonische Körper-Seele-Dualismus wurde historisch von der kartesianischen Auffassung vom Maschinenkörper verstärkt. Den Körper zu instrumentalisieren, ihn als Maschine zu sehen und auf seine mechanischen Eigenschaften zu reduzieren, hat sich in neuzeitliche Auffassungen niedergeschlagen und dort ihre Spuren hinterlassen. In den bestehenden gesellschaftlichen Strukturen findet sich der Dualismus zwischen Körper und Seele etwa in Form der herrschenden Körperfeindlichkeit wieder.

Im Umgang mit dem Dualismus entwickeln Individuen bestimmte Strategien; in diesem Zusammenhang sind besonders jene Individuen interessant, deren Strategien in somatischen Störungsbildern bestehen. In der Dynamik der Magersucht wird in somatisierender Form der Dualismus zwischen Körper und Seele betont und weitergeführt.

Allgemein wird in somatischen Störungsbildern der Körper zum Austragungsort individueller Konflikte. In der Frage nach dem leiblichen Ausdrucksvermögen gibt es theoretisch betrachtet zwei entgegengesetzte Positionen: die Vorstellung vom sprechenden Körper und jene vom beschrifteten Körper – beide Positionen sind meines Erachtens einseitig. Ausgehend von dem Gedanken, daß sich (leibliche) Individualität durch die Vermittlung zwischen Fremdbestimmtheit und kreativer Aneignung des Fremden bestimmt, ist es notwendig, die einseitigen Positionen in einer Theorie zu vereinen.

Zwischenleiblichkeit

Aus der Ablehnung der strikten Trennung zwischen innen und außen, Leib und Seele oder Subjekt und Objekt entwickelte Merlau-Ponty (1966) eine dialektische Theorie der Intersubjektivität. Hier wird die Zwischenstellung zwischen Leib und Welt hervorgehoben, die Vermittlung zwischen Leib und Welt steht im Zentrum und ist von Bedeutung. Durch das Paradigma der Zwischenleiblichkeit wird der Leib als strukturierendes Prinzip gesehen. Die Zwischenleiblichkeit ist die dritte Dimension zwischen Subjekt und Objekt, Selbst und Welt, Seele und Körper. Somit wird der Leib zu einer Gelenkstelle bzw. zu einem Artikulationspunkt. Mit anderen Worten: Wir können uns den Leib als Simultandolmetscher zwischen zwei Sprachen, der zwischen der

Sprache der Normen und jener der Innenwelt bzw. des Körpers vermittelt, vorstellen.

Betrachten wir unter diesem Gesichtspunkt das frauenspezifische somatische Störungsbild der Magersucht, könnte die Anorexie einen Hinweis für die Überforderung von Frauen bei der Entwicklung und Behauptung (leiblicher) Geschlechtsidentität liefern. In gleicher Weise könnte die Magersucht einen Hinweis auf den kreativen Umgang mit den sozialen Erwartungen und Normen darstellen. Die notwendige Flexibilität und der kreative Umgang mit den Normen ist als Stärke uns als positive Ressource zu betrachten, besonders da sich die Rollenanforderungen von „Weiblichkeit" mittels normativer Ansprüche an den Körper ausdrücken. Mühlen-Achs (1993) hat einige Mechanismen, durch die die Aneignung der gesellschaftlichen Maßstäbe stattfindet, analysiert; als solche sind zum Beispiel die Kleiderordnung, die als Definitionsmacht wirkt, oder die Macht der Körperideale zu nennen. Diese Mechanismen erschweren oder verhindern eine positive Bewertung des eigenen Körpers, ebenso wie die sexualisierende Besetzung des weiblichen Körpers und dessen Vermarktung, die einer Verdinglichung gleichkommt.

Verknüpfung und Essenz der drei Paradigmen

Fassen wir zusammen: Individualität entsteht durch den Moment der Vermittlung zwischen der Fremdbestimmtheit und der kreativen Aneignung des Fremden. Ebenso werden durch die Vermittlung individuelle Bewältigungsstrategien entwickelt.

Wenn wir im Sinne von Krappmann (1993) davon ausgehen, daß für die Ausbildung von Identität gleichzeitig Anpassung an die und Abgrenzung von den Normen nötig ist, können wir zwischen den Paradigmen Körper-Ich-Interaktion, Zwischenleiblichkeit und zwischenleiblicher Kommunikation Analogien herstellen: im Punkt der Vermittlung bzw. der Balance und im Punkt des kreativen Moments beim Umgang mit dem Fremden bzw. den Normen. Die Tatsache, daß sich diese Analogien finden, ermöglicht einerseits, in therapeutischen Interventionen das Moment der Flexibilität und das der Kreativität mitzudenken, andererseits ermöglichen sie, eine zwischenleibliche Kommunikation im Sinne Küchenhoffs (1992) zu berücksichtigen, die eine Grundlage für das Verständnis somatischer Störungsbilder liefern kann. Ebenso lassen sich in den Theorien von Gast (1989) und Küchenhoff (1992) Analogien finden. Eine Analogie, die in meiner Studie besondere Bedeutung zukommt, ist die von Gast beschriebene Körper-Ich-Interaktion, ein Vorgang, der der zwischenleiblichen Kommunikation zu entsprechen scheint.

Im Magersuchtgeschehen extrapoliert sich der Umgang mit dem Körper bzw. mit den Körperbildern in destruktiver und autoaggressiver Art. Betrachtet man die Magersucht als eine spezifische Auseinandersetzung mit jenen Normenkonflikten, denen alle Frauen ausgesetzt sind, so sind vor allem die individuellen Bewältigungsstrategien von Interesse. Eine mögliche Form der Analyse bietet dabei die Ebene der zwischenleiblichen Kommunikation bzw. der Körper-Ich-Interaktion. Frauen, die zu einem früheren Zeitpunkt an Magersucht gelitten haben, und solche ohne Eßstörungen folgten in meiner Studie der Instruktion, „Mein Bauch erzählt seine Lebensgeschichte", und schrieben in der „ich"-Form" aus der Sicht ihrer Bäuche ihre Lebensgeschichte (Moser 1997, S. 100ff.)

Ich möchte nun einige Ergebnisse daraus vorstellen: Alle Frauen, sowohl magersüchtige als auch jene ohne Eßstörung, haben ein konflikthaftes Verhältnis zu ihrem Körper. Die Biographien verdeutlichen insbesondere, wie maßgeblich Schönheitsideale an der Zurichtung der Körper beteiligt sind oder sie überhaupt erst verursachen. Die Maßstäbe der Schönheits- und Körperideale sind hoch, fast unerreichbar, womit das Gefühl des Mangels dem eigenen Körper gegenüber geschürt und gefestigt wird.

In allen Biographien wird im gleichen Ausmaß von Phasen, in denen Diäten gehalten wurden und Körpertraining intensiviert wurde, berichtet. Die Beweggründe sind für alle Frauen, den Körper in eine bessere Form zu bringen und einen idealen Körper zu erreichen. Diese Ergebnisse verweisen auf das Vorhandensein von normativen Ansprüchen, die die Frauen im Umgang mit ihren Körpern reproduzieren. Die Frauen berichten zwar, daß sie sich in ihren Körpern eigentlich wohl gefühlt haben, dennoch erleben sie in ihrem Körpergewahrsein eine Diskrepanz zu den Normen, die an den weiblichen Körper angelegt werden. Aus der Diskrepanz heraus beginnen alle Frauen, mit oder ohne Eßstörung, gegen ihre Körper zu kämpfen.

Das Abnehmen nimmt im Leben magersüchtiger Frauen mehr Zeit und Raum in Anspruch als im Leben der Frauen ohne Eßstörung. Durch die Analyse der Biographien läßt sich folgendes festhalten: In den Texten magersüchtiger Frauen zeigt sich, daß sie verstärkt emotional belastenden Ereignissen und Situationen ausgesetzt sind; zu vermerken ist dabei die Tatsache, daß häufig mehrere solche emotional belastende Situationen in der Biographie einer magersüchtigen Frau kumulieren. Auch Gerlinghoff und Backmund (1994) stellen fest, daß zu den krisenhaften Situationen in der Pubertät im

Leben Magersüchtiger individuelle und familiäre Probleme dazukommen. In diesem Zusammenhang ist auch folgendes Ergebnis interessant: Magersüchtige Frauen berichten von weniger sozialen Kontakten, weniger Freunden bzw. einem kleinen Freundeskreis in Kindheit, Pubertät und Adoleszenz. Die sozialen Kontakte und Beziehungen im Leben dieser Frauen sind sehr stark auf die Familie reduziert. Hier läßt sich eine Verbindung zu dem Eßverhalten bzw. zu den Diäten magersüchtiger Frauen herstellen. Wie oben erwähnt, nimmt das Abnehmen im Leben anorektischer Frauen mehr Raum ein als im Leben der Frauen ohne Eßstörung. Die Analyse der Biographien zeigt, daß sich die Beziehungsaktivitäten magersüchtiger Frauen auf das Körpergeschehen und auf den Umgang mit dem Körper verlagern.

Den Bäuchen kommt in den Biographien aller Frauen die Rolle zu, den Widerstand gegen die Ansprüche von „Weiblichkeit" zu manifestieren. In den Bauchbiographien wird die Stimme des Bauches Sprachrohr für die Bedürfnisse und Wünsche der Frauen; so werden der Wunsch, „einfach so sein zu dürfen", oder das Bedürfnis, mehr Raum einnehmen zu dürfen, ebenso formuliert wie die Verweigerung der Körperideale.

Abschließend möchte ich auf die Relevanz dieser Ergebnisse für die therapeutische Praxis eingehen. Im Hinblick auf therapeutische Interventionen in der Arbeit mit Frauen sind meines Erachtens sowohl die für Frauen im „Genderscript" festgelegten Normen und die daraus resultierenden Tabus als auch die spezifischen, individuellen Bewältigungsstrategien der patriarchalen Anforderungen an den weiblichen Körper zwischen Aneignung und Widerstand besonders zu fokussieren, wobei insbesondere im Widerstand ein kreatives Potential zu finden ist, und deshalb diesem Blickwinkel im Rahmen der Ressourcenanalyse eine wichtige Bedeutung zukommt.

Literatur

Braun, Christina von: Nicht-Ich. Logik, Lüge, Libido, Frankfurt am Main 1994.
Eichenbaum, Luise/Orbach, Susi: Feministische Psychotherapie. Auf der Suche nach einem neuen Selbstverständnis der Frau, München 1985.
Gast, Lilli: Magersucht – Der Gang durch den Spiegel. Zur Dialektik der individuellen Magersuchtentwicklung und patriarchal gesellschaftlicher Strukturzusammenhänge, Pfaffenweiler 1989.
Gerlinghoff, Monika/Backmund, Herbert: Magersucht – Anstöße zur Krankheitsbewältigung, München 1994

Krappmann, Lothar: Soziologische Dimensionen der Identität. Strukturelle Bedingungen für die Teilnahme an Interaktionsprozessen, Stuttgart 1993.

Küchenhoff, Joachim: Körper und Sprache. Theoretische und klinische Beiträge zur Psychopathologie und Psychosomatik von Körpersymptomen. In: Anwendungen der Psychoanalyse, Bd. 4, Heidelberg 1992.

Merlau-Ponty, Maurice: Phänomenologie der Wahrnehmung, Berlin 1966.

Moser, Katharina: Zwischen Widerstand und Aneignung. Magersucht als spezifische Bewältigungsstrategie patriarchaler Anforderungen an den weiblichen Körper, Diplomarbeit, Wien 1997.

Mühlen-Achs, Gitta: Wie Katz und Hund. Die Körpersprache der Geschlechter, München 1993.

Im Namen des Vaters ...

Einflüsse auf Körperlichkeit und Weiblichkeitskonzepte magersüchtiger Frauen

EVA KAUFMANN

Vorbemerkung

„Dein Wille geschehe, im Himmel wie auf Erden", lautet eine Zeile eines bekannten katholischen Gebets. Sie kann auch für diesen Artikel als Motto dienen. Es handelt sich hierbei jedoch nicht um eine theologisch-philosophische Abhandlung, sondern um eine Auseinandersetzung mit der Vermittlung patriarchaler Normen. Es ist mir ein Anliegen, hier die Bedeutung des Vaters im Kontext von Magersucht zu erläutern. In diesem Beitrag geht es also speziell um magersüchtige Frauen und die Einflüsse ihrer Väter[*] auf ihr physisches wie psychisches Werden. Damit greife ich ein Thema auf, das bisher in der wissenschaftlichen Auseinandersetzung weitgehend unbeachtet geblieben ist. In meinen Ausführungen wird hingegen deutlich werden, daß es lohnt, diesen blinden Fleck einmal zu beleuchten. Die getroffenen Aussagen stützen sich auf Untersuchungsergebnisse, die ich im Rahmen einer Diplomarbeit gewinnen konnte (Kaufmann 1997).

Grundlegend für meinen Zugang zur Thematik Magersucht ist ein postmodernes Verständnis von Körperlichkeit, wie es auch schon in der Einleitung zu diesem Kapitel angesprochen wurde. Der Körper wird dabei nicht als einfach gegebene Materie, als naturhaft vorhanden definiert, sondern als geformter und formbarer Ausdruck ständiger Interaktionen. In diesem Sinne lehne ich auch Theorien der vorwiegend genetischen Bedingtheit von Magersucht, wie sie momentan en vogue sind, ab.

Zunächst werde ich daher meinen Zugang zum Phänomen Magersucht und seine gesellschaftliche Einbettung beschreiben. Dann werde ich meinen Blick den Vätern und ihrer Rolle in der westlichen Kultur zuwenden, soweit es für die Thematik dieses Artikels erhellend scheint.

---

[*] Der Begriff Vater umfaßt hier nicht nur den biologischen Vater, sondern – wenn dieser fehlt – auch andere mögliche Vaterfiguren, die ins Familienleben integriert sind (Freund der Mutter, Stiefvater, Großvater ...).

Magersucht als gesellschaftliches Phänomen unserer Zeit

Magersucht stellt sich uns mittlerweile als wohlbeschriebenes Thema in der psychologischen Fachliteratur (siehe etwa Gerlinghoff/Backmund/Mai 1988; Orbach 1990) dar – zumindest was die Symptomatik und Konfliktdynamik anbelangt. Dieses Phänomen (und als solches soll die Magersucht hier vorerst betrachtet werden*) bietet sich aber darüber hinaus für eine idealtypische Auseinandersetzung mit gesellschaftlich überformter Körperlichkeit von Frauen an.

Magersüchtige formen ja sozusagen ihren Körper auf besonders radikale Weise. Betrachten wir Magersucht also einmal nicht als individuelles Störungsbild, sondern als kulturhistorisches Phänomen. Tilmann Habermas (1990, S. 9) etwa setzt Störungsbilder im allgemeinen und Eßstörungen im besonderen folgendermaßen mit ihrem kulturellen und historischen Umfeld in Beziehung: „Wie die historische Veränderung und Neuentstehung von Symptombildern zeigt, sind Lebensgeschichten und die in ihnen enthaltenen neurotischen Konflikte und Abwehrmuster aber immer Teil einer Kultur in einem je spezifischen historischen Augenblick." Die Magersucht ist eindeutig ein Teil der westlichen, stark christlich geprägten, aber mittlerweile säkularisierten Kultur und in engerem Sinne in der zweiten Hälfte des zwanzigsten Jahrhunderts beheimatet. Sie kann wohl in einer Tradition mit den Nahrungsverweigerinnen früherer Jahrhunderte stehend gesehen werden, hat sich aber im Erscheinungsbild wie im Ausdruck demgegenüber gewandelt (Braun 1991). Ich will hier einige wesentliche Merkmale der modernen Magersucht herausarbeiten, die den kulturellen Kontext deutlich machen und deren Interpretation für Schlußfolgerungen im Rahmen dieses Artikels wichtig sind.

Als erstes muß dabei die banale Tatsache ins Auge springen, daß Magersüchtige immer noch zu einem überaus hohen Prozentsatz Frauen** sind (Gerlinghoff/Backmund/Mai 1988; Orbach 1990). Bei etwas eingehenderer Beschäftigung fällt die Ähnlichkeit magersüchtiger Ideale, was körperliche

---

*   Magersucht stellt für jede einzelne Betroffene unzweifelhaft eine schwerwiegende Behinderung im Lebensvollzug dar und kann eine lebensbedrohliche, gar tödliche Dimension annehmen. Trotzdem finde ich es wichtig, Magersucht auch vom gesamtgesellschaftlichen Zusammenhang her zu deuten, um sie verstehen zu können und so letztlich auch wieder der einzelnen Magersüchtigen effizienter helfen zu können.

** Gegenwärtig wird beobachtet, daß der Prozentsatz magersüchtiger Männer im Steigen begriffen ist. Bei weitem wird aber noch nicht das Ausmaß erreicht, in dem Frauen an Magersucht leiden. Es liegt nahe, die männliche Magersucht im Lichte von Gesellschaftsströmungen zu deuten, durch die es auch für Männer geboten scheint, ihr Äußeres durch vermehrte Körperkontrolle immer weiter zu perfektionieren.

Formen, aber auch die Geisteshaltung betrifft, mit „normalen", gesellschaftlich anerkannten, wenn nicht gar besonders erwünschten Zielen auf. Sowohl der hohen Wertigkeit weiblicher Schlankheit und Fitneß wie auch der Betonung des Leistungswillens und des Unabhängigkeitsstrebens begegnen wir im Alltag auf Schritt und Tritt. Von Magersucht sprechen wir erst, wenn durch eine Überhöhung all dieser scheinbar so erstrebenswerten Eigenschaften für andere in erschreckender Weise sichtbar wird, daß etwas nicht in Ordnung ist. Christina von Braun (1985) deutet Magersucht unter anderem in diesem Sinne als Karikatur der herrschenden Ideale, das heißt, sie sieht in der Symptomatik eine nur scheinbare Überanpassung, die letztlich aber die Krankhaftigkeit dieser Ideale besonders deutlich macht. Auch mir scheint ein enger Zusammenhang zwischen diesen Idealen und dem magersüchtigen Erscheinungsbild offensichtlich.

Ein ebenso wichtiger Ansatz eröffnet sich, rückt man die hartnäckige Behauptung klinischer Beobachter wie Theoretiker in den Blickpunkt, magersüchtige Frauen würden ihre sogenannte Weiblichkeit ablehnen. Die einen beziehen sich dabei vorwiegend auf körperliche Aspekte, andere beziehen auch psychosoziale Faktoren ein. Nun ist diese Behauptung an sich durchaus nicht völlig aus der Luft gegriffen – Anorektikerinnen sprechen selbst häufig davon, daß sie am liebsten ein Neutrum oder ein Kind bleiben würden, jedenfalls nicht zur Frau (mit allen Konsequenzen) werden wollten. Auch das zur Magersucht gehörige Symptom der Amenorrhoe (Ausbleiben der Monatsblutung) weist zum Beispiel in diese Richtung. Wenn wir nun Weiblichkeit als durch den Körper natürlich vorgezeichnete, festgelegte Eigenschaft betrachteten, müßte deren Ablehnung etwas Krankhaftes sein. Wie eingangs aber schon erwähnt, sehe ich weder den Körper noch auch die meist am Körper festgemachte Weiblichkeit als etwas Fixes, naturhaft Gegebenes – nicht als eine Konstante, sondern als eine Variable, die durch verschiedene Umstände definiert wird und sich mit diesen Umständen und dem Umgang damit verändert. So finden auch im Konstrukt „Weiblichkeit" die jeweiligen soziokulturellen Strömungen ihren Niederschlag. Daher müssen wir uns fragen, was denn nun diese Weiblichkeit in unserer Gesellschaft und dann speziell für die Magersüchtige bedeutet, die sie so sehr ablehnt, daß sie ihren Körper zu vernichten droht, um sie loszuwerden. Denn es sind weit eher die Zuschreibungen an die am Körper fixierte Weiblichkeit, die abgewiesen werden sollen, als das Frau-Werden/Frau-Sein als geschlechtliche Zugehörigkeit. Was also macht diese Weiblichkeit so unerträglich, daß sie mit solcher Vehemenz bekämpft wird? Christina von Braun (1991) hat meines Erachtens die einleuchtendste, hellsichtigste Antwort auf diese Frage gefunden, wenn sie konstatiert, zur Weiblichkeit gehöre wesentlich das Ideal des Opfertodes der Frau in Beziehungen, wie sie durchaus drastisch formuliert. Damit meint sie ein Beziehungsideal, das von Frauen verlangt, ihre Persönlichkeit zugunsten der eines Mannes zu opfern, ihre Kraft in ihn zu investieren anstatt in die eigene Entwicklung. Das romantische Liebesideal glorifiziert dabei die Aufgabe von jeglichem Freiraum und propagiert eine von Christina von Braun „inzestuös" genannte Nähe in diesen Beziehungen. Inzestuös muß hier nicht unbedingt nur im engen Sinne gesehen werden, sondern auch im übertragenen Sinne von Grenzen mißachtend. Die Magersüchtige bringt also ihren Körper, dem gesellschaftlich gesehen diese Weiblichkeit und damit auch obige Zuschreibungen anhaften, zum Verschwinden und entzieht sich so der Auflösung ihrer Persönlichkeit – auch wenn das die tatsächliche Auflösung des Körpers im Tod zur Folge hat.[*]

Wenn wir dann noch die Beschreibung der Magersuchtfamilie betrachten, wird auch völlig klar, warum ausgerechnet diese Frauen so radikal (re)agieren. Diese Familienbeziehungen werden in der Literatur als besonders eng und nach außen abgeschottet beschrieben. Grenzen zwischen den Generationen, aber auch zwischen Einzelpersonen werden ständig verletzt, sodaß hier besonders deutlich das oben sogenannte „inzestuöse Liebesideal" zutage tritt. Und hier komme ich auch schon zu einem Punkt, der uns als nächstes genauer interessieren soll – der speziellen Bedeutung des Vaters in diesem Beziehungsgeflecht.

Väter

Wie schon oben erwähnt, haben sich bereits WissenschaftlerInnen verschiedenster Provenienz mit dem Thema Magersucht auseinandergesetzt. Dabei stammt vor allem aus den sechziger, siebziger und achtziger Jahren eine ansehnliche Liste von Publikationen, die sich dem Thema von verschiedenen theoretischen Ansätzen her mit unterschiedlicher Schwerpunktsetzung annähern. Während AutorInnen psychoanalytischer Provenienz vor allem schädigende Aspekte der Mutter-Tochter-Beziehung in der Kindheit betonen, be-

---

[*] Auch wenn wir in der Analyse der Bedeutung von Weiblichkeit weniger tief gehen, können wir feststellen, daß der Weiblichkeit höchst widersprüchliche, nahezu unerfüllbare Forderungen anhaften. Ich will zur Illustration nur die altbekannten kontrastierenden Forderungen nach Mütterlichkeit und männlich definierter Femme fatale herausgreifen. Somit liegt der Schluß nahe, daß die Ablehnung einer solchen Weiblichkeit nicht verwundern kann und eher ein Zeichen von starkem Selbstbehauptungswillen denn von besonderer Schwäche ist.

trachten SystemtheoretikerInnen das System Familie als Auslöser und Aufrechterhalter der Störung Magersucht. VerhaltenstheoretikerInnen stellen das gelernte Fehlverhalten hinsichtlich Umgang mit der Nahrungsaufnahme in den Mittelpunkt ihrer Betrachtungen und fordern konsequenterweise als Therapie eine Art Verlernen der falschen Verhaltensmuster (meist gepaart mit einer Art kognitiven Umstrukturierung). Gesellschaftstheoretische und -historische Ansätze hingegen betonen den politischen, kulturellen Rahmen einer als Konzentrationspunkt allgemeiner gesellschaftlicher Strömungen gesehenen Magersucht. All diese Ansätze haben Wesentliches zur Erhellung des Phänomens Magersucht, zur Ursachenforschung und/oder zur Therapie der Eßstörung beigetragen. Ihnen ist aber gemeinsam, daß sie sich nicht oder nur sehr vage mit der Vaterbeziehung der heranwachsenden später magersüchtigen Töchter auseinandersetzen, wohingegen die Mutterbeziehung und ihre – vor allem negativen – Auswirkungen von allen Seiten beleuchtet und analysiert werden. Diese beinahe ausschließliche, sehr gründliche Auseinandersetzung mit den Erziehungsfehlern und persönlichen Schwächen der Mütter hat (vor allem) in der Psychologie schon Tradition. Meiner Meinung nach klafft hier aber eine Lücke. Durch die Nichtbeschäftigung mit den Vätern entgeht uns die Chance auf ein noch tiefer gehendes Verständnis des Erlebens magersüchtiger Frauen und darüber hinaus auch ein Ankerpunkt für therapeutischen Erfolg. Deshalb habe ich dem Thema „Vater" in meiner Untersuchung breiten Raum eingeräumt. Zuerst einige Worte zur allgemeinen Bedeutung von Vätern.

Ich möchte hier provokant Väter als patriarchale Sozialisationsagenten bezeichnen und im folgenden diese Bezeichnung nachvollziehbar machen. Die Funktion von Vätern wird im Unterschied zu der von Müttern immer noch weitgehend nicht in der Pflege und Versorgung ihrer Kinder, sondern in der Vermittlung außerfamiliärer gesellschaftlicher Werte gesehen (Bode/Wolf 1995). Das Bild befindet sich zaghaft im Wandel, doch es gibt immer wieder Restaurationstendenzen, und darüber hinaus sind die Familien magersüchtiger Frauen ja bekanntlich besonders traditionell organisiert. Das heißt also, wenn wir anerkennen, daß unsere Gesellschaftsform eine patriarchal organisierte ist und die Väter die Aufgabe haben, ihren Kindern deren Werte zu vermitteln, also sozialisierend zu wirken, ist obige Bezeichnung durchaus zutreffend.

Nun werden aber von verschiedenen Seiten Zweifel daran geäußert, ob Väter überhaupt noch ihrer traditionellen Funktion gerecht werden könnten, da sie durch außerhäusliche Lohnarbeit meist abwesend seien. Sie vermitteln aber meines Erachtens gerade dadurch sehr gut die real bedeutsamen Werte dieser Gesellschaft. Darüber hinaus ist es ja nicht die Häufigkeit und Dauer der Anwesenheit einer Bezugsperson, die allein ihren Einfluß auf die Kinder ausmacht, wie man heute weiß. Wir können also ruhig davon ausgehen, daß Väter für die Sozialisation ihrer Kinder bedeutsam sind.

Die nächste Frage, die sich hier sofort stellt, ist die nach den Werten, die vermittelt werden. Ich habe in diesem Artikel schon einmal davon gesprochen, daß in unserer Gesellschaftsform Leistungsstreben, Erfolg und Unabhängigkeit hochgehalten werden. Genau diese Ideale sind es auch vor allem, die Väter ihren Kindern vermitteln, sei es durch Anforderungen an sie, oder sei es durch das eigene Vorbild. Diese Werte aber entsprechen weitgehend dem heutigen westlichen Bild von Männlichkeit. Nun vermitteln Väter aber ihren Töchtern auch, was von ihnen als Frauen erwartet wird, wie Weiblichkeit aussieht. Sie tun das dadurch, daß sie direkte Forderungen nach einem bestimmten normgerechten Verhalten und Aussehen an die Tochter richten, aber auch indem sie sie einfach als „kleine Frauen" behandeln. Letzteres reicht im schlimmsten Falle vom Bemuttern-Lassen bis zum sexuellen Mißbrauch. Wenn oben vom „inzestuösen Liebesideal" die Rede war, so betrifft das zwar nicht ausschließlich oder auch nur hauptsächlich die Väter, doch bekommt dieses Ideal im Zusammenhang mit sexuellem Mißbrauch noch einen ganz spezifischen Sinn.

Es ist eine altbekannte Tatsache, daß sowohl das Konstrukt „Weiblichkeit" in sich widersprüchliche Forderungen birgt als auch die allgemeinen gesellschaftlichen Werte, die eher männlich definierte sind, im Widerspruch zu „Weiblichkeit" stehen. Weiblichkeit wird von Frauen zwar verlangt, aber es ist immer eine latente Abwertung damit verbunden, wenn sie auf Kosten von Unabhängigkeit und Leistung fußt. Umgekehrt muß eine Frau, „die ihren Mann stellt", immer noch ihre Weiblichkeit beweisen, um nicht in Verruf zu geraten, keine Frau zu sein. Töchter müssen also mit diesen äußerst schwierigen Anforderungen umgehen lernen, um diese verschiedenen Dinge in ihrem Leben in Einklang zu bringen. Trotzdem zur Frau zu werden, ist also allgemein eine recht vertrackte Angelegenleit. Wieso aber entwickelt die eine dann eine Magersucht, die andere keine? Die Antwort liegt teilweise wohl darin, daß es für manche im wahrsten Sinne des Wortes besonders eng wird, weil die Familie besonders traditionell ausgerichtet ist, die Familienbande besonders stark und unnachgiebig sind und/oder besondere Grenzverletzungen stattgefunden haben, sodaß kein Raum für die Entwicklung der Person bleibt. Zur Veranschaulichung wie und was konkret Väter ihren später magersüchtigen Töchtern vermitteln, werde ich in den folgenden Abschnitten Ergebnisse meiner Untersuchung, die in der Führung und Auswertung von Interviews mit betroffenen Frauen bestanden hat, darstellen. Dabei werde ich mich für diesen Artikel auf einige aussagekräftige Details aus dem Themenkomplex Körperlichkeit/Weiblichkeit konzentrieren, da dieser wesentlich mit Magersucht in Zusammenhang steht.

Grenzüberschreitungen

Einen ganz zentralen Bereich in der Betrachtung des Umgangs mit Körperlichkeit stellt sicher der Umgang mit physischer Abgrenzung dar. Wie ich bereits erwähnt habe, gibt es in den Familien Magersüchtiger ganz allgemein ein Problem mit dem Akzeptieren von Grenzen. Andererseits wird die typische Magersuchtfamilie auch als von wenig körperlicher Berührung, vor allem von wenig Zärtlichkeit geprägt geschildert. Heißt das nun, daß die Abgrenzungsschwierigkeiten „nur" auf psychischer Ebene bestehen, nicht aber auf physischer? Meine Interviewpartnerinnen vermittelten mir hier ein anderes oder zumindest ein sehr viel differenzierteres Bild.

Zunächst kann ich die Ergebnisse anderer Untersuchungen bestätigen, daß in den Familien kaum zärtlicher Umgang untereinander gepflegt wurde. Am seltensten aber (mit wenigen Ausnahmen) gab es Berührungen dieser Art zwischen Vater und Tochter. Ich nehme an, dies stellt ein Schutzverhalten dar, weil die Inzestgefahr zwischen Vater und Tochter in diesen Familien latent vorhanden ist, da die Väter mit der körperlichen Veränderung ihrer heranwachsenden Töchter nicht zurechtkommen und die Atmosphäre ansonsten stark von Einmischung in die Belange anderer Familienmitglieder und mangelnder Abgrenzung geprägt ist. Es ist für den Vater in einer solchen Konstellation scheinbar leichter, die Berührung ganz zu vermeiden, als die Grenze dann noch zu finden. Ein Beispiel dafür, daß selbst bei spielerischen Berührungen Grenzen vom Vater oft ganz schnell überschritten werden, wird durch folgende Passage aus einem Interview recht gut illustriert:

C: „Ich mein, was, was ich – was ich als Kind irrsinnig gern g'macht hab – war so – so Raufi-Raufi, also – das Problem beim Raufi-Raufi war aber immer nur, daß er – nie die Grenze gesetzt hat. Er hat – er hat das so weit dann getrieben, bis – bis es für mich eine Qual wurde, also – sei's jetzt dann – so Kitzeln und so, das war noch lustig, ja? Aber es gibt auch eine Grenze, nicht, weil wenn man anfangt, sich anzupinkeln – wenn man zu lang gekitzelt wird [...]."*

---

* Dieses und alle folgenden in gleicher Art abgesetzten Zitate sind meiner Untersuchung entnommen (Kaufmann 1997).

Hier wird auch ein wesentlicher Punkt an Grenzziehungen und -verletzungen im allgemeinen deutlich, daß es nämlich so etwas wie eine objektive Grenze (es sei denn, wir erachten das Inzesttabu als eine solche) nicht gibt, sondern daß die Person, mit der etwas geschieht, oder die weniger mächtige Person bestimmt, wo die Grenze ist und der andere verpflichtet ist, diese zu respektieren. Das heißt auch, daß der Vater in Beziehung zu seiner Tochter normalerweise auf Zeichen der Tochter achten müßte, die ihm sagen: bis hierher und nicht weiter. Offensichtlich besteht hier aber seitens vieler Väter ein Mangel – sie sind entweder nicht sensibel genug, um die Zeichen der Tochter zu bemerken, können sie also aufgrund persönlicher Defizite nicht sehen, oder es kommt ihnen nicht in den Sinn, daß das ihre Aufgabe wäre. Eine solche Haltung wird allerdings vom gesellschaftlichen System stark gefördert, in dem von Männern im allgemeinen nicht erwartet wird, daß sie in Beziehungen auf andere eingehen, sich nach den Bedürfnissen anderer richten sollen. Im Gegenteil, Männer dürfen normalerweise damit rechnen, daß frau sich um ihre Bedürfnisse und Wünsche kümmert. Wenn sie nun die Vaterrolle übernehmen, zeigt sich oft, daß sie nicht willens oder imstande sind, diese Haltung abzulegen. Im Falle einzelner Väter mag eine persönliche Disposition aufgrund von Unreife dazukommen. In Verquickung mit Geschlechtlichkeit und Sexualität entsteht aus einer solchen Haltung allzu leicht eine Mißbrauchssituation zwischen Vater und Tochter.

L: „[...] Also wie ich dann angefangen hab', mich vom Neutrum Kind zum, zum Mädchen zu wandeln, ja – da war's dann irgendwie kritisch, und das hat er überhaupt nicht gepackt, wie ich da seine, seine – Berührungen abgelehnt hab und so. – Und das is' dann zusammengefallen mit der Zeit, in der auch meine Mutter ziemlich krank geworden is', monatelang im Spital gelegen hat – und – und – dann war ich oft mit meinem Vater auch allein, wie meine Schwester geheiratet hat – und *da* is' es dann sehr problematisch geworden auch in sexueller Hinsicht. – War ziemlich arg. [...] Und zwar is' das aber erst aktuell geworden, wie ich ungefähr fünfzehn war. Das hat sich jahrelang so dahingeschleppt mit – mit Blicken – mit Berührungen eindeutig zweideutiger Natur – und [seufzt] ..."

Etliche Frauen sagten, sie hätten das Gefühl, daß ihr Vater sie einmal mißbraucht habe und sie sich nicht mehr daran erinnern könnten. Einige erinnerten sich auch tatsächlich an zwiespältige Erlebnisse, die sie nicht einordnen können, von denen sie sich fragen, ob der Vater da sexuelle Phantasien gehabt habe oder nicht. Viel häufiger noch schilderten mir meine Interviewpartnerinnen uneindeutige Situationen, die für sie wohl eine Grenzverletzung darstellten, die aber nur aus der speziellen familiären Situation heraus als solche auch für Außenstehende erkennbar sind.

> E: „Ich mein', es war schon – ich kann mich auch noch erinnern, es, es, also – also wenn er, wenn er zu mir ins Bett kommen is', das war mir schon – total unangenehm, gell? Ich hab's oft überhaupt nicht packt, daß er jetzt neben *mir* liegt, gell? Und ich hab' ihn nicht wegtauchen können, und ich hab' mich nicht mehr rühren können, und dann sein Schnaufen! Also voll [lacht], das war irrsinnig grauslich, gell? – Also eben auch so von dem her – ja, ich weiß ganz genau, der kann mich total schlagen, und er tut es auch ... Also so – ich mein, das, das is' auch was, was – was ich auch nicht versteh', was ich *heut* an ihm noch nicht versteh', da könnt' ich ihn echt *würgen*, ja? – Verstehst, daß, daß *er* – eben mich auf der einen Seite total schlagen kann, was er ja bis heute noch abstreitet – und dann auf der anderen Seite mir so ... nah is', gell?"

Wenn der Vater also zum Beispiel Gewalt gegen die Tochter ausübt, wird eine normalerweise vielleicht unverfängliche Situation zur Grenzverletzung. Eine andere Bedingung, unter der verschiedenste Arten von Berührung als grenzüberschreitend empfunden werden können, ist der in Magersuchtfamilien festgestellte Mangel an zärtlichen Berührungen. So kann etwa eine Umarmung schon als Belästigung empfunden werden.

Zu nahe getreten sind Väter den Körpern ihrer Töchter aber nicht nur durch Berührungen, sondern auch durch verbale Beurteilung. Nicht selten nämlich äußern sich Väter später magersüchtiger Töchter abfällig über deren reifenden Körper hinsichtlich Pummeligkeit, wie in der Fachliteratur immer wieder erwähnt wird, oder im Falle einer meiner Interviewpartnerinnen sogar direkt spöttisch über ihre wachsenden Brüste. Daß derlei Bemerkungen sicher nicht zur Akzeptanz des eigenen weiblichen Körpers beitragen, versteht sich wohl von selbst.

Last but not least in der Aufzählung möglicher Grenzverletzungen möchte ich noch auf die von einem Drittel der interviewten Frauen zur Sprache gebrachten Gewalttätigkeiten des Vaters gegen sie (meist auch gegen die Mutter) eingehen.

> E: „[...] also er hat mich auch ziemlich viel g'schlagen, wie ich – als Kind, wie ich klein war."
>
> I: „Als kleines Kind – schon auch."
>
> E: „Na, als kleines? So fünf, sechs. Also da hat er mich, zweimal hat er mich *brutal* g'schlagen, ja? Da bin ich eigentlich, da bin ich eigentlich gar nimmer aufg'standen. Schon ziemlich heavy."

Massive Schläge aus Unbeherrschtheit oder aus erzieherischem Kalkül beeinflußten das Heranwachsen eines großen Teils der Interviewten. Sie schilderten im Zusammenhang damit die alles beherrschende Angstatmosphäre in der Familie, die die persönliche Entfaltung weitgehend behinderte, oder aber die totale Abstumpfung gegen diese Gewalt, um überleben zu können. In manchen Familien war diese Gewaltausübung mit frauenverachtenden Beschimpfungen verbunden, sodaß die Tochter hautnah die Herabwürdigung von Weiblichkeit und die eigene Ohnmacht in dieser Situation erfuhr. Einerseits generierte dies Wut gegen den Täter, aber auch, wie erwähnt, sehr viel Angst und den Wunsch, einen stärkeren, unempfindlicheren Körper zu haben, dem solcherlei Demütigung nicht widerfahren könne. Damit ist freilich auch der Weg in die Magersucht vorbereitet, bei der der starke Geist scheinbar über den schwachen Körper triumphiert.

Überschreitungen und Verletzungen der körperlichen Grenzen zwischen Vätern und Töchtern kommen in Magersuchtfamilien also durchaus und sogar sehr massiv vor. Die üblicherweise eher berührungsfeindliche Atmosphäre trägt sogar noch dazu bei, daß die Töchter sehr empfindsam registrieren, ob eine Berührung über ein für sie angenehmes Maß hinausgeht. Sie machen dabei sehr oft die Erfahrung, daß es nicht ihrer Kontrolle unterliegt, wie weit der Vater in diesem Fall geht. Sie erfahren außerdem, daß ein weiblicher Körper einerseits Abwehrreaktionen hervorruft, andererseits zur Befriedigung der Bedürfnisse von anderen da ist und die Verfügungsgewalt nicht bei ihnen selbst liegt bzw. übergangen wird. Wie also sollten sie da ein positives Grundgefühl ihrem Körper und dann auch ihrem weiblichen Körper gegenüber entwickeln? Mir erscheint es nur logisch, daß sie später in der Magersucht versuchen, diesen so von Grenzverletzungen bedrohten und dadurch auch abgewerteten Körper unter Kontrolle und letztlich zum Verschwinden zu bringen.

Leistung versus Unwert

Andere Ergebnisse meiner Arbeit die Körperlichkeit betreffend ergänzen dieses Bild noch und runden es ab. Hier soll die Bewertung der Väter von Sport und Bewegung, wie sie sich den Töchtern vermittelte, Erwähnung finden, da sie interessante Einblicke im Umgang mit Körperlichem gewährt. Ein großer Teil der Interviewten gab nämlich zu Protokoll, daß sportliche Leistung für ihre Väter wichtig sei, ein anderer Teil lehnte Sport aber kategorisch als dümmlich oder unwichtig ab.

B: „Also, er is' eben – eigentlich ein fanatischer Bergsteiger. Das hat auch wieder was mit dem Ideal der Vervollkommnung zu tun."

F: „[...] Einfach so – Sport is' total blöd, außer daß er gern Schi fahren tut und, und er tut natürlich Schi fahren, aber sonst is' alles blöd, nicht [lacht]? Das is' schon *ganz* klar, das is' schon ganz klar."

Scheinbar sind diese beiden Standpunkte einander diametral entgegengesetzt. Doch wenn wir betrachten, was sich den Töchtern hier über den Wert des Körpers vermittelt, nähern sie sich durchaus wieder an. Im einen Fall wird der Körper durch Sport gezähmt und dem (Leistungs-)Willen unterworfen, im anderen Fall gilt die Beschäftigung mit Körperlichem über den Sport von vornherein als minderwertig. Es vermittelt sich hier also ein Bild des Körpers, dem an und für sich nicht zu trauen ist und der durch Sport gemeistert werden muß oder von vornherein zu wenig wert ist, als daß sich die Beschäftigung mit ihm lohnen könnte. Daß Sport und Bewegung auch Spaß machen und zum Vergnügen betrieben werden, also eine Quelle von Lust am Körper sein kann, kam kaum einem in den Sinn. Eher scheint es, als wäre der Körper für die sportbegeisterten Väter in meiner Untersuchung etwas äußerst unvollkommenes, das Angst macht und um jeden Preis beherrscht werden muß. Einen weiteren Hinweis in diese Richtung liefern Aussagen von einzelnen Frauen, daß ihre Väter körperliche Schwäche an anderen nicht wahrnehmen konnten und völlig negierten. Daß der Körper als potentielle Bedrohung ob seiner Schwächen und Unvollkommenheiten gesehen wurde, mag vielleicht auch darin begründet liegen, daß psychosomatische Beschwerden (vor allem im Magen-Darm-Bereich) unter den Vätern magersüchtiger Frauen keine Seltenheit darstellten, wie ich erfuhr; etliche waren auch Alkoholiker, gingen also mit ihrem Körper wenig pfleglich um. Insgesamt gesehen, kann sich den Töchtern also auch durch die zuletzt angeführten Ergebnisse kein positives Gefühl zum eigenen Körper übermittelt haben. Mißtraue deinem Körper, scheint die sich ergebende Maxime zu lauten.

„Weibsbilder"

Weiblichkeit wird zwar am Körper von Frauen festgemacht, aber was an Ideologischem damit verbunden ist, geht weit darüber hinaus. Mit Weiblichkeit können verschiedene Konnotationen verknüpft sein – Mütterlichkeit und Emotionalität etwa oder Sinnlichkeit und Unzuverlässigkeit. Ich habe

die Töchter gefragt, was ihren Vätern an Frauen wichtig war, um herauszufinden, welches Bild diese vom Weiblichen hatten. Die Zuschreibungen der
Väter an Frauen im allgemeinen, aber auch im besonderen – an Mutter und
Tochter – werde ich im folgenden darstellen. Recht häufig erwarteten Väter
von ihren Frauen, aber auch von ihren Töchtern, daß sie mütterlich, häuslich
und emotional sein sollten bzw. schätzten diese Eigenschaften besonders an
ihnen.

> C: „[...] sie sollt' doch die Funktionen – die familienerhaltenden, emotionalen
> Beziehungsfunktionen, oder – er versteht drunter eben – Kärtchen schreiben –
> Weihnachten Post erledigen und auf – die Großeltern schauen und die Pflege
> erweitern und so weiter, und leisten. Das – is' – Frau."

Diese Einstellung überrascht nicht, sondern entspricht völlig dem konservati-
ven Rollenverständnis, das Vätern Magersüchtiger allgemein nachgesagt
wird. Was seltener erwähnt wurde, aber durchaus obigem Bild nicht entgegengesetzt ist, sondern eher verschärfend hinzukommt, ist die Sicht einiger
Väter von Frauen als Sexualobjekt.

> C: „[...] weil ich ihn einmal g'fragt hab: ,Papa, was ist denn für dich eine Frau?
> Was is' für dich wichtig bei einer Frau?' Da hat er zu mir g'sagt, – das werd' ich
> nie vergessen – ,Ein breiter Arsch' – wart einmal, was is' das zweite, jetzt fallt's
> mir ... aber es war wahrscheinlich so schrecklich, daß ich's vergessen hab – ,Breiter
> Arsch, und blöd muß sie sein', oder so was, ja, und dumm muß sie sein, ja?"

Ich habe hier ein besonders plakatives Beispiel zur Illustration gewählt. Meist
vermittelte sich der Tochter diese Haltung weniger drastisch. An diesem
Beispiel zeigt sich die Abwertung, und wie sehr eine solche Einstellung die
Tochter trifft, besonders kraß – das Frauwerden ist ihr sicher nachhaltig
verleidet. In abgemilderter Form übermittelten aber recht viele Väter der
Tochter den Eindruck, daß Frauen irgendwie zweite Wahl für sie waren. Dies
äußerte sich etwa darin, daß der Vater in einer Gesprächsrunde mit Frauen und
Männern sich fast ausschließlich mit Männern unterhielt. Etliche Frauen
erzählten, daß ihr Vater an ihrer Statt lieber einen Sohn gehabt hätte und sie
eventuell aus Enttäuschung links liegen gelassen habe oder aber anfangs als
Sohn erzogen habe.

> L: „[Mein Vater, Anm. d. Verf.] hat *mich* als langersehnten Sohn erzogen, weil ...
> die Vorstellung, nach ... der ersten Tochter eine zweite zu kriegen, ja natürlich viel
> herber war [...]. Er hat einfach Angst vor Weiblichkeit, nicht? Das is' es. In dem
> Moment, in dem er damit konfrontiert wird, sei's daß er – ich mein, wenn er da

[unverständliche Bemerkung] Situation – Tampons im Badezimmer findet, kriegt er – den Koller, ja? Sag doch nicht *sowas*, das geht doch nicht [lacht] ... Also das heißt, daß er – das geht nicht."

Frau L. hat hier sehr genau beobachtet und konstatiert, daß ihr Vater wahrscheinlich Angst vor Weiblichkeit habe, was der Grund für seine Vorliebe für einen Sohn, also auch für die inhärente Abwertung der Weiblichkeit der Tochter, ist. In der Tat sehe auch ich diese Abwertung und die anderer Väter in einer Furcht vor dem Weiblichen begründet, das gleichzeitig als Mütterliches, Bedürfnisbefriedigendes gebraucht wird und so Macht hat. Der Tochter, die mit der Abwertung konfrontiert ist, hilft diese Erkenntnis jedoch nicht weiter. Sie spürt vor allem, daß es offensichtlich mit jeder Menge Schwierigkeiten, Unannehmlichkeiten und wenig Ansehen verbunden ist, Frau zu sein oder zu werden. Einige Interviewpartnerinnen sprachen auch davon, daß sie durch das Verhalten des Vaters auf die Einschränkungen, mit denen der Tochterstatus im Vergleich zum Sohnstatus verbunden war, aufmerksam wurden – größere Freiheitsbeschränkungen bei Bekanntschaften, Dauer des Ausbleibens oder Kleidungsvorschriften und lästige Haushaltspflichten. Für letztere gibt es bekanntlich kaum Lob, wenn sie erledigt werden, weil sie selten für alle vorweisbare Resultate zeitigen, sondern Schelte, wenn sie nicht erledigt werden, da dies viel offenkundiger ist als ihre Erledigung. Wen kann es wundern, wenn ich nun sage, daß die von mir interviewten Frauen angaben (sofern sie sich über ihre eigenes Bild von Weiblichkeit äußerten), daß sie mit dem Frausein die Opferrolle identifizierten und daß sie großes Unbehagen gegenüber einer solchen Weiblichkeit empfanden.

> L: „[...] und – auch dadurch daß ich niemals als Mädchen, das heißt so – *geknüppelt* und sehr nett und *brav* erzogen wurde [...]."

Sehr viel Anziehendes spricht nicht eben aus obiger Darstellung von Mädchenerziehung. Da kann frau es durchaus genießen, eher als Sohn erzogen worden zu sein. Die Schwierigkeiten stellen sich dann aber postwendend mit der Pubertät ein, wenn auch der Vater nicht mehr darüber hinwegsehen kann, daß aus seinem Kind eine Frau wird, was ihm nicht besonders behagt – seiner Tochter selbstredend auch nicht. Die Magersucht unterbricht scheinbar diese ungeliebte Entwicklung vorerst. Freilich kein Ausweg aus dem Dilemma, sondern – hart gesprochen – ein Selbstmord auf Raten, aber für die einzelne vielleicht der einzig erkennbare Weg, die eigene Persönlichkeit vor einer äußerst unattraktiven Entwicklung (zeitweilig) zu bewahren.

Resümee

Ich habe in diesem Artikel das Bild einer Vater-Tochter-Beziehung gezeichnet, das enttäuschend wirken mag – enttäuschend vor allem dann, wenn wir vorher angenommen haben, Väter seien für die Magersüchtige ein Rettungsanker aus einer allzu engen Bindung an die Mutter, wie sie immer wieder beschrieben wird. Indes, die Einsichten, die mir meine Interviewpartnerinnen in ihre Beziehung zum Vater gewährten, sind nicht dazu angetan, Befreier in den realen Vätern zu sehen. Ich weise diesen Vätern nicht die alleinige Schuld an der Magersucht ihrer Töchter zu – allerdings will ich sie auch nicht von ihrer Verantwortung lossprechen und die Auswirkungen der Vater-Tochter-Interaktion bagatellisieren. Allzu deutlich zeigt sich der negative Einfluß einiger Aspekte väterlichen Verhaltens in den Schilderungen der ehemals magersüchtigen Frauen auf ihre Entwicklung – denken wir an die geschilderten Grenzverletzungen, an die Vermittlung von Mißtrauen dem eigenen Körper gegenüber und eines denkbar ungünstigen Bildes von Weiblichkeit. Vor allem in letzterem zeigt sich überdeutlich eine konservativ patriarchale Haltung, die in unserer Kultur immer noch vorhanden ist (wenn auch vielfach in abgeschwächtem Ausmaß). Der von mir geprägte provokante Begriff des Vaters als patriarchaler Sozialisationsagent trifft also auf den „Magersuchtvater" in hohem Maß zu. Ich denke, es wäre viel gewonnen, wenn TherapeutInnen und ÄrztInnen ein größeres Augenmerk auf diese Tatsache legen würden. Vielleicht überdenkt auch der eine oder andere potentielle „Magersuchtvater" seine Rolle für die Tochter neu, womit für die Prävention etwas erreicht wäre. Ich hoffe jedenfalls gezeigt zu haben, daß die Bedeutung des Vaters keinesfalls zu unterschätzen ist.

Literatur

Bode, Michael/Wolf, Christian: Still-Leben mit Vater. Zur Abwesenheit von Vätern in der Familie, Reinbek bei Hamburg 1995.

Braun, Christina von: Nicht ich: Logik Lüge Libido, Frankfurt am Main 1985.

Braun, Christina von: Die Frau, das Essen und der Tod, unveröffentlichtes Manuskript, Innsbruck 1991.

Gerlinghoff, Monika/Backmund, Herbert/Mai, Norbert: Magersucht. Auseinandersetzung mit einer Krankheit, München/Weinheim 1988.

Habermas, Tilmann: Heißhunger. Historische Bedingungen der Bulimia nervosa, Frankfurt am Main 1990.

Kaufmann, Eva: Die Rolle und Bedeutung des Vaters in der Entwicklung magersüchtiger Frauen – ein Erhellungsversuch, Diplomarbeit, Wien 1997.

Orbach Susie: Hungerstreik. Ursachen der Magersucht. Neue Wege zur Heilung, Düsseldorf 1990.

4. Frauenkörper im Spannungsfeld zwischen Selbstverhinderung und Selbsterweiterung

Einleitung

Silvia Weissgram, Helga Gritzner

In diesem Kapitel geht es um Funktionen und Bedeutungen, die Frauen bestimmten wichtigen Aspekten ihrer Körperlichkeit beimessen. Frauen nehmen ihren Körper nicht als selbstverständlich wahr, da sich über ihn ihre Weiblichkeit manifestieren soll. Wie Frauen ihre Körperlichkeit wahrnehmen und interpretieren, ist untrennbar verbunden mit ihrer Wahrnehmung und Interpretation der kulturellen Geschlechtsrollenvorgaben. Weiblichkeit und die Verkörperung der entsprechenden Repräsentanzen sind gesellschaftlich gesehen ambivalent besetzt. Frauen sollen Weiblichkeit repräsentieren, um als Frau gesehen zu werden, und sich gleichzeitig von diesen Repräsentanzen distanzieren, wollen sie als erwachsene Persönlichkeiten wahrgenommen werden. Dieselbe Ambivalenz trifft die emotionale Besetzung des Körpers. Ein Zwangsmoment enthält der weibliche Körper dort, wo er den Forderungen eines gesellschaftlichen Idealbildes gegenübersteht. Ein Freiheitsmoment enthält er dort, wo er für Frauen als Möglichkeit gesehen wird, dem Zwang gesellschaftlicher Normen entgegenzutreten.

Die beiden Autorinnen zeigen auf, wie Frauen anhand bestimmter Aspekte ihrer Körperlichkeit eine Möglichkeit finden, gesellschaftliche Freiräume zu denken oder zu beanspruchen. Im Blickpunkt ihrer Betrachtungen stehen das Körpergewicht und der Menstruationszyklus. *Silvia Weissgram* geht es hierbei um die Beantwortung der Frage, weshalb Frauen, die gewichtsmäßig unauffällig sind und sozial der Norm entsprechen, unbedingt abnehmen wollen. Sie untersucht die Gewichtsproblematisierung im Hinblick auf den Nutzen, den sie Frauen bringt, sowie die zentralen Anliegen, die sich dahinter verbergen. In *Helga Gritzners* Artikel geht es um die prämenstruelle Zyklusphase. Sie hat eine Gruppe von Frauen untersucht, die Veränderungen in der prämenstruellen Zeit an sich wahrnehmen, die ihnen besonders auffallen. Die Autorin beschreibt hier die positiven, konstruktiven Aspekte, die die Frauen ihren prämenstruellen Veränderungen beimessen.

Beide Autorinnen zeigen das Bedürfnis von Frauen nach selbstbestimmten Räumen auf. Bei *Silvia Weissgram* ist es die Sehnsucht der Frauen nach Freiräumen, die sichtbar wird. Diese ist im Symbolgehalt verschlüsselt, der der unerwünschten Gewichtsspanne zugeordnet wird. Bei *Helga Gritzner* werden Strategien von Frauen deutlich, ihr Köpererleben zu nutzen, um sich Freiräume gegenüber gesellschaftlichen Zwängen zu verschaffen.

Gezeigt wird, daß Gewichtsproblematisierung und das sogenannte „Prämenstruelle Syndrom" Möglichkeiten für Frauen in sich bergen, bestimmte Bedürfnisse zu integrieren, die die weiblichen Rollenzuschreibungen nicht zulassen. Die prämenstruelle Zeit oder auch die ungeliebten „überflüssigen Kilos" erlauben Frauen, auch einmal anders sein zu wünschen oder zu dürfen. Die problematischen Aspekte der Themengebiete sind bekannt, die befreienden Momente schlummern gemäß der patriarchalen Wirkmechanismen eher auf unbewußten oder vorbewußten Ebenen. Der Frauenkörper befindet sich also im Spannungsfeld zwischen Selbstverhinderung und Selbsterweiterung.

Gewichtsprobleme oder die Sehnsucht nach einem anderen Raum

SILVIA WEISSGRAM

Zur Wahl der eigenen Perspektive

Eßstörungen und Gewichtsprobleme werden in der medizinisch-psychologischen Wissenschaft hauptsächlich aus einer Perspektive betrachtet, die diese „Symptome" individualisiert und sie als defizitär versteht. Eine Ausnahme bildet die feministische Sichtweise, die Symptome von Frauen als dysfunktionale Bewältigungsmuster interpretiert und damit als sinnsetzende Antwort auf strukturelle Konflikte eines weiblichen Lebenszusammenhanges.

Gewichtsprobleme werden von der Wissenschaft vorwiegend im Zusammenhang mit klinisch faßbaren Eßstörungen oder extremen Gewichtsabweichungen thematisiert. Das Leiden am eigenen Gewicht betrifft jedoch nicht nur Frauen, die nach medizinischen und sozialen Kriterien übergewichtig sind oder Eßstörungen im klinischen Sinne – wie Mager- und/oder Eß-/Brechsucht – aufweisen.

Ich frage daher in meiner Untersuchung nach dem Nutzen, den gewichtsmäßig unauffällige Frauen daraus ziehen, ihr Gewicht zu problematisieren bzw. welches Anliegen sich hinter ihrem Antwortmuster verbirgt.

Das „Leiden an der gesellschaftlichen Weiblichkeit"

Die Tatsache, daß die Mehrzahl der subjektiv unter Gewichtsproblemen leidenden Personen weiblich ist, weist auf Bedingungsfaktoren im Rahmen der weiblichen Sozialisation und der gesellschaftlichen Rolle der Frau hin (Krebs 1992; Stahr/Barb-Priebe/Schulz 1995). Das Leiden am eigenen Gewicht kann als frauentypisches Problem betrachtet werden und damit als „Leiden an der gesellschaftlichen Weiblichkeit" (Helfferich 1992). Dieser Themenkomplex muß daher in Verbindung mit dem weiblichen Lebenszusammenhang gebracht werden.

Die Seelenbelange von Frauen lassen sich nicht in patriarchale Konstrukte von Weiblichkeit zwängen, auch wenn dies unter Androhung von Sanktionen offen oder subtil verlangt wird. Frauen greifen vielfach die Körpersprache auf, um jenen Anteilen indirekt Ausdruck zu verleihen, die in unserer patriarchalen Welt keine Repräsentation finden. Die konkreten Inhalte der körperlichen Repräsentanzen sind nicht unmittelbar bewußt. So stellt auch die Problematisierung des eigenen Gewichts eine verschlüsselte Ausdrucksform bestimmter Anliegen dar. Der vorliegende Beitrag beschreibt, in welcher Weise Gewichtsprobleme als Ausdruck einer frauenspezifischen Sehnsucht nach einem qualitativ „anderen" gesellschaftlichen Raum gesehen werden können.

Das „Über-Gewicht" als Depot für tabuisierte Selbstanteile

Die konkreten Inhalte des Verdrängten sind dem Bewußtsein prinzipiell zugänglich. Der Zugang ist über die symbolischen Zuordnungen zu der unerwünschten Gewichtsspanne möglich. Eine Gewichtsspanne, die als „Übergewicht" etikettiert und als solche abgelehnt wird, enthält durchwegs symbolische Zuordnungen, die von den betreffenden Frauen negativ besetzt werden. Diese Inhalte werden als nicht zu sich gehörig bzw. als ich-dyston wahrgenommen und gedeutet. Frauen erleben ihr „Über-Gewicht" als eine Schicht, von der ihr wahres Selbst umgeben ist. Sie identifizieren sich nicht mit dieser Schicht, sondern mit ihrem dünnen inneren Selbst.

Die als Übergewicht bezeichnete Gewichtsspanne stellt ein „Depot", einen „Behälter" dar, an den all das delegiert wird, was auf bewußter Ebene ablehnenswert erscheint. Diese Ablehnungen betreffen Aspekte des eigenen Selbst, die dem Selbstbild nicht zugerechnet werden. Ebenso wie das Übergewicht als „Ausrutscher" und lästiges „Anhängsel" gesehen wird, das mit der eigenen Person nicht wirklich etwas zu tun hat, gilt dies auch für die dem „Übergewicht" zugeordneten Aspekte. Entscheidend ist nun aber vor allem, daß dieser „Container" gleichzeitig der Aufrechterhaltung der abgelehnten Aspekte dient.

Ebenso wie ihr unerwünschtes „Übergewicht" Teil der eigenen Person ist, sind dies auch die zugewiesenen Inhalte. Obgleich diese Selbstanteile also einerseits abgespalten sind, werden sie dem eigenen Erleben über den „Container" indirekt wieder zugänglich gemacht. Die entsprechenden Selbstaspekte werden ebensowenig „losgelassen" wie das sie repräsentierende Übergewicht. Die Betreffenden erweitern ihr Ich auf symbolischer Ebene. Sie versuchen, die Inhalte dieser Aspekte auf indirekter, symbolischer Ebene zu leben. Durch die Symbolisierung wird der innere Kontakt zu den abgespaltenen Persönlichkeitsaspekten aufrecht erhalten, da sie bei aller negativen Konnotation uneingestandene, weil unerlaubte bzw. unerwünschte Selbstaspekte beinhalten. Daraus kann auf den Wunsch geschlossen werden, diese Aspekte leben zu dürfen. Demnach kann von den Zuweisungen zum Container „Übergewicht" darauf geschlossen werden, was Frauen als Tabu empfinden und woran sie dennoch gleichzeitig festhalten wollen.

Die konkrete und naheliegende Frage, die sich in diesem Zusammenhang stellt, ist: Welche Inhalte werden diesem Container zugeordnet? Welche Selbstaspekte sind es, die gewichtsmäßig unauffällige Frauen heute bewußt ablehnen und an den Container „subjektives Übergewicht" delegieren, während sie unbewußt an ihnen festhalten? Und welche Inhalte, die sie dem Idealgewicht zuordnen, erachten Frauen von heute als erstrebenswert und lehnen sie gleichzeitig unbewußt in der angestrebten Form ab? Welche Gebote und Verbote, Solls und Tabus gelten heute für Frauen?

Der Wandel weiblicher Tabus

Mit dem verstärkten Zugang der Frauen zum öffentlichen Bereich, ihrer expansiven Teilnahme am Bildungswesen geraten Frauen in einen massiven Anpassungsdruck an männliche Normen. Sie stehen vehement unter Druck, androzentrische Sichtweisen zu übernehmen, und schlittern vom Gebot, einem Weiblichkeitsklischee zu entsprechen, ins Gebot, im öffentlichen Bereich eine männliche Sicht aller Dinge zu übernehmen. Dies bedeutet nicht, daß sie damit aus dem Anspruch entlassen werden, dem Weiblichkeitsklischee zu entsprechen. Diesbezüglich sind Kritik und Auflehnung jedoch schon eine direktere und bewußtere geworden. Das trifft auf den Anpassungsdruck an männliche Normen, der im öffentlichen Bereich gegeben ist, noch nicht zu. Dort wird er mangels Alternativen noch ziemlich unhinterfragt übernommen. Weibliche Gleichberechtigung resultiert hier demnach in der Anpassung an herrschende Männlichkeitsnormen. Das Unbehagen darüber, daß das Weibliche im öffentlichen Raum keine hinreichende Symbolisierung findet, bleibt ein diffuses, das auf bewußter Ebene nicht thematisiert wird.

Durch die vermehrte Teilnahme der Frauen am Bildungswesen verändern sich auch die für Frauen geltenden Solls und Tabus. Das verbindliche Gebot lautet für diese Gruppe von Frauen, sich mit männlichen Werten zu identifizieren. Tabuisiert wird in der Folge alles, was dem Ideal einer „männlichen Persönlichkeit" widerspricht. Es ist daher anzunehmen, daß durch Frauen, die am Bildungswesen teilnehmen, mittels Gewichtsproblemen indirekt Aspekte in Frage gestellt werden, die einem männlichen Sozialcharakter entsprechen.

Anlage der Untersuchung

Wesentliches Auswahlkriterium für meine Untersuchung (Weissgram 1996) war, daß die betreffende Frau zum Zeitpunkt der Untersuchung mit ihrem Gewicht unzufrieden und dennoch nach üblichen Kriterien (in diesem Fall wurde der geläufige Broca-Index* verwendet) normal- bis idealgewichtig war, sich demnach „subjektiv übergewichtig" fühlte. Eßstörungen im klinischen Sinne wurden (nach ICD-9) ausgeschlossen. Weiters war wesentlich, daß die Interviewpartnerinnen eine höhere Bildungsinstitution besuchten und somit jener großen Gruppe von Frauen zugehörig waren, die mit den Normen des öffentlichen Bereiches in der oben beschriebenen Weise konfrontiert waren.

Um die Inhalte zu erfahren, die Frauen an das Übergewicht delegierten, wurde direkt nach den persönlichen Attribuierungen an die unerwünschte Gewichtsspanne gefragt. Das vordergründig Abgelehnte entsprach jedoch nicht den Inhalten, an denen festgehalten wurde. Diese waren dem Bewußtsein zwar prinzipiell zugänglich, jedoch nicht unmittelbar bewußt. Die eigentlichen Bedeutungen sind verschlüsselt. Die Zuweisungen sind demnach nicht deckungsgleich mit den Inhalten, an denen Frauen festhalten.

Das Interview basierte auf einem Katalog mit Leitfadenfragen. Für die Ermittlung der den symbolischen Zuordnungen zugrunde liegenden Bedeutungen wurden die Methoden der „Zurückspiegelung", „Verständnisfragen" und „Konfrontation" (Lamnek 1993, S. 76) verwendet. Diese Mittel der Gesprächsführung eignen sich dazu, den Reflexionsprozeß seitens der Befragten im Zuge der Interviews anzuregen und damit bewußtseinsgenerierend zu wirken. Das „Nichtwissen" der Frauen über die Zusammenhänge ihrer Gewichtsproblematisierung resultierte nicht so sehr aus einem Nichtwissen-Können, sondern aus der Selbstverständlichkeit, mit der das Ziel eines persönlichen Idealgewichtes angestrebt und nicht hinterfragt wurde.

Die Sehnsüchte von Frauen liegen jenseits patriarchaler Zuschreibungen

Die Ergebnisse meiner Untersuchung verweisen auf die Sehnsucht der befragten Frauen, (auch) ihre „weiblichen" Selbstanteile leben zu dürfen. Gemeint ist hier keine Konstruktion von „Weiblichkeit", wie sie aus patriarchaler Sicht

---

* Normalgewicht nach Broca = Körpergröße in cm minus 100; Idealgewicht = Normalgewicht minus 10 bis 15 % (eine Frau von 170 cm hätte demnach ein Normalgewicht von 70 kg und ein Idealgewicht zwischen 63 und 59,5 kg).

festgeschrieben ist und an Frauen herangetragen wird. Patriarchale Weiblich-keitskonstruktionen im Sinne stereotyper Geschlechtsrollenanforderungen werden von den Frauen eindeutig abgelehnt und auch nicht unbewußt über den Container subjektives Übergewicht festgehalten. Die Sehnsüchte der interviewten Frauen beziehen sich auf Selbstaspekte, die dadurch charakteri-siert sind, daß sie sich gegen die Einseitigkeit patriarchaler Werte und Ent-würfe abgrenzen und sich von ihnen unterscheiden.

Deutlich wird aber auch die Sehnsucht, sogenannte „männliche" Selbstan-teile zu leben, allerdings werden die entsprechenden Begriffe (Autonomie, Eigenständigkeit, Aktivität, Leistung) aus der Sicht der Frauen anders inter-pretiert.

In einigen Interviews wird die Sehnsucht nach einem qualitativ „anderen" öffentlichen Raum geäußert, in dem nicht in einseitiger Weise männliche Normen und Gesetzmäßigkeiten gelten und gefordert werden, die sich sowohl auf Ziele als auch auf die Mittel zu ihrer Erreichung beziehen. Was zu tun ist und wie es zu tun ist, wird im außerfamilialen Bereich in besonders hohem Ausmaß von männlichen Interessen bestimmt. Dieser Raum ist aus der Sicht einiger Interviewpartnerinnen dadurch charakterisiert, daß er das Weibliche ausgrenzt. Einige Frauen empfinden die ihre „Weiblichkeit" symbolisieren-den körperlichen Merkmale daher vor allem im öffentlichen Bereich als störend, während dies im privaten Bereich oder im Urlaub nicht der Fall ist.

> „Ich war richtig prall und drall [...], aber ich hab' mich total wohl g'fühlt dabei ... und hab' mir gedacht, mah, das ist total schön, und kaum war ich wieder da, wieder arbeiten, wieder Uni, wieder ... da hab' ich's wieder als hinderlich und behindernd gefunden ... [nachdenklich] wenn ich ... ah ... privatisier' ... durchaus mit meinen Kilos leben kann, und mich auch [betont] schön finde damit ... aber ich glaub', daß das wieder mit diesem aktiv/passiv zu tun hat ... meine Weiblichkeit ist im Beruf nicht gefragt ... oder ich empfinde es so, daß meine Weiblichkeit im Beruf hinderlich ist."

Auch eine andere Frau äußert explizit, daß sie im Urlaub immer mehr wiege, es aber dort weder sie noch andere störe. Erst zurück im Arbeitsbereich empfinde sie es als Problem. Eine weitere Frau meint, im Beruf sei nur eine ganz bestimmte Form von Weiblichkeit gefragt, nämlich jene, die sich ausse-hensmäßig und verhaltensmäßig an den Bedürfnissen von Männern orientiere:

> „[...] ich mach' zum Beispiel noch einen anderen Job bei einer Pharmafirma, und [...] [betont] die nehmen meines Erachtens nach ganz bewußt Frauen ... junge Frauen, die nicht allzu häßlich sind ... um – wie soll man sagen – die Ärzte zu motivieren und so ... das sollte dort bewußt auch eingesetzt werden – hab' ich den

Eindruck – das wird natürlich nicht ausgesprochen ... aber ich hab' den Eindruck, daß das erwartet wird ..."

Es ist jedoch nicht diese Definition von Weiblichkeit gemeint, wenn hier von fehlenden weiblichen Repräsentanzen in öffentlichen Räumen gesprochen wird:

„[...] [betont] diese Art von Weiblichkeit ... jetzt nur aufgrund meines Aussehens ... aufgrund meiner Kurven ... jetzt unter Anführungszeichen ... erfolgreich zu sein, in diesem Job ... das will ich nicht ... das ist mir zuwenig."

Bei der Frage nach den Inhalten der erwünschten weiblichen Repräsentanzen im öffentlichen Bereich wird die Sehnsucht nach einer anderen Zeitstruktur geäußert, der Wunsch, dem eigenen Rhythmus, den eigenen Wünschen und Sehnsüchten wie auch Reflexionen und Sinnfragen mehr Raum und Zeit zuzugestehen.

„[...] ich hab' das Gefühl, ich bin im Moment orientierungslos, ich bräuchte Zeit, um mich wieder ein bißl zu regenerieren – zu sondieren, ‚wo will ich eigentlich hin?' ... Und diese Zeit [betont] gönn' ich mir aber selber überhaupt nicht ... ich hab' jeden Tag ein schlechtes Gewissen, warum ich nicht schon eine Entscheidung getroffen hab."

Hier wird der Widerstand gegen Automatismen deutlich, der jedoch vor sich selbst verborgen werden muß, da sonst die eigene Funktionstüchtigkeit gefährdet scheint. Sich Zeit zu nehmen und Zeit zu lassen, erlauben einige Frauen nur anderen, nicht aber sich selbst. In bezug auf ihren eigenen Werdegang fordern sie von sich selbst Schnelligkeit.

„Ja, das Schwerfällige ist eben, dann daß [...] ich dann wirklich monatelang vor der Entscheidung sitze und mich nicht entscheiden kann ... das ist das Schwerfällige ... wo ich dann dasitz' wie paralysiert ... auf die Wand schau' [nachdrücklich und lachend] und nichts tu' ... und Langsamkeit – das ist im Umgang mit anderen ... sich Zeit nehmen ... Zeit nehmen zuzuhören, Zeit nehmen, Beziehungen langsam aufzubauen ... also eigentlich die [lachend] positivere Variante der ganzen G'schicht."

Des weiteren wird das Bedürfnis nach Nähe und Gemeinsamkeit sichtbar. Auf vorbewußter Ebene ist den Frauen das Faktum eines wechselseitigen aufeinander Angewiesenseins eine Selbstverständlichkeit. Obgleich Autonomie und Unabhängigkeit bewußt angestrebt werden, bedeutet dies für die Betreffenden keinesfalls, auf Nähe und Gemeinsamkeit verzichten zu wollen. Gleichzeitig werden Abhängigkeitsgefühle und Nähebedürfnis unterdrückt, da sie in unse-

120

rer Gesellschaft im Gegensatz zum Autonomieideal stehen, und mit Unreife assoziiert werden.

„[...] wenn er merkt, wie abhängig ich von ihm bin, wie sehr ich mich an ihn klammer', dann hab' ich Angst, daß ihm das total unangenehm ist ... weil er Angst vor Nähe hat ... und er vermittelt mir daß – daß ihm das unangenehm ist ... und drum will ich ihm das nicht zeigen."

„[...] ich seh' mich gern als groß und stark und über den Dingen stehend ... aber, wenn ich Schutz brauch' und Wärme, bin ich ein kleines Kind – und diesen kleinen schutzbedürftigen Teil will ich nicht wirklich haben."

„[...] und vielleicht deswegen – dadurch, daß ich versuch', da eben halt alleine mich hier zurechtzufinden ... daß ich das verbinde mit dem ‚ich muß dünn sein' [lacht], oder so – nicht ... also daß Unabhängigkeit mit [betont] Dünnsein verbunden ist oder so ..."

Die diesbezüglichen Ergebnisse meiner Arbeit weisen in die gleiche Richtung wie jene von Steiner-Adairs (1992) Untersuchung. Die Hypothese ihrer Studie lautete, „daß Eßstörungen in unserer Gesellschaft grassieren, weil Frauen in gesundheitsschädlicher und unangemessener Weise zu Autonomie gedrängt werden" (Steiner-Adair 1992, S. 245). Die Auswertung ihrer Testergebnisse zeigte, daß Frauen „nicht zu Eßstörungen neigen, wenn sie in der Lage sind, das heutige Frauenideal und die Gefahren einer Identifikation mit ihm zu erkennen und abzulehnen, indem sie ein eigenes Weiblichkeitsideal ausbilden" (ebd., S. 248). Sie kritisiert schlußfolgernd die Struktur unserer Gesellschaft, die „keinen Platz für die Prinzipien des Teilens, der Fürsorge und der gegenseitigen Verbundenheit" hat (ebd., S. 249).

Trotz ihrer vordergründigen Hochachtung vor Leistung und Aktivität halten die befragten Frauen über ihren Container an Faulheit, Nichtstun und Passivität fest. Dieses Festhalten erklärt sich daraus, daß die Aktivität nicht ausreichend selbstbestimmt und selbstbezogen erlebt wird. Frauen wollen aus Lust und gemäß ihren Interessen arbeiten. Jede andere Art von Arbeit wird als Pflichterfüllung bzw. als Soll erlebt, dem indirekt Widerstand entgegengesetzt wird. Arbeit wird hauptsächlich als Pflicht und Festgelegtsein beschrieben. Das Bedürfnis nach eigenständigem, selbstbestimmtem Tun findet wenig Terrain. Deshalb wird das Ideal der Aktivität zwar im Schlankheitsideal festgehalten, über den Container aber sabotiert. Frauen befinden sich demnach in dem Dilemma, Aktivität und Leistung hochschätzen zu müssen – und dies auch zu wollen, aber in ihrem Sinn –, um als erwachsene Persönlichkeit gesehen zu werden und um ihr materielles Überleben zu sichern, gleichzeitig aber sind Inhalt und Art der Leistung weitgehendst durch männliche Interessen bestimmt.

Neben der Übernahme der patriarchalen Überwertigkeit von Aktivität und Leistung wurde bei den Frauen diesbezüglich sehr wohl ein eigenes Anliegen sichtbar. Es wurde die Sehnsucht nach einer Form von Aktivität deutlich, die bezüglich Inhalten und Methoden nicht als fremdbestimmt erlebt werden muß, weil sie fremden Interessen dient. Der Wunsch nach Aktivität ist demnach nicht nur als entfremdetes Ideal zu sehen. Unter wirklicher Aktivität aber wird von den Frauen nur jene Tätigkeit verstanden, mit deren Zielen und Methoden sie sich identifizieren können. Sie sprechen in diesem Zusammenhang von „eigener Aktivität".

„Ja, wenn mich was zum Beispiel total interessiert ... also wenn ich jetzt irgendein Prüfungsgebiet hab', was mich echt interessiert ... ich mein', da lern' ich dann aus Interesse, [lachend] das kommt aber nicht oft vor ... oder – ja, wenn ich was einfach ganz total gern mach' – dann mach' ich's schon auch ohne Druck ... ja, so interessante Sachen eben [...]."

„[...] so daß ich mir denk', warum soll ich das jetzt machen, wenn mir das überhaupt keinen Spaß macht ... und andererseits ist natürlich jetzt – ah – das Pflichtbewußtsein ... oder eben auch der Druck ... eben von außen her da ... da ist irgendwie so ein bißl Wehren dagegen [...]."

Dem entfremdeten Denken und Tun soll überdies auch noch Lust und Interesse abgewonnen werden, damit die Frustration nicht allzu spürbar wird. Das gelingt nicht immer. Lust wird von den Frauen vorwiegend im Zusammenhang mit Fortgehen, Ausgehen, Freunde treffen und körperlicher Betätigung genannt. Mehrere Frauen nennen körperliche Betätigung als bevorzugten Weg, ihr Idealgewicht zu erreichen. Den eigenen Körper „spüren zu wollen" ist hierbei von nicht unwesentlicher Bedeutung.

Ebenso wie sich das eigentliche Anliegen der befragten Frauen nicht auf patriarchale Vorstellungen von Weiblichkeit bezieht, richtet es sich auch nicht auf patriarchale Vorstellungen von Männlichkeit. Vielmehr verspüren die Frauen den Wunsch, Selbstaspekte zu leben, die in unserer Gesellschaft als „nicht-weiblich" bezeichnet werden, diese müssen aber noch lange nicht mit patriarchaler Männlichkeitskonstruktionen übereinstimmen. So entspricht zum Beispiel das Bestreben, eigene Anliegen durchzusetzen, nicht dem patriarchalen Weiblichkeitsentwurf, gleichzeitig muß das weibliche Durchsetzungsstreben deshalb nicht mit patriachalen Vorstellungen von Durchsetzung (gegen andere bzw. um jeden Preis) übereinstimmen.

122

Es ist demnach nicht zulässig, in diesem Zusammenhang lediglich von einer Unfähigkeit von Frauen zur Übernahme der im Patriarchat als männlich bezeichneten Werte zu sprechen und die Perspektive von Widerstand und Ablehnung sowie die verborgenen Sehnsüchte und Anliegen außer acht zu lassen. Es hat eher den Anschein, daß Frauen die männliche Selbstsicherheit als unkritische Selbstüberschätzung, die Beherrschung als Unterdrückung, die Leistungsfähigkeit als zwanghafte Überaktivität und entfremdetes Tun, das Autonomieideal als Angst vor Nähe entlarven. Die Kritik bezieht sich hier vorwiegend auf die einseitige Betonung dieser Aspekte, die unabhängig von ihrem Kontext als Werte bezeichnet werden.

Schlußfolgerungen

Es zeigt sich, daß die Zusammenführung von weiblichen und männlichen Geschlechtsstereotypien keine Antwort für einen weiblichen Identitätsentwurf darstellen kann. Fügen wir den weiblichen Geschlechtsstereotypen die männlichen hinzu, stellt dies vordergründig eine Erweiterung dar; die Ganzheitlichkeit, die Frauen zu erwarten scheint, wenn sie sich männliche Denk- und Verhaltensweisen aneignen, ist aber keine tatsächliche. Durch ihre künstliche Isoliertheit voneinander, bedingt durch ihre postulierte Unvereinbarkeit, stellen patriarchale Entwürfe von Weiblichkeit und Männlichkeit keine fruchtbaren Gegenpole dar, sondern lediglich Verzerrungen. Isolierte Gegensätze schaffen Wirklichkeiten, die ein illusionäres Moment enthalten. Die Addition von zwei „Fehlern" ergibt noch nichts Richtiges.

Wie ein „anderer Raum" aussehen könnte, läßt sich nicht festschreiben. Eigenständige Lebensentwürfe von Frauen lassen viele Unterschiede erkennen. Sie haben nur eines gemeinsam, sie stehen unübersehbar im Widerspruch zu patriarchalen Identitätsentwürfen. Und sie lassen sich auf keinen Fall in das Korsett patriarchaler Zuschreibungen für Frauen zwängen.

Für „Ihr-Land" gibt es demnach keinen konkreten Entwurf. Es kann nicht darum gehen, Frauen aus feministischer Sicht erneut Fesseln anzulegen und festzuschreiben, wie sie sein sollten. In diesem Sinne meint Lerner (1991, S. 32): „Es ist ebensowenig unsere Aufgabe, das zu beschreiben, was wir dabei herausfinden werden, wie das die Aufgabe der Entdecker war, die zum fernen Rand der Welt segelten, um dann herauszufinden, daß die Erde rund ist. Wir werden nie etwas wissen, wenn wir uns nicht auf den Weg machen. Das Gehen ist der Weg und das Ziel."

Über den Weg hingegen kann etwas gesagt werden: Es geht für uns Frauen heute (und grundsätzlich) darum, Selbstverständlichkeiten von uns zu weisen, die uns vorgaukeln, wir dürften uns nicht auf uns selbst besinnen und wir dürften unseren Anliegen keinen Raum und keine Sprache geben.

Literatur

Helfferich, Cornelia: Zwang von Natur und Gesellschaft: Alltagsbilder vom Körper aus der Sicht von Frauen. In: Vogt, Irmgard/Bormann, Monika (Hg.): Frauen-Körper: Lust und Last, Tübingen 1992, S. 9–38.

Krebs, Barbara: Eßstörungen oder die Sehnsucht nach Frau: Skizzen zum weiblichen Binnenraum. In: Vogt, Irmgard/Bormann, Monika (Hg.): Frauen-Körper: Lust und Last, Tübingen 1992, S. 155–192.

Lamnek, Siegfried: Qualitative Sozialforschung, Bd. II, Methoden und Techniken, Weinheim 1993.

Lerner, Gerda: Die Entstehung des Patriarchats, Frankfurt am Main/New York 1991.

Stahr, Ingeborg/Barb-Priebe, Ingrid/Schulz, Elke: Eßstörungen und die Suche nach Identität. Ursachen, Entwicklungen und Behandlungsmöglichkeiten, Weinheim/München 1995.

Steiner-Adair, Catherine: Körperstrategien. Weibliche Adoleszenz und die Entwicklung von Eßstörungen. In: Flaake, Karin/King, Vera (Hg.): Weibliche Adoleszenz. Zur Sozialisation junger Frauen, Frankfurt am Main/New York 1992, S. 240–253.

Weissgram, Silvia: Symbolgehalte des ‚subjektiven Übergewichts‘ und Funktionen der Gewichtsproblematisierung bei gewichtsmäßig unauffällig imponierenden Frauen, Diplomarbeit, Wien 1996.

Frauen geben ihren prämenstruellen Veränderungen positive Bedeutungen und Funktionen

HELGA GRITZNER

Die Menstruation ist heute zum selbstverständlichen Tabu geworden. In unserer christlich geprägten westlichen Kultur wird sie vordergründig als etwas, was „kein Problem" ist, abgetan, als etwas, das frau leicht mit entsprechenden sanitären Hilfsmitteln unsichtbar machen kann. Das zyklische Erleben, als manifester Teil in jedem Leben einer menstruierenden Frau, wird gesellschaftlich übergangen, abgewertet oder pathologisiert. Die Menstruation wurde geschichtlich oft als Zeichen einer Krankheit oder eines Fehlers betrachtet, Fischer Homberger (1979) schildert dies ausführlich. Solange der weibliche Körper als mangelhaft, unzulänglich oder kränklich angesehen wird, werden menstruationszyklische Beschwerden, die im körperlichen Erleben der weiblichen Funktionen nichts Naturgegebenes sind, das Leiden am Weiblichkeitsbild widerspiegeln, meint Olbricht (1993). Sie vertritt die These, daß das „Prämenstruelle Syndrom" ein deutliches Zeichen von konflikthaft erlebter weiblicher Körperlichkeit ist.

Mit dem vorliegenden Beitrag möchte ich eine alternative Sichtweise zum Themengebiet der prämenstruellen Zyklusphase aufzeigen, indem ich die Aussagen von Frauen vorstelle, die der Zeit vor der Regel positive und konstruktive Bedeutungsgehalte zuschreiben. Zunächst will ich dazu Stellung nehmen, welche Hintergründe die Begriffswahl der „Prämenstruellen Veränderungen" hat und inwiefern ich mich von dem Begriff „Prämenstruelles Syndrom" distanziere.

Ich gehe davon aus, daß das Sichtbarmachen von konstruktiven Bedeutungsgehalten für die prämenstruelle Zeit, wie auch für die Menstruation insgesamt, eine wichtige Voraussetzung dafür ist, daß Frauen und Mädchen die prämenstruelle Zyklusphase beschwerdefrei bzw. positiv erleben können.

Vom „Prämenstruellen Syndrom" zu „Prämenstruellen Veränderungen"

Die öffentlich-wissenschaftliche Auseinandersetzung mit dem Themengebiet des weiblichen Menstruationszyklus, im speziellen der prämenstruellen Zyklusphase, nimmt sich meistens, um nicht zu sagen immer, des „beschwerlichen" Teils des Themengebietes an. Schmerzen, depressive Verstimmungen, geminderte Leistungsfähigkeit, allgemein gesprochen die verschiedensten Beschwerden und Leidenszustände im körperlichen und psychischen Bereich wie auch Einschränkungen im sozialen Leben stehen im Vordergrund. Der Name „Prämenstruelles Syndrom" („PMS") ist als Bezeichnung für Beschwerden oder Veränderungen im Zeitrahmen der prämenstruellen Zyklusphase bekannt geworden.

Die internationalen Häufigkeitsangaben über das Auftreten von „PMS" schwanken stark. Diese Schwankungen lassen sich daher erklären, daß es noch keine einheitlich anerkannten Kriterien für Definition, Ursachenklärung, Diagnose und Therapiemöglichkeiten für dieses Beschwerdebild gibt (Gallant/ Hamilton 1990; Nichols 1995). Ich möchte den Begriff „Prämenstruelles Syndrom" darum nur unter Anführungszeichen verwenden, weil dieser Name suggeriert, daß ein Aspekt weiblicher Biologie primär prämenstruelle Beschwerden oder Probleme verursacht, was jedoch nach dem derzeitigen Stand der Wissenschaft ungerechtfertigt ist. Diese voreilige Namensfindung kommt eher einer Fortsetzung der langen Geschichte von wissenschaftlichen Rechtfertigungen weiblicher Minderstellung gleich. Es könnte sich zum Beispiel bei den Beschwerden, die dem „Prämenstruellen Syndrom" zugeordnet werden, auch *vorrangig um einen zeitlichen Zusammenhang* zwischen der prämenstruellen Zyklusphase und bestimmten Beschwerden handeln, und nicht um einen ursächlich kausalen. Da diese Zusammenhänge noch nicht genau geklärt sind, werde ich den neutraleren Begriff „Prämenstruelle Veränderungen" verwenden, die auf unterschiedliche Art und Weise von Frauen erlebt werden.

Betonen möchte ich an dieser Stelle, daß ich die Beschwerden von Frauen, die die Zeit vor der Menstruation problematisch erleben, sehr wohl ernst nehme. Daher halte ich es auch für sinnvoll, Forschungen im Bereich des „Prämenstruellen Syndroms" fortzuführen. Jedoch sollten WissenschaftlerInnen theoretische Modelle heranziehen, die geeignet sind, die Psychosomatik des weiblichen Menstruationszyklus vor dem Hintergrund des jeweiligen kulturellen Kontextes zu analysieren. Dabei sollte beachtet werden, daß weibliche Körperfunktionen nicht in Relation zu den männlichen als abweichend definiert werden (Fischer-Homberger 1979; Olbricht 1993).

Angenehme prämenstruelle Stimmungsstadien und Veränderungen vor der Menstruation, die nicht „Symptomcharakter" haben, sind sehr selten Gegenstand von Untersuchungen. Viele ForscherInnen scheinen von vornherein anzunehmen, daß es *nur* unangenehme Erfahrungen und Symptome, das heißt im eigentlichen Sinne Krankheitszeichen, im Prämenstruum und während der Menstruation gibt. Dies entspricht auf keinem Fall der Realität von Frauen!

Da bereits eine Pathologisierung im gesellschaftlichen und wissenschaftlichen Bereich gegenüber dem weiblichen Menstruationszyklus stattgefunden hat, muß diesem Umstand in Untersuchungen Rechnung getragen werden, indem er als systematischer Fehler anerkannt wird.

Jüngere feministische Fachdiskurse zum Themengebiet haben die wissenschaftliche Diskussion über „Positive Prämenstruelle Veränderungen" eröffnet (Nichols 1995). Diese Fachdiskurse wollen der einseitigen pathologisierenden Haltung der Wissenschaft und der Gesellschaft ein realistisches Gegengewicht entgegensetzen. Es ist anzunehmen, daß Frauen, bedingt durch die allgemein verbreitete „Krankheitssicht" bezüglich der prämenstruellen Zyklusphase, in Untersuchungen nur unangenehme oder krankheitswertige Veränderungen angeben. Dieses Antwortverhalten von Frauen liegt darin begründet, daß erstens in den diagnostischen Instrumentarien bis vor kurzem ausschließlich nach Beschwerden und Symptomen gefragt wurde und daß zweitens immer nur von einem „Prämenstruellen Syndrom" gesprochen wird. Selten oder gar nicht werden Erlebnisse von Frauen beachtet, die keinen Krankheitswert haben. Frauen glauben daher, daß nur ihre Beschwerden hinsichtlich der prämenstruellen Zyklusphase gefragt und relevant sind.

Wie Frauen ihre prämenstruelle Zeit sehen

Im folgenden werde ich anhand einiger Untersuchungsergebnisse aus meiner Diplomarbeit (Gritzner 1996) darstellen, welche Bedeutungsgehalte und Funktionen Frauen selbst der Zeit vor der Regel beimessen. Um die Untersuchungen, die bisher nur die krankheitswertigen prämenstruellen Veränderungen beachteten, zu ergänzen und zu relativieren, habe ich im Rahmen meiner Diplomarbeit eine qualitative Untersuchung zum Thema der „Prämenstruellen

Veränderungen" durchgeführt. Mein Untersuchungsinteresse war auf einen möglichst differenzierten, von Frauen eigenständig gegebenen Überblick über die prämenstruelle Zeit gerichtet.

Dazu habe ich zwölf Frauen über ihre prämenstruelle Zyklusphase interviewt. Da mein Interesse den prämenstruellen Veränderungen galt, habe ich ausschließlich Frauen interviewt, die solche Veränderungen in der Zeit vor ihrer Menstruation an sich wahrnehmen. Weiters ist zur Auswahl der von mir befragten Frauen zu sagen, daß sie alle ein hohes Bildungsniveau hatten und zwischen 20 und 30 Jahre alt waren. Nur eine der Interviewpartnerinnen hatte Kinder.

Ich bin von der Hypothese ausgegangen, daß es auch positive Bedeutungsgehalte für die prämenstruelle Phase gibt, die abseits von den Bedeutungsgehalten eines Problems oder einer Krankheit anzusiedeln sind. Es ging mir darum, Bedeutungsgehalte für die Zeit vor der Regel in Erfahrung zu bringen, die in ein konstruktives Verständnis von gesunder Weiblichkeit integriert sind. Deshalb regte ich die Gesprächspartnerinnen dazu an, auch konstruktive und positive Bedeutungsgehalte der prämenstruellen Zeit ausfindig zu machen, wobei ich nicht ausschloß, daß die Frauen dieser Zeit keine positiven Bedeutungen geben. Ich versuchte jedoch, durch die gewählte Methode des „Interviews in Pädagogischer Absicht" (Schmidl 1990) der wahrscheinlichen, psychosozial negativen Erwartungshaltung der Interviewteilnehmerinnen gegenzusteuern und insgesamt die Reflektiertheit der Frauen über die Zeit vor der Regel zu fördern.

Von Bedeutung scheint mir, daß die Interviewpartnerinnen großes Interesse am Thema zeigten. Dies macht deutlich, daß Bedarf an Auseinandersetzung und Austausch zum Thema der prämenstruellen Zyklusphase bei Frauen gegeben ist.

Frauen geben der prämenstruellen Zeit positive Bedeutungen

Als durchgängiges Ergebnis zeigte sich, daß Frauen sich konstruktive Bedeutungen der Menstruation, somit auch der prämenstruellen Zeit, erst erarbeiten müssen. Für die Mehrheit der von mir befragten Frauen hatte die Menstruation in der Pubertät eine negative Bedeutung, wohingegen sie heute den Menstruationszyklus positiv sehen. Positive Bedeutungen und Funktionen des Menstruationszyklus sind also in unserer Gesellschaft nichts Selbstverständliches, sondern Frauen müssen sich erst mit den

Vorurteilen und Klischees auseinandersetzen und diese reflektieren, um zu einem positiven Selbstverständnis gegenüber ihrer prämenstruellen und menstruellen Zeit zu gelangen. Das bedeutet für Frauen oft einen jahrelangen Lernprozeß, bis sie sich selbst mit ihren zyklischen Veränderungen annehmen können. Für manche erwies sich jedoch schon das schlichte Wissen darum, daß es prämenstruelle Veränderungen gibt, als ausschlaggebend dafür, daß die prämenstruelle Zeit angenehmer erlebt werden kann.

Die prämenstruelle Zeit als Zeichen von Weiblichkeit und Gesundheit

Der Menstruationszyklus mit Eisprung, prämenstrueller Phase und Menstruation, mit seinen zyklischen körperlichen Veränderungen, ist ein prägender Faktor für Alltag, Körpererleben und Geschlechtsidentität von Frauen. Manche Frauen messen den Veränderungen vor der Regel keine besondere Bedeutung bei, sondern empfinden diese Zeit als „normalen", selbstverständlichen Teil ihres Lebens. Für andere sind die zyklischen Veränderungen jedoch wichtig als Rhythmus und als Anhaltspunkte für das eigene körperliche Geschehen. Die prämenstruellen Veränderungen haben als Vorboten der Menstruation Bedeutung oder auch dafür, nicht schwanger zu sein. Es wird auch herausgestrichen, daß die Veränderungen vor der Regel ein Zeichen der eigenen weiblichen körperlichen Gesundheit sind: „[...] daß mein Körper eben so funktioniert, wie eine Frau eben funktionieren sollte, also, daß sie eben einen Zyklus hat, und da es eben jetzt die zweite Zyklusphase ist, und so, und daß, schön langsam ja, das kommt, was sozusagen die Conclusio vom ganzen Zyklus ist. Das ist wieder, ja, ein positiver Aspekt, weil es zeigt irgendwie, daß alles paßt."

Einige Frauen unterstreichen den Aspekt, daß die Veränderungen vor ihrer Regel zu ihrer weiblichen Integrität dazugehören. Eine Interviewpartnerin betont, daß die prämenstruelle Zeit nur einer Frau, im Unterschied zu einem Mann, gegeben ist; das Erleben von prämenstruellen Veränderungen wird als Bestätigung für das eigene Frausein empfunden. Die prämenstruellen Veränderungen haben dadurch auch in Beziehungen Bedeutung für das Beachtetwerden als Frau. Der Menstruationszyklus mit seinen Schwankungen kann von manchen Frauen als große Bereicherung erlebt werden: „[...] das ganze Zyklusgeschehen, das einfach so wichtig ist, weil Du hast dieses ganze Auf und Ab, das ist so intensiv! Man kann das intensiv mitfühlen oder miterleben, und wenn Du da mit der Pille drüber gehst oder so, dann ist alles weg, und *ich empfinde das aber als irrsinnige Bereicherung und einfach als, ja, einfach schön."*

Knapp die Hälfte der Frauen betont, daß die Zeit vor der Regel für sie keine „Krankheitsbedeutung" hat. Obwohl ich keine der Frauen fragte, ob sie die Zeit vor der Regel etwa als belastend oder krankhaft ansehen würde, war es einigen Frauen wichtig, die Bedeutung der prämenstruellen Veränderungen von pathologischen oder problematischen Bedeutungsgehalten abzugrenzen.

Die prämenstruelle Zeit als „Anzeigebarometer"

Eine spezielle Bedeutung der prämenstruellen Zeit wird von einer Frau „Anzeigebarometer" genannt. Die Veränderungen vor ihrer Regel sind deshalb für sie ein Maßstab für ihre Gesamtverfassung, weil sie die Erfahrung gemacht hat, daß Schmerzen, wie zum Beispiel Bauchkrämpfe, in dieser Zyklusphase nur dann auftreten, wenn ihre Lebenssituation problembelastet ist: *„[...] wenn ich Probleme habe, mit denen ich nicht fertig werde oder die mich im Moment sehr stark beschäftigen und die eher negativ sind, dann ist die ganze Geschichte, also vor der Regel, [der] Anfang während der Regel, für mich eher schmerzhaft und eher lasch, und dann will ich eigentlich nichts, aber wenn es mir wirklich gut geht, dann taugt es mir auch voll die Regel, dann denke ich mir: ,super, heute geht es, es geht mir einfach gut', es ist für mich irgendwie so ein Barometer, wie es mir eigentlich wirklich geht, oder so. Also an dem messe ich das teilweise."*

Für viele Frauen ist die prämenstruelle Zeit unangenehmer, wenn sie im Streß sind oder unter Druck stehen. Die Phase vor der Menstruation wird in Zeiten der Erholung, wie zum Beispiel im Urlaub, als angenehmer erlebt.

Die prämenstruelle Phase als Zeit, in der sich Frauen besser abgrenzen

Vielen Frauen fällt auf, daß sie in der prämenstruellen Zeit besser und genauer auf ihre eigenen Bedürfnisse achten. Dies weist wieder einmal darauf hin, daß Frauen sich oft zu wenig abgrenzen und auch zu wenig auf ihre eigenen Bedürfnisse achten. In der prämenstruellen Zeit gestehen sie sich mehr Abgrenzung als sonst zu. Manche Frauen sagen, daß sie die prämenstruellen Veränderungen nicht ignorieren können, weil es ihnen dann schlecht gehen würde. Somit gelingt vielen Frauen in dieser Zeit ein sorgsamerer Umgang mit sich selbst.

Durch die „Copingstrategien" des Ruhens und Entspannens, die die Veränderungen vor der Regel erfordern, sehen sich Frauen verstärkt auf die eigenen Bedürfnisse gestoßen. Sie würden in dieser Zeit lernen, so meinen manche, auf ihre Bedürfnisse im Leben insgesamt zu achten und mit sich selbst besser umzugehen. Deshalb können manche Frauen die prämenstruelle Zeit in der Reflexion als positiv bewerten, obwohl sie die prämenstruelle Phase als anstrengende Zeit mit Anspannung erleben. Eine Frau schildert, daß sie durch die Auseinandersetzung mit den prämenstruellen Veränderungen und in der Folge mit den eigenen Bedürfnissen Verständnis für andere Frauen erlangen kann, die ähnliche Probleme haben.

Frauen scheinen sich insgesamt in der prämenstruellen Zeit eher zurückzuziehen und sich mehr Ruhe und Entspannung zu gönnen. Bezeichnungen für die prämenstruelle Phase wie *„meine Zeit"*, *„die schwächste Zeit"* oder *„entschuldigte Zeit"* bringen dies zum Ausdruck. Die Zeit wird als Regenerationsphase genutzt, um lange zu schlafen, mehr zu Hause zu bleiben, sich mehr Zeit für sich zu nehmen, eine „kreative Nachdenkphase" einzuschieben. Es wird auch die Meinung vertreten, daß das Zurückstecken der Leistungsansprüche in der Zeit vor der Regel, das Ruhen und Entspannen wichtige Elemente der Erholung im Lebensrhythmus darstellen: *„[...] ich schraube das ein bißchen zurück und, und das ist für mich so, ja, wie ein Energieauftanken und dann, so das ist dann die Zeit vor der Regel und dann die ersten zwei Tage während der Regel und danach ist dann eigentlich so wirklich so eine Zeit, wo ich dann viel leisten kann. Also das ist für mich wirklich so ein Energietanken und dann, wieder zielgerichteter."*

Frauen nehmen in Anspruch, die prämenstruelle Phase für sich selbst als Ruhephase angenehm und schön zu gestalten. Frauen grenzen sich nicht nur durch vermehrten Rückzug ab, sondern sie scheinen insgesamt sensibler für ihre Grenzen zu sein: *„[...] der Nutzen ist so, daß ich eben mich zurückziehe und dann halt mehr bei mir bin und daß ich halt mehr spüre [...], daß ich halt einfach auch auf bestimmte Sachen daraufkomme, wo ich sonst eigentlich eher dann so überfliege."*

Ein Nutzen dieser prämenstruellen Empfindsamkeit liegt auch darin, daß Frauen sensibler auf Verletzungen reagieren und daraufhin Schritte setzen, derartige Verletzungen zu unterbinden, und sich dadurch für die Zukunft besser schützen lernen. Diese prämenstruelle Empfindsamkeit wird nicht immer als angenehm empfunden, sie hilft jedoch, sich selbst in sozialen Situationen besser wahrzunehmen. So schildert eine Frau, daß sich die Reizbarkeit vor ihrer Regel in Interaktion mit anderen Menschen positiv auswirkt, weil sie direkter als sonst ist: *„Dann kommen halt so Sachen raus, die ich nicht gesagt habe, oder wenn mir wer auf die Nerven geht, dann sage ich das endlich, aber das gehört dann eigentlich eher zu den positiven Sachen, daß ich gereizt bin [...]."*

Resümee

Die Frauen, die an meiner Untersuchung teilgenommen haben, finden also zahlreiche positive Bedeutungsgehalte für die prämenstruelle Zyklusphase. Die prämenstruellen Veränderungen sind für sie Zeichen der Weiblichkeit und der Gesundheit. Auch können Frauen an der prämenstruellen Zeit sehen, wie es ihnen insgesamt in ihrer Lebenssituation gerade geht, die prämenstruellen Veränderungen fungieren als „Anzeigebarometer". Interessant ist, daß Frauen sich in der Zeit vor der Menstruation besser abgrenzen und mehr auf ihre eigenen Bedürfnisse eingehen. Ziel wäre es, diese Umgangsformen auch in der nicht prämenstruellen Zeit zu pflegen, damit Frauen nicht eine eigene „Sonderphase" brauchen, um sorgsam mit sich umzugehen.

Einige Interviewteilnehmerinnen haben offensichtlich das sorgfältig durchdachte Ergebnis einer langjährigen Auseinandersetzung mit ihrem Menstruationszyklus präsentiert. Es scheint notwendig, daß Frauen sich aktiv mit ihrem Menstruationszyklus beschäftigen, um zu positiven Einstellungen gelangen zu können, da mit diesem wichtigen Teil der weiblichen Körperlichkeit gesellschaftlich so widersprüchlich umgegangen wird.

In der Psychotherapie der Zyklusstörungen ist es grundsätzlich wichtig, die Menstruation von ihrer negativen Sinnbesetzung zu befreien und einen positiven Zugang zum Zyklus zu finden. Olbricht (1993) sieht in der Umbewertung der Menstruation als Grund für Stolz und als Signal für Gesundheit eine Möglichkeit der Einstellungsänderung und erklärt diese, wenn sie sich als tragend erweist, als Grundlage für Störungsfreiheit. Ich bin davon überzeugt, daß das Sichtbarmachen von positiv bewerteten prämenstruellen Veränderungen einen wesentlichen Beitrag dazu leisten kann, es für Frauen in Zukunft leichter zu machen, die vielfach negative Einstellung und Erwartungshaltung gegenüber dem Menstruationszyklus abzulegen. Dadurch ergäbe sich die Chance, daß sie positive Aspekte in der prämenstruellen Phase leichter entdecken lernen und somit mehr Zufriedenheit mit sich und ihrer Körperlichkeit erfahren.

Menstruierende Frauen erleben zyklische Veränderungen im körperlichen und im psychischen Bereich, die ihnen einen natürlichen Rhythmus vorgeben. Meines Erachtens sollten zunehmend frauenunterstützende Diskurse über den Menstruationszyklus gefördert werden, welche die konstruktiven und positiven Aspekte der prämenstruellen Phase in den Vordergrund stellen. Denn es ist für die weibliche Gesundheit wichtig, das menstruationszyklische Erleben zum Thema zu machen, damit Frauen wie auch Mädchen über ihre zyklischen Veränderungen Bescheid wissen, um diese ernst zu nehmen und auf sie achten zu können.

Literatur

Fischer-Homberger, Esther: Aus der Geschichte der Menstruation in ihrem Aspekt als Zeichen eines Fehlers. In: Dies.: Krankheit Frau, Bern 1979, S. 34–70.

Gallant, Sheryle J./Hamilton, Jean A.: Problematic Aspects of Diagnosing Premenstrual Phase Dysphoria: Recommendations for Psychological Research and Practice. In: Professional Psychology: Research and Practice, Vol. 21, No. 1, 1990, S. 60–68.

Gritzner, Helga: Prämenstruelle Veränderungen. Eine qualitative Studie zum prämenstruellen Erleben, zu Umgangsweisen bzw. Copingstrategien in der prämenstruellen Zeit, zu den kognitiven Bedeutungsstrukturen prämenstrueller Veränderungen, als auch zum Zusammenhang zwischen Coping und Attribution prämenstrueller Erlebnisverläufe, Diplomarbeit, Wien 1996.

Nichols, Sarah: Positive Premenstrual Experiences – Do they exist? In: Feminism and Psychology, Vol. 5, No. 2, 1995, S. 162–169.

Olbricht, Ingrid: Was Frauen krank macht. Der Einfluß der Seele auf die Gesundheit der Frau, München 1993.

Schmidl, Wolfgang: Interview in Pädagogischer Absicht, aus Materialien zur Lehrveranstaltung: Empirische Forschungsmethoden in der Erziehungswissenschaft: Qualitative Verfahren unter besonderer Berücksichtigung des Interviews, unveröffentlichtes Manuskript, Wien 1990.

5. Beziehungen als Ausdruck des Geschlechterverhältnisses

Einleitung

Ingeborg Netzer, Tosca Wendt

In den folgenden beiden Artikeln geht es um Beziehungen bzw. um Interaktionsmuster in Beziehungen und deren Verschränkung mit gesellschaftlichen Strukturen. *Ingeborg Netzer* untersuchte Mutter-Tochter-Interaktionen rund um den Auszug der Töchter von zu Hause. Diese Situationen wurden rückblickend von den Töchtern schriftlich dargestellt. *Tosca Wendt* analysierte Videoaufzeichnungen von Rollenspielen heterosexueller Paare. Inhalt der Rollenspiele war eine vorgegebene Konfliktsituation bezüglich eines Auslandsaufenthalts einer der PartnerInnen.

Die Analyse beider Untersuchungen erfolgte im Hinblick auf gesellschaftliche Strukturen, wobei in beiden Arbeiten der Blick auf geschlechtsspezifische Strukturen gerichtet wurde. Wesentlich an beiden Analysen ist, daß die Interaktionen daraufhin untersucht wurden, inwiefern darin wiederkehrende Muster zu erkennen sind, die sich personenunabhängig wiederholen und durch Zuhilfenahme des geschlechtshierarchischen Kontexts erklärbar werden. In diesem Sinn kann gesagt werden, daß beide Artikel einen interaktionstheoretischen Hintergrund haben, auf dem Beziehungen explizit als Ausdruck des Geschlechterverhältnisses gesehen werden. *Ingeborg Netzer* untersuchte, inwiefern Interaktionsmuster durch die Einbeziehung eines größeren gesellschaftlichen Kontextes, im speziellen des Geschlechterverhältnisses, erklärbar werden. *Tosca Wendt* richtete dagegen das Augenmerk vor allem darauf, inwiefern Interaktionen hierarchische Geschlechterverhältnisse herstellen und aufrechterhalten.

Beide Autorinnen sind davon ausgegangen, daß die geschlechtsspezifische Arbeitsteilung unserer Gesellschaft starke Auswirkungen auf Interaktionen hat, sowohl in bezug auf die Mutter-Tochter-Beziehung als auch auf die Beziehung heterosexueller Paare. *Ingeborg Netzer* hat sich insbesondere mit der Position von Müttern als Teil der geschlechtsspezifischen Arbeitsteilung sowie mit den Erwartungen an Mütter und mit Bildern von Mutterschaft, die daraus entstehen, auseinandergesetzt, während *Tosca Wendt* sich auf die Machtverhältnisse, die durch die Übernahme der Reproduktion von Frauen und deren Zuweisung an sie entstehen, konzentriert hat. In beiden Untersuchungen zeigte sich, daß Frauen insbesondere der Umgang mit Ärger, Abgrenzung und Verbundenheit gesellschaftlich bedingt schwerfällt. Beide verweisen auch darauf, daß eine Möglichkeit zur Erweiterung weiblicher Handlungsspielräume neben gesellschaftspolitischen Veränderungen der individuelle Versuch darstellt, die Grenzen gesellschaftlicher Frauenbilder zu überschreiten.

Mutter-Tochter-Beziehung

Ist Ablösung die wünschenswerte Entwicklung oder die Zerstörung von Frauenbeziehungen?

INGEBORG NETZER

> „Für uns Frauen ist die Mutter
> Schlüsselfigur: für das Verhältnis zu uns
> selbst, unsere Beziehung zu anderen
> Frauen und unser Rollenverständnis als
> Frau – sei es in der Abgrenzung oder
> Identifikation."
> *(Jaeckel 1981, S. 7)*

Die Beziehung zur Mutter, die lebensgeschichtlich erste Beziehung überhaupt, ist in unserer Gesellschaft eine der längsten und intensivsten Beziehungen. Die große Bedeutung, die die Mutter dadurch erhält, wird jedoch wenig geschätzt: Vielen Frauen ist es ein Anliegen, nicht so zu werden wie ihre Mutter. Sie empfinden die Beziehung zu ihr als Abhängigkeit und glauben, daß sie nicht genug von ihr abgelöst sind. Diese (negative) Sicht der Mutter und der Bezogenheit zur ersten Vertrauten unserer Kindheit kann meines Erachtens nicht in erster Linie aus individuellen Schwächen von Müttern oder Töchtern resultieren, sondern muß im gesellschaftlichen Kontext gesehen werden. Obwohl die Mutter-Tochter-Beziehung eine Beziehung zwischen Frauen darstellt, eine Beziehung, bei der nicht Personen unterschiedlichen, sondern gleichen Geschlechts aufeinandertreffen, spielt das Geschlechterverhältnis dabei eine bedeutsame und – in seiner derzeitigen Form – eine hinderliche Rolle. Dies werde ich einerseits am Beispiel von zur Zeit gängigen Theorien über die Ablösung in der Adoleszenz und andererseits anhand meiner Analyse von Interaktionen zwischen Müttern und Töchtern darstellen. Es geht mir dabei nicht nur darum, das Geschlechterverhältnis erneut anzuprangern, indem ich aufzeige, inwiefern verbreitete Denk- und Handlungsmuster Mutter-Tochter-Beziehungen behindern und Frauen damit schaden, sondern ich möchte dadurch nicht wahrgenommene Möglichkeiten, diese Beziehung zu leben, sichtbar machen. Es liegt mir fern, Mütter oder die Mutter-Tochter-Beziehung zu idealisieren. Es geht mir darum, Wege zu finden, wie Töchter sich von ihren Müttern abgrenzen könne, ohne diese dabei abwerten zu müssen – Wege, die zu einer Eigenständigkeit von Töchtern in Beziehung zu ihrer Mutter führen. Es geht meiner Ansicht nach darum, daß Töchter lernen, sich von ihren Müttern so abzugrenzen, daß sie auch Gemeinsamkeiten schätzen können, und es geht darum, die gemeinsame Betroffenheit von Mutter und Tochter durch das bestehende Geschlechterverhältnis zu erkennen und nicht Müttern auch noch die Schuld für diese diskriminierenden Bedingungen aufzubürden.

Zur Struktur des Artikels: Nach einem kurzen Abriß des zur Zeit verbreiteten Konzepts von Entwicklung in der Adoleszenz, wonach die Ablösung als zentrale Entwicklungsaufgabe der Adoleszenz und in der Mutter-Tochter-Beziehung überhaupt gesehen wird, werden im wesentlichen zwei feministische Ansätze skizziert. Im ersten Ansatz wird die einseitige Betonung von Loslösung überwunden – allerdings um den Preis der Festschreibung eines „weiblichen Wesens". Im zweiten Ansatz besteht dieses Manko nicht, es werden spezielle Aufgaben der Beziehungsentwicklung unter den Bedingungen des derzeitigen Geschlechterverhältnisses thematisiert. Auf diesem Hintergrund werden im empirischen Hauptteil dieses Artikels wiederkehrende (hinderliche) Muster in Interaktionen von Töchtern mit ihren Müttern in einen Zusammenhang mit dem Geschlechterverhältnis gestellt, um dadurch mögliche Handlungsalternativen erkennbar werden zu lassen.

Beziehungen entwickeln sich nicht nur durch Ablösung

Die gängige Sichtweise: Ablösung – ein Entwicklungsziel, das Frauen kaum erreichen

Gängige psychologische Theorien sehen in der Ablösung von der Mutter bzw. den Eltern die Hauptaufgabe der Adoleszenz. Die Ansicht, daß Kinder in der Adoleszenz versuchen müssen, sich von ihren Eltern und insbesondere von ihren Müttern zu lösen, ist nicht nur in theoretischen Konzeptionen zu finden, sondern sie findet sich auch in psychologischen Alltagstheorien und bestimmt unser Handeln. Dabei wird angenommen, daß durch emotionale Loslösung erwachsene Identität erreicht werden kann. Adoleszenz wird somit wie eine Art Eltern-Kind-Version von Scheidung dargestellt (vgl. Apter 1990). In psychologischen Abhandlungen wird weiters oft darauf hingewiesen, daß für Töchter die Ablösung von ihrer Mutter aufgrund ihrer Ähnlichkeit durch die Gleichgeschlechtlichkeit besonders schwierig sei.

Das problematische an diesen Konzepten, die die Ablösung als Hauptziel der Entwicklung betrachten, liegt darin, daß die Entwicklung von Beziehung und Beziehungsfähigkeit aus dem Blick gerät. All diese Ablösungskonzepte beruhen auf einer einseitigen Vorstellung von Entwicklung, nämlich der einseitigen Betonung von Loslösung und Individuation. Dies basiert auf der grundlegenden Annahme, daß Frauen und Männer sich lebenslang aus der Abhängigkeit von der Mutter herausentwickeln müssen.

Die angestrebte Unabhängigkeit der Töchter von der Mutter soll idealtypisch der Ehe bzw. dem Ehemann dienen. In Ehe- und Sexualberatungsstellen der 20er Jahre gab es richtiggehende „Trennungskampagnen". So wurde jungen Frauen in Broschüren geraten, „um ihrer Ehemänner willen auf die Fortsetzung enger Kontakte mit ihren Müttern zu verzichten" (Stoehr 1993, S. 102). Stoehr sieht darin die Fortsetzung eines Trends zur Zerstörung der Frauenbeziehungen im Zuge des Modernisierungsprozesses, der mit der Reformation begann und in den 20er Jahren unseres Jahrhunderts gewissermaßen auf die Spitze getrieben wurde. Diese Ansicht, daß die Beziehung zur Mutter um der heterosexuellen Beziehung willen gelöst werden müsse, ist auch heute noch verbreitet. „Kultur der Ablösung schafft Raum für Beziehung" lautet beispielsweise der Titel der Diplomarbeit von Brundorfer (1992), in der er in seinem Konzept für Ehevorbereitungsseminare das Vorantreiben der Ablösung von den Müttern propagiert. Insofern erfüllen die gängigen Ablösungstheorien – unabhängig davon, ob das von ihren VertreterInnen intendiert wird oder nicht – auch den Zweck, Frauenzusammenhänge zu schwächen.

Feministische Sichtweisen

Die Auseinandersetzung mit dem Thema der Mutter-Tochter-Beziehung in der feministischen Literatur kann als Weg von der „Mütter-Beschuldigung" zur „Mutter-Tochter-Revolution" (Titel eines Buches von Debold/Malave/Wilson 1994) bezeichnet werden. So wurden in den 70er Jahren die Mütter auch in feministischer Literatur für jegliche Probleme von Töchtern – auch für solche, die mit dem Geschlechterverhältnis zusammenhängen – verantwortlich gemacht (vgl. Netzer 1997). Demgegenüber steht der Ausdruck „Mutter-Tochter-Revolution" für eine Sichtweise in der jüngeren Literatur, die die gesellschaftliche Position von Müttern und Töchtern einbezieht und Wege solidarischen Handelns gegenüber Einschränkungen aufgrund des Geschlechterverhältnisses sucht.

Ablösung als Entwicklungsziel entspricht Frauen nicht

Ein Versuch in der psychoanalytischen Frauenforschung, die „Mütter-Beschuldigung" zu überwinden, ist, die Mutter-Tochter-Beziehung aufzuwerten. So meinen Jordan und Surrey (1986), Frauen entwickelten aufgrund ihrer Gleichgeschlechtlichkeit mit der Mutter kein abgegrenztes (männliches) Selbst, sondern ein weibliches Beziehungsselbst („self-in-relation"), das durch größeres Einfühlungsvermögen und Bezogensein gekennzeichnet sei. Die Autorinnen stellen die hohe Bewertung eines abgegrenzten Selbst in Frage und rücken die Bedeutung der Beziehung für die Entwicklung der eigenen Identität in den Blick. Der Unterbeleuchtung der Entwicklung von Beziehungsfähigkeit wie sie in den genannten gängigen Ablösungstheorien üblich ist, wird damit entgegengetreten. Vertreterinnen dieses Ansatzes kommen zu dem Schluß, daß das gängige Ablösungsmodell Frauen nicht entspricht, da Töchter sich in der Adoleszenz nicht von der Mutter loslösen wollen, sondern in der Beziehung zur Mutter wachsen (vgl. Kaplan/Klein 1991).

Im Mittelpunkt des Interesses steht hier begrüßenswerterweise die Beziehung bzw. die Auseinandersetzung zwischen Mutter und Tochter. Ich halte jedoch die Annahme, daß Töchtern allein durch ihre Gleichgeschlechtlichkeit mit der Mutter ein Wachstum in der Beziehung gelingt, für eine idealisierte Darstellung, die weder derzeitige Realitäten von Frauen noch deren Veränderungsmöglichkeiten ernst nimmt und das derzeitige Geschlechterverhältnis damit festschreibt. Die erwähnten Konzepte sind einem Eigenschaftsparadigma verhaftet, da sie davon ausgehen, daß die weibliche Entwicklung unabhängig von gesellschaftlichen Bedingungen stattfindet, also vorgegeben ist und zur Lösung des Problems nur ebenso hoch bewertet werden müßte wie die männliche Entwicklung.

Eigenständigkeit in Beziehung oder Abgrenzung als Anerkennung der anderen

Ein psychoanalytisches, feministisches Konzept, das der Entwicklung von zwischenmenschlichen Beziehungen ebenso zentralen Stellenwert beimißt, das Eigenschaftsparadigma jedoch überwindet, ist das von Benjamin (1994). Benjamin legt dar, daß Individuen sich in und durch Beziehungen zu anderen entwickeln. Wobei Beziehung voraussetzt, daß die Beteiligten eigenständige Subjekte sind, die sich als ähnlich und doch verschieden anerkennen.

Begegnungen, in denen die jeweils andere Person in ihrer Eigenständigkeit anerkannt wird, finden in der alltäglichen Erfahrung leider nicht immer statt. Der „Intersubjektive Raum" ist Männern und Frauen nach Benjamin jeweils auf andere Art geschlechtsspezifisch versperrt, da Herrschaft evidenterweise zum Verhältnis der Geschlechter gehört. Benjamin beschreibt als wesentliches Problem unserer gesellschaftlichen Realität, daß Weiblichkeit einerseits mit Passivität und mit dem Status des Objekts für das Begehren eines anderen gleichgesetzt wird und andererseits auch die Bereitschaft von Frauen besteht, sich mit mangelnder Subjekthaftigkeit abzufinden. Mangelnde Subjekthaftigkeit verhindert Beziehungsmöglichkeiten – auch zwischen Frauen.

Mädchen bräuchten Mütter, die nicht dem klassischen Ideal der Mütterlichkeit und Selbstverleugnung entsprechen, sondern die es schaffen, die Verbindung von Subjekt-Sein und Weiblichkeit zu verkörpern. Die gegenwärtige Struktur der Arbeitsteilung und die kulturelle Repräsentation von Subjekt-Sein und Begehren im Vater und Mann erschweren dies jedoch. Töchter stehen vor dem Problem, daß es erstens als unweiblich gilt, sich als eigenständige Person von der Mutter abzugrenzen, was nur Unterordnung als weibliche Lösung zuließe, und zweitens, daß auch männliche Identifikation keine Lösung darstellt, da dadurch die gemeinsame Realität als Frauen negiert wird. Nur wenn es jedoch für Mütter und Töchter eine gemeinsame Realität gibt, die auch Aggression und das unabhängige Existieren von Mutter und Tochter integriert, kann Ablösung die andere Seite von Bindung werden. Diese Ablösung meint jedoch nicht emotionale Distanzierung, wie die gängigen psychologischen und soziologischen Theorien, sondern Eigenständigkeit in der Beziehung.

Benjamin hat damit nicht nur die zentralen Kriterien für zwischenmenschliche Beziehungen herausgearbeitet, sondern durch ihre Theorie wird auch deutlich, daß Beziehungen Interaktionen im Kontext des Geschlechterverhältnisses darstellen. Für mich stellt sich nun die Frage, welche Interaktionen in der sogenannten „Ablösungsphase" zwischen Töchtern und Müttern tatsächlich stattfinden und welche Konsequenzen diese für Mutter-Tochter-Beziehungen bzw. für Töchter haben. Aus diesem Grund möchte ich hier einige zentrale Ergebnisse aus meiner Dissertation (Netzer 1997) darstellen.

Ablösungsversuche und ihre gesellschaftlichen Hintergründe

Wie sich Töchter ablösen: Töchter ärgern sich und distanzieren sich schweigend

Diana: „Sie war mit ihrer Mutter im Weingarten alleine, sonst war niemand dabei. Irgendwie ist das Gespräch auf den unerwünschten Freund gekommen, und wie aus heiterem Himmel schrie die Mutter los, beschimpfte die Tochter, nannte sie eine Hure. [...] Sie, die Tochter, war zutiefst verletzt und betroffen und ratlos über die panische Reaktion, verletzt durch das Unverständnis, die unwahren Beschuldigungen. [...] Abwehr und Schweigen, wochen- und monatelanges Schweigen waren die Folge und die Rache." (Netzer 1997, S. 73)

In meiner empirischen Untersuchung ging es darum, konkrete Interaktionsmuster in deren gesellschaftlicher Bedingtheit aufzuzeigen und sie dadurch hinterfragbar und veränderbar zu machen. Ich habe dazu Frauen unterschiedlichen Alters gebeten, eine Situation mit ihrer Mutter zu beschreiben, in der die Tochter zwischen 17 und 20 Jahre alt war. Mein Material waren somit Darstellungen von Interaktionen zwischen Müttern und Töchtern aus Sicht der Töchter – so wie die Töchter diese nach einigen Jahren konstruieren. Diese Situationsbeschreibungen wurden von mir einerseits auf Interaktionsmuster zwischen Mutter und Tochter hin untersucht, andererseits versuchte ich, für diese Interaktionsmuster gesellschaftliche Bedingungen ausfindig zu machen, die insbesondere die Handlungsmuster der Töchter verstehbar machen. Da gesellschaftliche Strukturen und Bedingungen großteils nicht aktuell bewußt sind und daher nur implizit mitgeteilt werden, habe ich mittels der Methode der Analyse von Kontextwissen versucht, latente Sinnstrukturen herauszuarbeiten.

Ich habe die Mutter-Tochter-Interaktion daraufhin analysiert, was für die Töchter Ablösung und Abgrenzung heißt, inwiefern sich Töchter abgrenzen und inwiefern Töchter in Beziehung bleiben. Insofern untersuchte ich, wie Frauen ihre Beziehung zur Mutter leben und in welcher Form das Thema der Anerkennung der anderen als Subjekt konkrete Interaktionen von Müttern und Töchtern in der Adoleszenz bestimmt, welche Schwierigkeiten sich dabei zeigen und wie diese mit gesellschaftlichen Bedingungen – insbesondere mit dem Geschlechterverhältnis – in Zusammenhang gebracht werden können.

Die Geschichten, die die Töchter schrieben und die ich analysiert habe, können rund um den Auszug der Töchter von zu Hause angesiedelt werden, das heißt, ein Teil der geschilderten Situationen fand statt, als die Töchter noch zu Hause wohnten, bei einem Teil geht es um Gespräche bezüglich Reisen der Tochter (Probeauszug), ein Teil handelt vom Auszug, und ein Teil findet nach dem Auszug der Tochter aus dem elterlichen bzw. mütterlichen Haushalt statt. Fast alle Geschichten sind Geschichten von Enttäuschungen. Sie rücken vor allem die konflikthafte Seite der Mutter-Tochter-Beziehung in den Blick.

Zusammenfassend zeigte sich in meiner Analyse, daß Töchter in Interaktionen mit ihren Müttern vermeiden, sowohl Bedürfnisse nach Nähe und Verbundenheit als auch Wut, Zorn und Ärger der Mutter gegenüber zum Ausdruck zu bringen, obwohl solche Bedürfnisse in den Geschichten stark zum Ausdruck kommen. Durchgängig sind die Interaktionen von einer Vermeidung der direkten Auseinandersetzung der Tochter mit der Mutter geprägt. Wechselhaftigkeit – im Sinne von Wahrnehmen der Realität der jeweils anderen – scheint eher die Ausnahme zu sein. Indem die Töchter ihre Bedürfnisse und Erwartungen der Mutter gegenüber kaum einbringen, vermitteln die Töchter – aus Gründen, auf die ich noch näher eingehen werde – ihren Müttern wichtige Teile ihrer eigenen (töchterlichen) Realität nicht, wodurch die Mütter gar nicht auf die Bedürfnisse der Töchter reagieren können, da sie ihnen nicht mitgeteilt werden. Die Töchter ärgern sich darüber, daß die Mütter nicht auf ihre Bedürfnisse eingehen, teilen dies aber wiederum nicht mit. So entsteht emotionale Distanz, und letztlich wird Beziehungsentwicklung behindert.

Beim Auszug der Töchter aus dem Elternhaus wird die damit verbundene Abgrenzung von der Mutter von den Töchtern oft verschleiert. Abschiedsschmerz wird fast ausschließlich nur bei der Mutter wahrgenommen und dort abgewertet. Somit führt auch dieses Handlungsmuster zu emotionaler Distanzierung und Entfremdung von der Mutter und auch von der eigenen Vergangenheit. Diese Entfremdung kommt in den von mir analysierten Geschichten über Treffen mit der Mutter nach dem Auszug stark zum Ausdruck. Die Mutter wird distanziert beobachtet, und kein „Fehler" wird ihr verziehen.

Abgrenzungen in der direkten Auseinandersetzung mit der Mutter zu vermeiden und statt dessen die Kommunikation abzubrechen stellte sich als wiederkehrende Strategie von Töchtern heraus. Dazu werden entweder bestimmte Themen vermieden, bestimmte Gespräche abgebrochen, bestimmte Gesprächssituationen verlassen, oder die Flucht in Heimlichkeit und Lüge wird gesucht. Obwohl in Äußerungen Dritten gegenüber deutlich Ärger auf die Mutter zum Ausdruck kommt, erfährt die Mutter davon inhaltlich nichts und ist statt dessen mit pauschalen Abgrenzungen konfrontiert. Es ist für mich fraglich, ob diese Ablösung als wünschenswerte Entwicklung oder gar als Ausdruck eines weiblichen Beziehungsselbst gesehen werden kann.

Im folgenden möchte ich drei meiner zentralen Thesen über den Zusammenhang dieser von mir herausgearbeiteten Handlungsmuster, die alle eine Beziehung der Töchter zu ihren Müttern verhindern, mit dem bestehenden Geschlechterverhältnis vorstellen und sie damit verstehbar werden lassen.

Töchter verhindern eine Beziehung zu ihren Müttern – weil Frauen sich nicht ärgern

Die Feststellung, daß Töchter durch ihre Interaktionsmuster eine Beziehung zu ihren Müttern verhindern, soll keine Töchterbeschuldigung sein, vielmehr ist das Handeln der Mütter wie auch jenes der Töchter in seinem gesellschaftlichen Kontext zu sehen. Und wenn ich das Verhindern von Beziehung durch Töchter damit begründe, daß Frauen sich nicht ärgern, meine ich selbstverständlich nicht, daß Frauen sich wirklich nicht ärgern, sondern daß die Klischeevorstellung „Frauen ärgern sich nicht" der Beziehung zwischen Müttern und Töchtern hinderlich ist. Meine These dazu lautet:

These I: Die Flucht vor bzw. Vermeidung der direkten Auseinandersetzung mit der Mutter und die damit verbundene Distanzierung von der Mutter stellt für Töchter eine gesellschaftlich anerkannte Möglichkeit dar, ihre Wut und ihren Ärger der Mutter gegenüber auszudrücken.

Durchgängigstes Handlungsmuster in den untersuchten Mutter-Tochter-Geschichten ist, wie bereits gesagt, die Vermeidung der direkten Auseinandersetzung mit der Mutter. Eine solche Reaktionsweise auf die Mutter beschreibt eine Tochter folgendermaßen:

> Agnes: „Aber das Mädchen wollte nicht mit ihr über sich reden. Ihre Antworten waren meist knapp. [...] Es war so schwierig, gegen die Mutter anzukommen. [...] Oft flüchtete sie dann aus der Küche, wie auch an diesem Tag, nur mit der kurzen Bemerkung, daß sie keine Zeit hätte, da sie Hausaufgaben machen müsse." (Netzer 1997, S. 61f.)

Die Töchter bringen in den Schilderungen einerseits sehr großen Ärger und Enttäuschung der Mutter gegenüber zum Ausdruck – fast alle Geschichten, die die Töchter schrieben, sind Geschichten von Enttäuschungen – andererseits teilen sie ihren Müttern nicht mit, worüber sie sich ärgern oder worüber sie enttäuscht sind, sondern brechen die Kommunikation ab und flüchten in Heimlichkeit und Lüge. Als erstes stellt sich mir hier die Frage:

Warum Mütter aus Sicht der Töchter enttäuschen und soviel Ärger auslösen

Die Rolle der Mutter unter den Bedingungen der derzeitigen geschlechtsspezifischen Arbeitsteilung ist so angelegt, daß Mütter enttäuschen müssen. Die Anforderungen, die an Mütter gestellt werden, sind nicht erfüllbar. Die geschlechtsspezifische Arbeitsteilung führt dazu, daß in unserer Gesellschaft Frauen die Kinder zum Großteil alleine aufziehen. Trotz angeblicher Änderungen der Einstellung der Männer wird Mütterlichkeit als etwas natürlich Weibliches angesehen. Es wird so getan, als ob aus der Fähigkeit, ein Kind zu gebären, in natürlicher Weise auch die Fähigkeit und der innige Wunsch erwachsen, es auch (alleine) großzuziehen. So ist die Mutter in der frühen Kindheit meist rund um die Uhr für ihre Kinder da und dadurch mehr oder weniger die einzige Bezugsperson. Dadurch ist sie mit unerfüllbaren Erwartungen konfrontiert und wird allgemein nicht als Person mit eigenen Bedürfnissen und Grenzen gesehen. Auch muß die Mutter die Tochter auf eine und in einer Gesellschaft vorbereiten, in der Frauen aufgrund ihrer Geschlechtszugehörigkeit schlechtere Chancen zugeteilt sind.

So trifft die Mutter auch der Ärger der Tochter, der eigentlich auf das Geschlechterverhältnis abzielt. Eine Quelle der übergroßen Aggression gegen die Mutter ist das Nichtbenennen weiblicher Diskriminierungen und die daraus resultierende Angst, wie die Mutter zu sein oder zu werden. Ärger in der Mutter-Tochter-Beziehung hat eine spezielle Ausprägung, die auf dem untergeordneten Status von Frauen und der speziellen Macht von Müttern beruht. Durch Enttäuschungen und Verletzungen, die die Mutter der Tochter aufgrund ihrer Funktion als Mutter zufügt, sowie durch Beschränkungen durch die Realität für Frauen in unserer Gesellschaft, die oft auch noch den Müttern angelastet wird, scheint ein großes Ausmaß an töchterlichen Aggressionen der Mutter gegenüber nahezu unumgänglich. Es stellt sich die Frage, warum Töchter ihre aversiven Gefühle der Mutter gegenüber nur sehr indirekt zum Ausdruck bringen.

Warum Töchter sich schweigend distanzieren

Die soziale Unterordnung von Frauen erzeugt die Bedingung von chronischem Ärger, während gleichzeitig der Ausdruck dieses Ärgers und oft sogar nur das Bewußtwerden der wahren Quelle dieses Ärgers gefährlich ist. Dieser chronische Ärger steht mit der fürsorglichen Rolle, die Frauen in unserer Gesellschaft innehaben und aus der sie auch Kraft beziehen, in Widerspruch. Somit ist es für Frauen schwer, ihren Ärger loszuwerden. Außerdem besteht in unserer Gesellschaft ein Autonomieideal, wodurch Frauen in einem ständigen Konflikt leben müssen: „Für die Frau rührt der Konflikt von der Erwartung her, daß Autonomie sie in Konflikt mit der Forderung bringt, weiblich zu sein und in Beziehungen zur Verfügung zu stehen" (Litwin 1992, S. 211).

Sich abzugrenzen und durchzusetzen gilt als unweiblich. Dies bedeutet, Mädchen und Frauen werden in ihrer Identität als Frau angezweifelt, wenn sie offen aggressiv sind. Sie gelten dadurch als nicht normal, als hysterisch und als nicht attraktiv, und es wird ihnen dafür Anerkennung verweigert. Das heißt, offene Abgrenzung ist für alle Frauen schwierig, da sie schwer mit weiblicher Identität zu vereinbaren ist – woraus auch folgt, daß es wenig weibliche Vorbilder und Muster für einen konstruktiven Umgang mit offener Abgrenzung gibt.

In der Mutter-Tochter-Beziehung kommen einige zusätzliche Erschwernisse hinzu: Erstens erzeugt Ärger zwischen Mutter und Tochter einen besonders unangenehmen Zustand für beide, da er einerseits oft ein falsch plazierter Ärger ist, dessen wahre Ursache nicht gefunden werden kann, und weil er andererseits die geteilte fürsorgliche Rolle gefährdet (vgl. Lewis/Herman 1986). Zweitens ist Aggression in der Mutter-Tochter-Beziehung besonders schwer offen auszudrücken, da es für Töchter bedrohlich scheint, eine so wichtige Beziehung wie die zur Mutter zu gefährden, noch dazu in einer so verunsichernden Lebensphase wie der Adoleszenz, die ein hohes Maß an Neuorientierung und die Konfrontation mit weiblichen Rollenerwartungen in unserer Gesellschaft mit sich bringt. Drittens kommt erschwerend hinzu, daß die Mutter-Tochter-Beziehung als Eltern-Kind-Verhältnis eine asymmetrische Beziehung darstellt, deren Machtgefälle in dieser Lebensphase erst in Auflösung begriffen ist.

Somit ist es naheliegend, daß das weibliche Aggressionstabu kombiniert mit der Angst um die Verbindung zur Mutter und der asymmetrischen Beziehungskonstellation Töchter dazu bringt, ihre aversiven Impulse gegenüber der Mutter zurückzuhalten und dafür indirekte Wege des Aggressionsausdrucks zu finden. Da Unabhängigkeit und Autonomie ein Ideal unserer Gesellschaft sind und als erwachsen gelten, bietet sich emotionale Distanzierung von der Mutter dafür an. Die direkte Auseinandersetzung durch Schweigen, Heimlichkeit und Lüge oder andere Formen von Kommunikationsabbrüchen zu verweigern scheint eine Aggressionsform zu sein, die in unserer Gesellschaft mit Weiblichkeit vereinbar ist. Es ist allerdings eine sehr hilflose Aggressionsform, die herbeiführt, was eigentlich verhindert werden sollte: Abgrenzung gegenüber der Mutter durch Kommunikationsabbrüche auszudrücken gefährdet die Beziehung zur Mutter.

Töchter verhindern eine Beziehung zu ihren Müttern – weil sie sich mit dem Geschlechterverhältnis nicht abfinden wollen

These II: Indem Töchter Mütter abwerten und damit die Mütterbeschuldigung übernehmen, stellt dies nicht nur einen Weg dar, ihren Ärger der Mutter gegenüber auszuleben, sondern es scheint dadurch für die Töchter auch möglich, sich der Illusion hinzugeben, sie müßten nur anders als ihre eigene Mutter werden, um dem Schicksal der Mutter, nämlich der Diskriminierung als Frau in unserer Gesellschaft, entkommen zu können.

Ein krasse Art, die Mutter abzuwerten, ist folgende Aussage:

> Martha: „Manchmal glaube ich, ich hab' gar keine Mama. Dieser Fettkloß ist vielleicht einmal meine Mutter gewesen." (Netzer 1997, S. 132)

Es gibt eine Menge Gründe, die wenig mit der konkreten Person der Mutter zu tun haben, die zu Enttäuschung der Tochter bezüglich der Mutter führen können. Erstens hat die Mutter die unangenehme Aufgabe, die Tochter auf eine Gesellschaft vorzubereiten, in der Frauen diskriminiert werden, wobei der Tochter diese Diskriminierungen in der Adoleszenz zunehmend bewußt werden, etwa wenn sie jene Reaktionen auf sie als sexuelles Wesen erlebt, die ihr den weiblichen Objektstatus mitvermitteln. – Grund genug, um von der Mutter enttäuscht zu sein, da sie, die doch in allumfassender Mutterliebe für die Tochter sorgen sollte, keine bessere Welt für ihre Tochter bieten kann.

Zweitens erlegen Mütter ihren Töchtern häufig Beschränkungen auf, da die Tochter immer mehr als sexuelles Wesen gesehen wird. Sie tun dies unter anderem aufgrund des mütterlichen Wissens um die Gefahr des gewaltsamen und rücksichtslosen Umganges von Männern mit Frauen vor allem in bezug auf Sexualität – in der Hoffnung, diese Erfahrungen der Tochter damit zu ersparen. Da die Töchter jedoch selbst Erfahrungen machen wollen und müssen und zusätzlich gegen das Machtverhältnis zur Mutter rebellieren, führt dies meist wieder zu Ärger der Tochter auf die Mutter:

> Gerda: „Angeregte Abreisestimmung. [...] die Mutter: Verkorkst besorgt. ‚Warum nehmt ihr das Zelt mit? Mir ist lieber, ihr schlaft in der Jugendherberge.' [...] Die Tochter kann auf derartig verschlüsselte Botschaften, Aufrufe zur katholischen Keuschheit, die sie sehr wohl versteht, nicht antworten. Sie ist verärgert und doch sehr belastet." (Netzer 1997, S. 98)

Drittens kann die Tochter an der Mutter, da sie ihr so vertraut ist, sehen, wo diese sich angepaßt und mit Beschränkungen arrangiert hat.

Daraus kann die Tochter die Illusion ableiten, daß sie nur nicht so werden muß wie die eigene Mutter, um geschlechtsspezifischen Diskriminierungen und Beschränkungen zu entkommen, und schiebt der Mutter praktisch die alleinige Schuld für ihre Beschränkungen und eingegangenen Kompromisse zu, ohne zu hinterfragen, warum dies notwendig war bzw. gewesen sein könnte. Dies wird dadurch verstärkt, als Frauen nicht gestattet ist, Wut und Ärger aufgrund patriarchaler Beschneidungen mit deren tatsächlichem Ursprung in Zusammenhang zu bringen. So werden Wut und Ärger über ein diskriminierendes Geschlechterverhältnis in vielfältiger Weise auf andere Frauen – das „schwache Geschlecht", insbesondere auf die Mutter – gerichtet.

Töchter verhindern eine Beziehung zu ihren Müttern – weil sie gesellschaftliche Anerkennung wollen

These III: Sowohl die emotionale Distanzierung von als auch die Abwertung der Mutter führen dazu, daß sich die Töchter als abgelöst betrachten können, was gesellschaftlich anerkannt wird. Beziehungen unter Frauen und zwischen den Frauengenerationen werden dadurch gestört, und das bestehende Geschlechterverhältnis wird gefestigt.

> Kerstin: „Sie trennten sich am Weihnachtstag mit traurigen Blicken, die Tochter meinte in den Augen der Mutter ‚wieso verläßt du mich' zu lesen, und sie selbst füllte ihren Blick mit einer Entschuldigung und dem gleichzeitigen Flehen ‚bitte versteh' mich doch'. – Im nachhinein hatten beide einen sehr einsamen Abend, der ihnen noch lange in Erinnerung blieb." (Netzer 1997, S. 121)

Ich habe aufgezeigt, daß das Vermeiden des Ausdrucks von Wut und Ärger der Mutter gegenüber und die damit verbundene Nicht-Abgrenzung in der direkten Auseinandersetzung mit der Mutter weder individuellen Müttern noch individuellen Töchtern angelastet werden kann, sondern im Kontext des derzeitigen Geschlechterverhältnisses zu sehen ist. So bringt die geschlechtsspezifische Arbeitsteilung in unserer Gesellschaft mit sich, daß Mütter für ihre Töchter als einzige umfassende erste Bezugsperson eine beinahe unendliche Wichtigkeit für diese bekommen. Die Mütter müssen aus dieser Position heraus sowie aufgrund der gesellschaftlichen Mutterbilder enttäuschen. Da die Ablösung der Töchter von der Mutter im Sinne einer emotionalen Distanzierung gesellschaftlich hochgeschätzt wird, gleichzeitig aber das direkte Austragen von Abgrenzungen und aversiven Impulsen Frauen erschwert wird, stellt es eine gesellschaftlich anerkannte Möglichkeit für Töchter dar, ihre Wut und ihren Ärger der Mutter gegenüber – aus welchen Quellen auch immer – indirekt durch eine emotionale Distanzierung auszuleben.

Somit kann gesagt werden, daß eine emotionale Distanzierung, wie sie in gängigen Ablösungstheorien als Entwicklungsziel angesehen wird, immer wieder stattfindet. Meine Interpretation dieses Geschehens ist jedoch, daß diese emotionale Distanzierung von der Mutter eine gesellschaftlich erlaubte und positiv sanktionierte Form weiblicher Aggression der Mutter gegenüber darstellt, die ihr eigentliches Ziel verfehlt. Denn es ist eine Form der Aggression, die Distanz zwischen Müttern und Töchtern schafft, und nicht eine, die zu Auseinandersetzung miteinander und dadurch zu Beziehungsentwicklung führt – letzlich eine Form von Aggression, die Solidarität von Müttern und Töchtern gegenüber weiblichen Diskriminierungen tendenziell verhindert.

Handlungsspielräume

Zusammenfassend muß gesagt werden, daß die meisten von mir analysierten Interaktionen zwischen Müttern und Töchtern nicht als Begegnungen gesehen werden können, in denen zwei Personen als Subjekte ihre Realität miteinander teilen und gleichzeitig ihre Verschiedenheit anerkennen (vgl. Benjamin 1994), sondern es handelt sich meist um Erlebnisse des Nicht-verstanden-Werdens und des Sich-nicht-vermitteln-Könnens. Die meisten der geschilderten Interaktionen führen zu Distanzierung und Entfremdung zwischen Mutter und Tochter und letzlich zu einem Stück Entfremdung von Töchtern von ihrer Vergangenheit. Insofern sind sowohl die dargestellten Ablösungsversuche als auch gängige Denkmodelle der Mutter-Tochter-Beziehung hinderlich. Ablösung im Sinne von emotionaler Distanzierung findet zwar statt, die Entwicklung der Beziehung durch Auseinandersetzung mit den jeweiligen subjektiven Realitäten von Mutter und Tochter gelingt dadurch jedoch – zumindest in den geschilderten Situationen – nicht.

Es stellt sich die Frage, welche Handlungsspielräume offenstehen bzw. erschlossen werden könnten, um mehr Begegnung zwischen Müttern und Töchtern – trotz Bestehen des derzeitigen Geschlechterverhältnisses – zu ermöglichen. Wenn es hier vor allem um Veränderungsmöglichkeiten und Handlungsspielräume von Töchtern geht, dann nicht deshalb, weil ich glaube, daß Töchter die einzigen sind, die etwas verändern können oder sollten, sondern weil meine Analyse sich im wesentlichen auf Denk- und Handlungsmuster von Töchtern beschränkte, wenngleich es sicherlich auch interessant und lohnend wäre, auch die Seite der Mütter zu untersuchen.

Für Töchter liegen Handlungsalternativen meiner Analyse zufolge erstens darin, ihre eigenen Bedürfnisse sowohl nach Nähe als auch nach Abgrenzung ernst zu nehmen und der Mutter gegenüber zu artikulieren und damit der Versuchung zu widerstehen, verbreitete gesellschaftliche Vorstellungen und Ideale über die Mutter-Tochter-Beziehung, insbesondere die der Ablösung als alleiniges Ziel sowie das der unabhängigen Autonomie, zu erfüllen. Es geht darum, die Mutter als Person wahrzunehmen und damit um eine realistischere Sicht der Bedingungen der Mutter als Mutter und Frau in unserer Gesellschaft. Dabei ist es wichtig, daß das Verstehen der Mutter nicht auf Kosten der Selbstwahrnehmung geht, das heißt, eigene Verletzungen auch dann ernst zu nehmen, wenn die Mutter dafür letztlich keine Schuld trifft. Wenn Aggression und Abgrenzung ernst genommen werden, wird es erst möglich, das Begrenztsein der eigenen Mutter zu akzeptieren und zu schätzen, was die Mutter uns gegeben hat, was allerdings auch Widerstand gegenüber der gesellschaftlichen Geringschätzung von Müttern bedeutet (vgl. Günter 1996).

Manchmal kann auch emotionale Distanzierung von der Mutter notwendig sein, um zu einer ehrlichen Beziehung zu ihr zu kommen oder weil soviel schiefgelaufen ist, daß es keine andere Lösung gibt, aber emotionale Distanzierung als das allgemeine Ziel in der Mutter-Tochter-Beziehung anzusehen scheint mir äußerst fragwürdig. Die Kraft der Frauen, die Aggression ist, sollte besser nicht gegen Frauen, sondern dorthin geleitet werden, wo sie hingehört: gegen die untergeordnete Stellung der Frau insbesondere durch die geschlechtsspezifische Arbeitsteilung, die damit verbundene alleinige Zuständigkeit von Frauen für Kinder, gegen einschränkende Weiblichkeits- und Mutterbilder, die Aggression für Frauen ausklammern, und gegen isolierende Autonomieideale. Eine realistischere Sicht von Frauen in unserer Gesellschaft, der Rolle der Mutter sowie der eigenen Rolle als Frau könnte somit nicht nur Basis für bessere Beziehungen zwischen Müttern und Töchtern sein, sondern auch dafür, bis jetzt fehlgeleitete Aggression als Antrieb zu verwenden, die genannten behindernden Verhältnisse zu verändern.

Literatur

Apter, Terri: Altered Loves: Mother and Daughters During Adolescence, New York 1990.

Benjamin, Jessica: Die Fesseln der Liebe. Psychoanalyse, Feminismus und das Problem der Macht, Frankfurt am Main 1994.

Brundorfer, Robert: Kultur der Ablösung schafft Raum für Beziehung – Ablösung im Rahmen der Ehevorbereitung, Diplomarbeit, Wien 1992.

Debold, Elizabeth/Malave, Idelisse/Wilson, Marie: Die Mutter-Tochter-Revolution. Vom Verrat zur Macht, Reinbek bei Hamburg 1994.

Günter, Andrea: Weibliche Autorität, Freiheit und Geschlechterdifferenz. Bausteine einer feministischen politischen Theorie, Königstein 1996.

Jaeckel, Monika: Wer – wenn nicht wir. Zur Spaltung von Frauen in der Sozialarbeit – eine Streitschrift für Mütter, München 1981.

Jordan, J. V./Surrey, J. L.: The self-in-relation: Empathy and the mother-daughter-relationship. In: Bernay, T./Cantor, D. W. (Hg.): The Psychology of Todays Women. New Psychoanalytic Visions, The analytic Press, New York 1986, S. 81–104.

Kaplan, A. G./Klein, R.: The Relational Self in Late Adolescent Women. In: Womens Self Development in Late Adolescence, New York/London 1991.

Lewis, Helen/Herman, Judith: Anger in the Mother-Daughter-Relationship. In: Bernay, T./Cantor, D. W. (Hg.): The Psychology of Todays Women. New Psychoanalytic Visions, The analytic Press, New York 1986, S. 139–163.

Litwin, Dorothy: Autonomie – ein Konflikt für Frauen. In: Alpert, Judith (Hg.): Psychoanalyse der Frau jenseits von Freud, Berlin/Heidelberg 1992.

Netzer, Ingeborg M.: Die Beziehung adoleszenter Töchter zu ihren Müttern. Eine feministische Analyse interaktiver Prozesse im Kontext des Geschlechterverhältnisses, Dissertation, Wien 1997.

Stoehr, Irene: Frauenbeziehungen und Modernisierung. Zehn Thesen. In: L'Homme Zeitschrift für feministische Geschichtswissenschaft, 4. Jg., Heft 1, Wien/Köln/Weimar 1993, S. 100–105.

Beziehungen als Ausdruck gesellschaftlicher Strukturen

TOSCA WENDT

Im folgenden Artikel werden zunächst die theoretischen Grundlagen, auf der die Arbeit beruht, skizziert. Es wird dabei aufgezeigt, daß Interaktionen zwischen heterosexuellen Paaren ebenso wie die heterosexuelle Paarbildung selbst eine gewisse Regelhaftigkeit besitzen, und im Anschluß daran wird auf die mit der romantischen Liebe verbundenen Bilder von heterosexueller Partnerschaft eingegangen. Einige Ergebnisse meiner Untersuchung werden im zweiten Teil anhand der Arbeitsteilung und der Abgrenzungsfähigkeit zwischen den interagierenden Personen dargestellt und in einen Zusammenhang mit theoretischen Annahmen gesetzt.

Paare in Interaktion oder

> „Manche kluge Frau ist nur deshalb allein, weil sie es nicht verstanden hat, ihre Klugheit zu verbergen."
>
> (*Daphne Du Maurier,* zitiert nach Schlie et. al. 1997, S. 68)

Ausgangspunkt meiner Überlegungen ist das hierarchische Verhältnis zwischen den Geschlechtern in unserer Gesellschaft und dessen (Re-)Produktion (Wiederherstellung) in der Interaktion. Interaktion wird hierbei gefaßt als das aufeinander bezogene Handeln von zwei oder mehr Personen. Es wurde anhand von Rollenspielen, die auf Video aufgenommen wurden, analysiert, ob und wie hier die (Re-)Produktion von Macht von acht gemischtgeschlechtlichen Paaren[*] erfolgt. Die Anleitung zum Rollenspiel lautete: „Stellen Sie sich vor, Sie haben das Angebot erhalten, für ein Jahr ins Ausland zu gehen. Sie kommen nach Hause und erzählen dies nun Ihrem Partner/Ihrer Partnerin." Jedes Paar spielte die Situation zweimal durch: Einmal erhielt die Frau, einmal der Mann das Angebot.

Um die Verschränkung gesellschaftlicher Strukturen mit den Handlungen von Personen aufzeigen zu können, erhielten die Paare eine Vorgabe, die einerseits viel Spielraum zur Gestaltung der äußeren Rahmenbedingungen des Paares, wie der Berufstätigkeit, ob das Paar Kinder hat usw., offen ließ, und

---

[*] Es handelte sich um TeilnehmerInnen des zweisemestrigen Seminars „Körpersprache, Macht und Geschlecht" unter Leitung von Frau Dr. Mühlen-Achs, das im Studienjahr 1994/95 an der Universität München durchgeführt wurde.

die andererseits in einem direkten Bezug zur Arbeitssituation stand. Damit war es möglich, alternative Bilder zu den traditionellen Konzepten von Partnerschaft zu entwickeln.

Grundlegend bei der Analyse der Interaktionssequenzen war die These, daß das hierarchische Geschlechterverhältnis Interaktionen zwischen Personen strukturiert, ordnet und diese Hierarchisierung grundlegend für die Bestätigung der Geschlechtsidentität der handelnden Personen ist (Goffman 1994). Kotthoff (1994) führt in Anlehnung an Goffman aus, daß eine gleich oder (gar!) höher gestellte Frau die Interaktionsordnung verändert und irritiert. „Die Chirurgin läßt den Chirurgen weniger männlich erscheinen und sich selbst weniger weiblich, denn beide sind in ihrer Gegenwart der Rituale der Bestätigung von Geschlechtsidentität zum Teil beraubt" (Kotthoff 1994, S. 168f.).

Wenn nun Machtrelationen bedeutsam für die Herstellung und Aufrechterhaltung der hierarchischen Interaktionsordnung zwischen den Geschlechtern sind, dann muß dieses Verhältnis von den interagierenden Personen in der Kommunikation gestaltet werden. Beziehungsdefinitionen werden in der Kommunikation vor allem nonverbal vermittelt (vgl. Schulz von Thun 1991). Auf der Ebene der Kommunikation stellt der Ausdruck von Macht eine Beziehungsdefintion dar, da sie das hierarchische Verhältnis, in dem Personen zueinander stehen, definiert; der Ausdruck von Macht erfolgt daher zum Großteil ebenfalls nonverbal (Henley 1988; Mühlen-Achs 1993; 1998). Da nonverbale Kommunikation nicht losgelöst vom verbalen Kontext der Rollenspiele interpretierbar ist, erfolgte die Auswertung der Rollenspiele sowohl auf verbaler als auch auf nonverbaler Ebene.

Die Struktur der „Liebe" oder
„An der Seite vieler Männer kann sich eine Frau maximal den Rang eines Möbelstücks erarbeiten."
(Amelie Fried, zitiert nach Schlie et. al. 1997, S. 43)

Die heterosexuelle Paarbildung, die dem subjektivem Empfinden nach auf individuellen Gefühlen füreinander beruht, folgt einer Organisationsstruktur, die die Asymmetrie des Geschlechterverhältnisses beinhaltet (Becker-Schmidt 1995, S. 233). In Anlehnung an Goffman und Mühlen-Achs gehe ich davon aus, daß die Organisation von heterosexuellen Paarbeziehungen darauf beruht, daß der Mann insgesamt eine überlegene Position einnimmt. Dies zeigt sich unter anderem daran, daß heterosexuelle Paare sich so bilden, daß der Mann in der Regel besser gebildet, größer und älter als seine Partnerin ist (vgl. Goffman 1994; Mühlen-Achs 1993; 1998).

Zwar sind Frauen im Durchschnitt etwas kleiner als Männer, da es aber einen erheblichen Überschneidungsbereich gleich großer Frauen und Männer gibt, müßte die heterosexuelle Paarbildung, wenn diese auf dem Prinzip der Gleichheit beruhen würde, dazu führen, daß sich die Paare zufallsverteilt in ihren Größenrelationen bilden. Dies würde sich darin zeigen, daß es wesentlich mehr gleich große PartnerInnen geben würde oder auch Partnerschaften, in denen die Frau die größere ist. In der bei uns vorherrschenden heterosexuellen PartnerInnenwahl erfolgt dies aber in der deutlichen Norm, daß der Mann größer zu sein hat als die Frau (Goffman 1994; vgl. Kotthoff 1994; Mühlen-Achs 1993). Die Verteilung der Größenunterschiede liegt also in der selektiven PartnerInnenwahl und nicht in einer biologischen Gegebenheit (Mühlen-Achs 1993, S. 51). Dies gilt ebenso für das Alter und die Bildung (Goffman 1994; Kotthoff 1994; Mühlen-Achs 1993; 1998). Die PartnerInnensuche erfolgt in der Regel derart , daß sich die Frau „nach oben", der Mann sich „nach unten" orientiert. Eine Frau kann nach dieser Norm also groß, alt und gebildet sein, nicht aber größer, älter und gebildeter als ihr jeweiliger Partner. Als wesentliches Kriterium der Paarbildung kann daher eine Macht- und Statusdifferenz zuungunsten der Frau gesehen werden.

Auf der Ebene der Interaktion schlägt sich dies unter anderem darin nieder, daß unterschiedliche Verhaltensanforderungen an Männer und Frauen innerhalb der Beziehung gestellt werden. So wird etwa von Frauen erwartet, daß sie einfühlsam, verständnisvoll und auf andere bezogen sind. Dies wird vor allem dann verschärft, wenn sie nicht nur die Rolle der Geliebten, sondern auch die der Mutter innehaben (vgl. Becker-Schmidt 1992; Streit 1992). Demgegenüber beruht die Rolle des Mannes vor allem darauf, Ernährer, Beschützer und Besitzer zu sein (Streit 1992). Diese Anforderungen und Erwartungen spiegeln sich im Verhalten und in den Bildern von Liebe und Partnerschaft wider.

Bilder von Liebe und Partnerschaft oder

„Alle Männer sind gleich – bis auf den, den man gerade kennengelernt hat."

(*Mae West*, zitiert nach Schlie et. al. 1997, S. 89)

Die Erwartung, die dem Verhalten von Frauen oft entgegengebracht wird und die sie auch oft selbst an sich stellen, ist die, verständnisvoll, aufopfernd und auf andere bezogen zu sein, dies beinhaltet auch die Unterdrückung von Wut und Aggression. Diese Anforderung, „lieb zu sein", kann aber an Frauen nur gestellt werden bzw. können Frauen nur an sich selbst stellen, wenn sie über wenig Macht verfügen und vor allem, wenn dieser Zustand aufrechterhalten werden soll. Aus der machtlosen Position erscheint „Lieb-Sein" als eine Möglichkeit, Macht zu gewinnen, denn es suggeriert die Möglichkeit der Kontrolle und der Einflußnahme (vgl. Erhardt 1994, S. 11ff.).

Diese Annahme kann dadurch entstehen, daß oft davon ausgegangen wird, daß eine mächtige Person eine machtlose „fair" behandeln wird, wenn diese ihr keinen wie auch immer gearteten Anlaß zur Kritik bietet. Gleichzeitig ist damit ein Machtgewinn verbunden, denn das Verhalten der unterlegenen Person wird als auslösend für das Verhalten der mächtigen Person gesehen. Daraus entsteht der Eindruck, daß das Verhalten der mächtigen Person kontrolliert werden kann. Besonders deutlich wird dies in Paarbeziehungen, in denen der Mann eine gewalttätige Herrschaft über die Frau ausübt. Diese sucht in der Regel in *ihrem* Verhalten Gründe für *seine* Gewalttätigkeit, um den Eindruck der Kontrolle über ihn und damit über ihre Gesundheit und ihr eigenes Leben aufrechterhalten zu können (vgl. u. a. Brückner 1988).

Es besteht auch landläufig der Glaube, daß eine ohnmächtige Person durch Nettigkeit, Verständnis und Entgegenkommen an der Macht partizipieren kann. Sei es dadurch, daß angenommen wird, über persönliche Beziehungen – denn liebe Menschen werden angeblich mehr geliebt – Einfluß nehmen zu können, sei es dadurch, daß erwartet wird, daß ihr „Lieb-Sein" von anderen anerkannt und honoriert wird (vgl. Erhardt 1994, S. 44ff.).

Für die Gestaltung von Beziehungen ist dabei von erheblicher Bedeutung, daß es in unserer Kultur kein Beziehungsbild für Frauen gibt, das Autonomie und Verbundenheit in Einklang bringt. „Tabuisiert ist bis heute jene Feminität geblieben, die Körperlichkeit, Sinnlichkeit, Sexualität sowie auf Wechselseitigkeit abgestimmte Interaktionsformen in autonomen Beziehungen zu Erwachsenen auslebt [...]" (Becker-Schmidt/Knapp 1989, S. 49). Konzepte von Weiblichkeit, Männlichkeit und Paarbeziehungen sind nicht nur auf Heterosexualität ausgerichtet, sondern es werden auch bestimmte Verhaltensweisen und Verhaltensanforderungen Männern und Frauen zugeordnet, die mit einer Abwertung und Unterordnung der Frau einhergehen.

Arbeitsteilung in heterosexuellen Paarbeziehungen oder „Das beste Aphrodisiakum für eine Frau in den Dreißigern ist ein Mann, der nach dem Essen das Geschirr abwäscht."

(Hermine Ohlen, zitiert nach Schlie et. al. 1997, S. 11)

Ein Strukturprinzip heterosexueller Partnerschaften ist die Arbeitsteilung, die bewirkt, daß Frauen traditionell als allein zuständig für den Bereich der

Kinder-, Familien-, Haus- und Beziehungsarbeit verantwortlich gemacht werden. Gleichzeitig besteht zunehmend die Anforderung der Erwerbstätigkeit an Frauen.

Hausarbeit ist nicht nur eine anstrengende und monotone Arbeit, sondern auch noch eine unsichtbare. Sie fällt in der Regel nur auf, wenn sie nicht zufriedenstellend erledigt wird, nicht aber, wenn zum Beispiel etwas geputzt wurde. Dies bedeutet ein Dilemma für Frauen, die sowohl den Wunsch (aber auch die Anforderung), berufstätig zu sein als auch Kinder/eine Familie zu haben, vereinbaren müssen: Hausarbeit läuft nebenher und wird in der Regel nicht einmal als Arbeit anerkannt. Wenn Frauen in beiden Bereichen arbeiten, dann wird eine Vereinbarkeitsleistung notwendig, die nicht zufriedenstellend erbracht werden kann. Die Entscheidung für einen der beiden Bereiche bedeutet somit häufig den Verzicht auf den anderen. Becker-Schmidt und Knapp (1989) bezeichnen daher weibliche Identität als Konfliktkategorie, denn sowohl der Verzicht als auch die Überlastung, in beiden Bereichen tätig zu sein, ist konfliktreich. Anzumerken ist auch, daß Hausarbeit und Kindererziehung weder Urlaub noch Wochenende oder Feierabend beinhalten. Männer hingegen entziehen sich weitgehend der Hausarbeit und Kindererziehung, gleichgültig ob ihre Frauen einer Erwerbsarbeit nachgehen oder nicht.

Darüber hinaus erhalten Frauen nicht einmal eine gesellschaftliche ausgewogene Anerkennung für ihre Leistungen, denn Frauenarbeit wird generell, sowohl als Lohnarbeit als auch als Hausarbeit und Kindererziehung, gering geschätzt (vgl. Brück et al. 1992, S. 93).

Untersuchungsergebnisse oder

„Männer nehmen die Welt nicht wahr, weil sie selber glauben, sie seien die Welt."

(*Virginia Woolf*, zitiert nach Schlie et. al. 1997, S. 83)

Im folgenden werden einige Ergebnisse meiner Untersuchung vorgestellt. Die theoretischen Grundannahmen wurden anhand der Argumentationen, die die Paare verwendeten, überprüft, wobei dem körpersprachlichen Ausdruck der Personen besonderes Augenmerk geschenkt wurde. Als konstitutiv für den Machtaufbau zwischen den Paaren hat sich zum einen die Tendenz der Männer und auch der Frauen erwiesen, den Lebenszusammenhang des Mannes als wesentlicher als den der Frau zu setzen. Offen bleibt dabei, ob sich die Männer nicht so stark für den Lebenszusammenhang der Partnerin interessieren, diesen zwar erkennen, aber als unwesentlicher als den eigenen einschätzen, oder ob sie ihn schlicht und einfach nicht wahrnehmen. Zum anderen hat sich auf der strukturellen Ebene die von den Paaren inszenierte Arbeitsteilung als sehr grundlegend herausgestellt.

Geschlechterdemokratische Arbeitsteilung? Oder „Die Ehe ist jene sinnvolle Einrichtung, die es dem Mann erlaubt, ein Bier zu trinken, während seine Frau den Rasen mäht."

(Bibi Johns, zitiert nach Schlie et. al. 1997, S. 29)

In den untersuchten Rollenspielen zeigte sich, daß ein direkter, unmittelbarer Zusammenhang zwischen der Tätigkeit als Hausfrau/-mann und Mutter/Vater und der ohnmächtigen, machtlosen Position bestand. Keine Person, die diesen Tätigkeiten ausschließlich und vollbeschäftigt beruflich nachging, argumentierte für sich selbst oder konnte sich durchsetzen. Insgesamt bestätigte sich Krügers (1995) These, daß eine Doppelorientierung und eine Vereinbarkeitsleistung vor allem von seiten der Frauen artikuliert und auch von ihnen erwartet wird. Ebenso eindrucksvoll bestätigte sich die damit verbundene These von Mühlen-Achs (1993), daß Frauen allein dadurch ins Hintertreffen geraten, daß Männer weitgehend von reproduktiven Tätigkeiten befreit sind.

Wie stark der Zusammenhang von Macht und Hausarbeit bzw. Mutterschaft ist, zeigte sich in dem Rollenspiel sehr deutlich, in dem ein Mann von seiner Partnerin als Hausmann inszeniert wurde: Solange noch keine Statusdefinition gesetzt worden war, saß er, breitbeinig, viel Raum einnehmend, den Kopf aufrecht, auf seinem Stuhl. Er nahm also eine Haltung ein, die deutlich Macht und Überlegenheit ausdrückt. Unmittelbar nachdem die Frau ihn als Hausmann in Szene gesetzt hatte, veränderte er seine Haltung gravierend: Er schlug die Beine übereinander, senkte den Kopf, umfaßte einen Arm mit der Hand und saß schräg auf dem Stuhl. Er drückte damit Unsicherheit und Machtlosigkeit aus. Dieser körpersprachliche Ausdruck veränderte sich etwas, als er im Laufe des Rollenspiels die Rolle des Dazuverdieners einnahm. Eine ebensolche Entwicklung konnte in seiner verbalen Argumentation verfolgt werden: Solange er Hausmann war, verbalisierte er kein einziges Argument für sich selber. Ebenso wie die als Hausfrau und Mutter inszenierten Frauen artikulierte er aus der Position des Hausmannes und Vaters kein einziges Mal auf sich selbst bezogene Wünsche und Bedürfnisse. Das mit der herkömmlichen Arbeitsteilung verbundene Machtverhältnis erscheint daher nicht geschlechtsspezifisch, sondern strukturell bedingt. „Erst wenn sich die Doppelorientierung auf Familie und Beruf gesellschaftsstrukturell zum Entwurf eines Normallebenslaufs verdichtet und normalisiert, kommen Frauen und damit Familie und Weiblichkeit aus ihrer strukturschwachen Position gesamtgesellschaftlich heraus" (Krüger 1995, S. 215).

Die Zuweisung der Reproduktionsleistungen an eine Person bewirkt also ein Machtungleichgewicht in der Beziehung und eine ungleiche Verteilung von Lebenschancen. Daß Frauen in der Regel diejenigen sind, die ausschließlich die Verantwortung für den Bereich der Haus-, Kinder-, Beziehungs- und Familienarbeit tragen, bringt auch – ganz nebenbei – schlechtere Chancen für sie am Arbeitsmarkt mit sich (Kreckel 1993). Daß keine einzige Inszenierung einer Alternative der Arbeitsteilung entwickelt wurde, die beide Personen in die Verantwortung gegenüber Familie und Erwerbstätigkeit nahm, zeigt, wie starr die Vorstellungen von Erwerbstätigkeit und Reproduktion sind. Eine andere Form der Arbeitsteilung, wie etwa eine gemeinsame Kinderbetreuung und eine Aufteilung der Zuständigkeiten für den Haushalt, die meiner Ansicht nach notwendig für eine geschlechterdemokratische Beziehung sind, ist nicht einmal im Ansatz entwickelt worden. Das Verhalten der untersuchten Paare spiegelt somit die gesellschaftliche und auch mediale Realität wieder, in der kaum Bilder von Paaren bestehen, die Alternativen zur herkömmlichen Rollenverteilung liefern.

Nur eine Frau inszenierte, indem sie den Mann als Hausmann setzte, einen Rollentausch. Dieses Modell hält allerdings ebenfalls an einer ausschließlichen Zuweisung der reproduktiven Tätigkeiten an eine Person fest und tauscht lediglich das Geschlecht aus. Dies erachte ich jedoch ebensowenig als geschlechterdemokratisches Modell. Letztlich zeigt das Festhalten an der traditionellen Aufteilung von Reproduktion und beruflicher Tätigkeit auch einen Mangel an alternativen Vorstellungen.

Die selbstverständliche Setzung des männlichen Standpunktes als wesentlich oder

> „Das Gute an Egoisten ist, daß sie nicht über andere Leute reden."
> (*Lucille S. Harper*, zitiert nach Schlie et. al. 1997, S. 27)

Viele Männer beanspruchen sogar dann, wenn ihre Partnerin mehr zum Familieneinkommen beiträgt als sie selber, die Rolle des Ernährers für sich (Streit 1992). Sowohl psychologische Theorien (Becker-Schmidt 1992) als auch soziologische Ansätze (Goffman 1994) führen dies, neben den gesellschaftlichen Strukturen, darauf zurück, daß Kinder in der herkömmlichen Kleinfamilie unter anderem durch die in ihr bestehende Arbeitsteilung und die damit verbundene Abwertung der Haus-, Familien- und Beziehungsarbeit lernen, Männer als wichtiger, ernster und mächtiger wahrzunehmen als Frauen. Dies kann in bezug auf die heterosexuelle Paarbildung nicht ohne Folgen bleiben: Wenn Männer und Frauen die Anliegen von Männern wichtiger nehmen als die von Frauen, dann muß sich dies in der konkreten Interaktion darin niederschlagen, daß Frauen Schwierigkeiten haben, sich gegenüber den Anliegen der Männer abzugrenzen, während Männer ganz selbstverständlich ihre Anliegen wichtiger nehmen als die der Partnerin – was für die vorliegende Untersuchung auch zutrifft.

Deutlich wurde dies unter anderem bei einem Vergleich der gestellten Fragen. Die Frauen stellten Fragen, die nicht nur Wissen über den Lebenszusammenhang ihres Partners zum Ausdruck brachten, sondern sie erfragten gezielt auch weitere Informationen über die Situation, die Motivation und die Gründe für die Position des Partners. Dadurch zeigten sie deutliches Interesse an seinem Leben, signalisierten auch, daß er ihnen wichtig ist, daß sie ihn ernst nehmen, und vermittelten ihm dadurch Anerkennung als Person. Die körpersprachliche Entsprechung fand sich im Blickkontakt, einer auf den Partner ausgerichteten Sitzhaltung und in aufmunternden nonverbalen Signalen.

Demgegenüber stellten die Männer in der Untersuchung fast ausschließlich Fragen nach den Rahmenbedingungen, nicht aber nach der Motivation oder der Bedeutung für ihre Partnerin. Die Frauen signalisierten durch ihre Fragen sehr viel deutlicher, daß sie an ihrem Partner als Person Interesse haben, daß sie wissen wollen, was in ihm vorgeht, während die Männer kaum Zeichen dafür setzten. Sie blieben in der Regel auf der Sachebene, und sie bagatellisierten die von den Frauen artikulierten Wünsche und Bedürfnisse. Teilweise entstand der Eindruck, daß die Männer diese nicht einmal wahrnahmen, wie etwa, wenn auf die Befürchtungen der Frau, ihre sozialen Kontakte an der Uni zu verlieren, geantwortet wurde, daß der administrative Vorgang der Exmatrikulation kein Problem sei. Körpersprachlich kam dieses Verhalten der Männer in einer auf sich selbst bezogenen Haltung zum Ausdruck.

Ein konkretes Eingehen der Männer auf die Situation der Frau, etwa durch Vorschlagen von Lösungsmöglichkeiten, erfolgte lediglich dann – keineswegs aber immer –, wenn die Frau sehr konkrete und direkte Fragen, wie etwa nach der Kinderbetreuung, an ihren Partner richtete. Stellte sie eher allgemeine Fragen oder äußerte Befürchtungen bezüglich persönlicher Schwierigkeiten, war die Antwort fast durchgängig dieselbe: Für die Frau würden keine größeren Probleme bestehen.

Die Männer berücksichtigten die Situation der Frauen in der Regel selbst dann nicht, wenn dies ihre eigene Position verbessert hätte. Wenn eine Frau, die ins Ausland gehen wollte, für ihren Partner eine attraktive Lösungsmöglichkeit (zum Beispiel ein attraktives Studium) inszenierte, dann ist das auch eine Durchsetzungsstrategie, da sie nicht nur ein Argument des Mannes (zum Beispiel Schwierigkeiten mit dem Studium) entkräften kann, sondern eben auch eine Alternative, die eine Verbesserung der bisherigen Situation darstellt, inszeniert. Frauen zeigten dieses Verhalten häufig.

Zwei der Männer blendeten die Situation der Frau völlig aus. Diese Männer definierten die Situation derart, daß es für die Frau kein ernst zu nehmendes Hindernis geben würde, ihnen ins Ausland zu folgen. Der Ortswechsel der Frau wurde somit als unwesentliche Veränderung für deren Leben inszeniert. Implizit bedeutet dies, daß die Männer sich der Verantwortung, die ihr Wunsch für die gemeinsame Beziehung, aber auch für das Leben der Partnerin bedeutet, zu entziehen versuchten. Da es aus der Sicht der Männer keine Probleme für die Frau gab, mußten sie sich auch nicht damit auseinandersetzen. Indem diese Männer keine Zeichen setzten, daß sie die Realität der Frauen erfaßt hatten, ignorierten sie diese nicht einmal, sondern erweckten den Eindruck, sie nicht wahrzunehmen.

Der körpersprachliche Ausdruck, der das Verhalten der Männer begleitete, war dabei zum Teil, die Partnerin visuell zu ignorieren, eine abgewandte Sitzposition und eine mächtige Körperhaltung und abwertende Mimik (Augen verdrehen, überlegenes Lächeln) gegenüber den Frauen.

Die Frauen positionierten sich in der Regel nicht nur eindeutiger, sondern übernahmen auch, indem sie die Probleme der Partner wahrnahmen, die Verantwortung für ihren Wunsch, ins Ausland zu gehen oder ihm nicht zu folgen. Sie entkräfteten zum Teil ihre eigenen Argumentationen, indem sie den Partner direkt nach Lösungsmöglichkeiten fragten, die in der Folge von den Männern inszeniert werden konnten. Die Frauen machten damit eine gemeinsame Lösung, die für beide akzeptabel ist, wahrscheinlicher (vgl. Kotthoff 1992).

Männerleiden oder
„Männer, die einer Frau zeigen, daß sie sich als das schwache Geschlecht fühlen, sind gefährlich."
(*Felicitas von Reznicek*, zitiert nach Schlie et. al. 1997, S. 54)

Es wurden von zwei Männern Situationen konstruiert, in der der Mann unter jemand drittem, wie etwa dem Chef, oder unter einer Situation, wie etwa den schlechten Aufstiegsmöglichkeiten in der BRD, leidet und die Partnerin, wenn sie ihre eigenen Bedürfnisse zurückstellt, dieses Leiden beseitigen kann. Zum einen beinhaltet dies ebenfalls eine Wertung des eigenen Leidens als wichtiger als die Bedürfnisse der Frauen. Zum anderen wird nicht nur die Verantwortung für die eigene berufliche Situation an vom Mann unabhängigen Faktoren fest-gemacht, sondern auch der Partnerin die Verantwortung für das Leiden zuge-wiesen, denn diese kann das Leiden des Mannes beseitigen, wenn sie – aus seiner Sicht – nur will. Die beiden betroffenen Frauen tendierten auch tatsächlich dazu, diese Verantwortung anzunehmen, auch wenn sie nicht in ihrem Verantwor-tungsbereich lag. Dies zeigte, daß sie nach Lösungsmöglichkeiten suchten, die die Bedürfnisse von beiden abdeckten. Keine der Frauen war aber bereit, ihre eigene Lebensplanung aufzugeben, und keiner der beiden Männer nahm die Lösungsvorschläge der Partnerin an. Sie konstruierten auf die Lösungsvorschlä-ge der Frauen in der Regel eine Situation, die nur ihren Vorschlag, der viel Selbstaufgabe von den Frauen erwartete, als Lösungsmöglichkeit erscheinen ließ. So entstand ein Zirkel aus dem Lösungsvorschlag der Partnerin und der Konstruktion neuer Hindernisse des Partners. Auf Nachfragen, was er denn selber wollen würde, konnte der Mann sich dann auf die außerhalb seiner Person liegenden Faktoren zurückziehen, sein Leiden klar ausdrücken und verdeutli-chen, daß die Partnerin es in der Hand hätte, ihn von dieser stark belastenden Situation zu befreien. Zwar leugneten diese Männer die Schwierigkeiten für die Frau nicht, stellten diese aber als weniger wichtig als die eigenen dar. Beide Männer argumentierten daher im Endeffekt mit ihrem Leid und vertrauten dar-auf, daß die Frauen eine Lösung in ihrem Sinn entwickeln würden. Die Situation war damit stark moralisch besetzt, und zwar in der Art, daß das Leid der Männer gegen die Lebensplanung der Frauen eingesetzt wurde.

Die oft formulierte Abgrenzungsschwäche von Frauen zeigte sich demnach als wechselseitiges Spiel zwischen der Forderung der Männer an die Frau, sich nicht abzugrenzen, und der Erfüllung dieser Erwartung von seiten der Frauen. Gerade weil es sich um Rollenspiele handelte, die keine diesbezüglichen Vorgaben enthielten, ist diese Inszenierung eines moralischen Drucks als Durchsetzungsstrategie zu verstehen, die daran ansetzt, an das Stereotyp des sozialen Charakters von Frauen zu appellieren (vgl. Becker-Schmidt 1995). Das stereotype Bild der fürsorglichen, an andere denkenden Frau wurde in den Rollenspielen nicht nur von ihr gefordert, sondern auch gegen sie eingesetzt. Die Männer schafften also ganz gezielt Situationen, in denen es der Frau nicht oder nur schwer möglich war, sich abzugrenzen, denn eine Person, die wir lieben, scheinbar willentlich leiden zu lassen, ist schwer zu ertragen.

Es war jedoch für die Männer kein Thema, daß die Frauen unter dem Umzug eventuell auch leiden könnten. Forderten die Frauen eine Berücksichtigung ihrer Position ein, dann wurden die Männer im körpersprachlichen Ausdruck hilflos und verzweifelt. Sie erweckten damit den Eindruck, die Situation der

Partnerin wahrzunehmen, was sich allerdings nicht in der verbalen Argumentation niederschlug. Vielmehr verschärfte der körpersprachliche Ausdruck des Leidens den Druck auf die Frau.

Keine Frau, die in den Rollenspielen eine Vereinbarkeitsleistung erbringen mußte, übte einen derartig hohen moralischen Druck auf ihren Partner wie die Männer aus. Eine Frau, die aufgrund dessen, daß ihr Partner sich der Verantwortung für den reproduktiven Bereich entzieht, eine ungleich höhere Arbeitsleistung als ihr Partner erbringt, hätte wesentlich mehr Grund, ihn moralisch unter Druck zu setzen, als ein Mann, der sich selbstverständlich der Haus-, Kinder und Familienarbeit entzieht, um Karriere machen zu können. Dennoch fiel es den Frauen deutlich schwer, sich dem von den Männern inszenierten Druck zu entziehen. Die Männer zeigten dagegen keinerlei Schwierigkeiten, sich den Lebensrealitäten der Frauen, an denen sie erheblichen Anteil hatten, zu entziehen (vgl. Kreckel 1993). In diesem Sinn grenzten sich die Frauen gegenüber den Bedürfnissen ihrer Partner zu wenig ab, während es die Männer selbst dort noch taten, wo sie ihre Beteiligung zumindest reflektieren sollten.

Körpersprachlich zeigte sich dies zum einen darin, daß Frauen eine dem Partner zugewandte Haltung einnahmen, deutlich mehr Blickkontakt hielten, wenn der Partner sprach, und unterstützende Mimik und Gestik benutzten, wie etwa Nicken und Lächeln. Dieses körpersprachliche Verhalten zeigten die Männer nicht. Sie waren in ihrem körpersprachlichen Ausdruck nicht auf die oder zu der Partnerin ausgerichtet. Die „leidenden" Männer zeigten eine widersprüchliche Körperhaltung, wie etwa hängende Schultern in Kombination mit einer raumeinnehmenden Beinhaltung. Sie nahmen aber, wenn die Partnerin begann, auf ihre Forderungen einzugehen, eine sich selbst vergrößernde Haltung ein. Die Männer, die selbstverständlich über die Bedürfnisse der Frauen hinweggingen, zeigten hingegen fast durchgängig eine sich selbst vergrößernde Haltung, insbesondere eine entsprechende Kopfhaltung, eine raumeinnehmende Position und eine die Argumentation der Partnerin abwertende Mimik.

Schlußbemerkungen

In den von mir untersuchten Rollenspielen zeigte sich eine deutliche Tendenz, daß die Erwartungen, das eigene Leben hinter die Partnerschaft zu reihen, geschlechtsspezifisch unterschiedlich verteilt sind. Fast durchgängig erfolgte dabei die selbstverständliche Setzung des Lebenszusammenhanges des Mannes als wichtiger. Des weiteren bestand eine erhebliche geschlechtsspezifische Diskrepanz zwischen dem – vor allem körpersprachlich vermittelten – Ausdruck von Anerkennung und Akzeptanz sowie der Fähigkeit, die Partnerin/den Partner in ihren/seinen Wünschen und Bedürfnissen wahr- und ernst zu nehmen, diese zu respektieren und anzuerkennen.

Wenn eine Frau interessante Hobbys oder gute Arbeitsmöglichkeiten im Ausland für ihren Partner in Szene setzt, wenn sie ihrem Partner eine problematische Situation bestätigt und nach gemeinsamen Lösungen sucht, wenn sie eine auf ihn ausgerichtete, bestätigende und ermutigende Körperhaltung einnimmt, dann nimmt sie ihren Partner wahr. Die darin enthaltene Beziehungsarbeit und Wertschätzung des Partners wurde als selbstverständlich angenommen und von diesem in der Regel nicht honoriert. Ein solches Verhalten wurde von keinem Mann gezeigt.

In der Untersuchung zeigte sich weiter, daß die ohnmächtige Position stark mit der Arbeitsteilung des Paares verbunden ist, denn es erfolgte eine eindeutige Setzung der Erwerbstätigkeit als wichtiger als jegliche reproduktive Arbeit. Die machtloseste Position war die der Hausfrau und Mutter bzw. des Hausmannes und Vaters. Der Zusammenhang zwischen der Benachteiligung von Frauen am Arbeitsmarkt und der Gestaltung von Paarbeziehungen ist deutlich herausgetreten (vgl. Becker- Schmidt 1998a; 1998b; Krüger 1995).

Obwohl ich der Ansicht bin, daß die Untersuchungsergebnisse deutlich zeigen, daß eine geschlechterdemokratische Beziehung kaum möglich ist, wenn eine Trennung der Erwerbstätigkeit und der Reproduktion zwischen den beiden PartnerInnen erfolgt, halte ich es für unwahrscheinlich, daß sich diese Art der Arbeitsteilung in naher Zukunft völlig auflösen läßt. Zu stark greifen gesellschaftliche Strukturen und auch Idealbilder von Weiblichkeit und Männlichkeit ineinander. Ein erster Schritt zu einer geschlechterdemokratischen Beziehungsform ist meines Erachtens, daß Frauen ihre Rechte schützen. Dies kann genauso in dem Versuch liegen, eine geschlechtergerechte Arbeitsteilung innerhalb der Beziehung durchzusetzen, wie in der klar geregelten finanziellen Absicherung der Tätigkeit als Hausfrau und/oder Mutter.

Literatur

Becker-Schmidt, Regina: Verdrängung Rationalisierung Ideologie. Geschlechterdifferenz und Unbewußtes, Geschlechterverhältnis und Gesellschaft. In: Knapp, Gudrun-Axeli/Wetterer, Angelika (Hg.): Traditionen Brüche. Entwicklungen feministischer Theorie, Freiburg i. Br. 1992, S. 65–114.
Becker-Schmidt, Regina: Von Jungen, die keine Mädchen und von Mädchen, die gerne Jungen sein wollen. Geschlechtsspezifische Umwege auf der Suche nach Identität. In: Dies./Knapp, Gudrun-Axeli (Hg.): Das Geschlechterverhältnis als

Gegenstand der Sozialwissenschaften, Frankfurt am Main/New York 1995, S. 220–246.

Becker-Schmidt, Regina: Trennung, Verknüpfung, Vermittlung: zum feministischen Umgang mit Dichotomien. In: Knapp, Gudrun-Axeli (Hg.): Kurskorrekturen – Feminismus zwischen kritischer Theorie und Postmoderne, Frankfurt am Main/New York 1998, S. 84–126 (= 1998a).

Becker-Schmidt, Regina: Relationalität zwischen den Geschlechtern, Konnexionen im Geschlechterverhältnis. In: Zeitschrift für Frauenforschung. Bielefeld, 16. Jg., Heft 3, 1998, S. 5–21 (= 1998b).

Becker-Schmidt, Regina/Knapp, Gudrun-Axeli: Geschlechtertrennung – Geschlechterdifferenz. Suchbewegungen sozialen Lernens, Bonn 1989.

Brück, Brigitte et al.: Feministische Soziologie, Frankfurt am Main/New York 1992.

Brückner, Margit: Die Liebe der Frauen. Über Weiblichkeit und Mißhandlung, Frankfurt am Main 1988. Eerhardt Ute: Gute Mädchen kommen in den Himmel, böse überall hin. Warum Bravsein uns nicht weiterbringt, Frankfurt am Main 1994.

Erhardt, Ute: Gute Mädchen kommen in den Himmel, böse überall hin. Warum Bravsein uns nicht weiterbringt, Frankfurt am Main 1994.

Goffmann Erving: Interaktion und Geschlecht, Frankfurt am Main 1994.

Henley Nancy: Körperstrategien; Geschlecht, Macht und nonverbale Kommunikation, Frankfurt am Main 1988.

Kotthoff, Helga: Die konversationelle Konstruktion von Ungleichheit in Fernsehgesprächen. Zur Produktion von kulturellen Geschlecht. In: Günthner, Susanne/Kotthoff, Helga (Hg.): Die Geschlechter im Gespräch, Kommunikation in Institutionen, Stuttgart 1992, S. 126–146.

Kotthoff, Helga: Geschlecht als Interaktionsritual? Nachwort in: Goffman, Erving: Interaktion und Geschlecht, Frankfurt am Main/New York 1994.

Kreckel, Reinhard: Doppelte Vergesellschaftung und geschlechtsspezifische Arbeitsmarktstrukturierung. In: Frerichs, Petra/Steinrücke, Margareta (Hg.): Soziale Ungleichheit und Geschlechterverhältnisse, Opladen 1993, S. 51–64.

Krüger, Helga: Dominanzen im Geschlechterverhältnis: Zur Institutionalisierung von Lebensläufen. In: Becker-Schmidt, Regina/Knapp, Gudrun-Axeli (Hg.): Das Geschlechterverhältnis als Gegenstand der Sozialwissenschaften, Frankfurt am Main/New York 1995, S. 195–119.

Mühlen-Achs, Gitta: Wie Katz und Hund. Die Körpersprache der Geschlechter, München 1993.

Mühlen-Achs, Gitta: Geschlecht bewußt gemacht. Körpersprachliche Inszenierungen – ein Bilder- und Arbeitsbuch, München 1998.

Schlie, Tanja et al. (Hg.): Das Wörterbuch der bösen Mädchen. Schlaue Sprüche von frechen Frauen, München 1997.

Schulz von Thun, Friedemann: Miteinander Reden. Allgemeine Psychologie der Kommunikation, 2 Bd., Reinbek bei Hamburg 1991.

Streit, M.: Autonomie in Beziehungen. In: Bilden, H. (Hg.): Das Frauentherapiehandbuch, München 1992, S. 95–101.

6. EIGENE SPUREN IM FREMDEN LAND ...

Akademische Qualifizierung, berufliche Karriere – zur Identität von Frauen in Minderheitenpositionen

Einleitung

ASTRID SCHWARZ, BARBARA TOTH

Formal gesehen gilt für alle Bereiche des öffentlichen Lebens der Gleichheitsgrundsatz: Zugangschancen dürfen nicht von ethnischen, klassen- oder geschlechtsspezifischen Faktoren abhängig sein. Praktisch gesehen sind sämtliche Bereiche entlang dieser Faktoren segmentiert. Die Zuordnung von bestimmten Menschengruppen zu bestimmten Tätigkeitsbereichen erscheint als selbstverständliche Gegebenheit. Die informellen Rekrutierungsmuster beruhen auf der Bevorzugung jener BewerberInnen, die diese Selbstverständlichkeiten nicht in Frage stellen.

Astrid Schwarz und *Barbara Toth* thematisieren in ihren Arbeiten das Identitätserleben von Frauen, die den traditionellen Zuordnungen in bezug auf Bildungs- und Berufswahl nicht entsprechen und klassen- und geschlechtsspezifische Barrieren überwinden. Als Minderheit im „fremden Land" liegt es an ihnen, die Anpassungsleistung an die neuen Regeln in Sprache, Verhalten und Umgangsform zu leisten. Wie sehr es ihnen gelingt, „eigene Spuren" zu ziehen, ist nicht zuletzt eine Frage des Selbstwertgefühles. Das Vertrauen in die eigenen Fähigkeiten und in die Berechtigung der eigenen Werte wird durch die Verweigerung von Anerkennung, durch Abwertungen und Ausgrenzungen massiv in Frage gestellt.

Ausgehend von ihren persönlichen Erfahrungen, untersucht *Astrid Schwarz* die Identitätsproblematiken von ArbeiterInnentöchtern, die sich für einen universitären Ausbildungsweg entschieden haben. Deren Entscheidung erwächst aus keiner beruhigenden Selbstverständlichkeit: Die Werte und Verhaltensnormen des Herkunftsmilieus unterscheiden sich wesentlich von jenen des universitären Umfelds und werden dort als unerwünscht und defizitär erfahren. Das Gefühl der Fremdheit, der Unzulänglichkeit und des Sich-unerwünscht-Fühlens begleitet Bildungsaufsteigerinnen während ihres gesamten Studiums. Gute Noten oder ein gelungener Studienabschluß reichen häufig nicht aus, um sich des eigenen Selbstwerts zu versichern. Der weitere berufliche Werdegang und ein möglicher Aufstieg in eine Führungsposition stehen in engem Zusammenhang damit, wie sehr es gelingt, eine stabiles Selbstverständnis und Selbstwertgefühl trotz des Rollenbruchs aufzubauen.

Die Konstruktion der Geschlechterdifferenz fußt auf dem Statusgefälle zwischen Männern und Frauen. *Barbara Toth* geht in ihrer Untersuchung der Frage nach, wieweit diese Dichotomisierung aufgehoben oder lediglich neu konstruiert wird, wenn Frauen Eingang in die formellen Machtbereiche der traditionellen Männerdomänen finden. In ihrer Untersuchung von Frauen in politischen und wirtschaftlichen Spitzenfunktionen zeichnet sie nach, wie die Weiblichkeitsnormen in Führungsgremien im Sinne eben dieser Geschlechterhierachie neu bestimmt werden und damit die Einflußmöglichkeiten von Frauen beschränken.

Als zentraler Lösungsansatz für die Überwindung sozialer und geschlechtsspezifischer Barrieren stellt sich in beiden Arbeiten die Enttabuisierung der subtilen Ausgrenzungsmechanismen heraus. Wenn Verunsicherungen und Konflikte, die aus dem Rollenbruch erwachsen, als solche thematisiert werden können, ist bereits ein wesentlicher Beitrag geleistet, sich des eigenen Selbstwertes sicher zu bleiben.

Auf den Spuren einer Grenzüberschreitung

ArbeiterInnentöchter an der Universität

ASTRID SCHWARZ

Einleitung

ArbeiterInnentöchter an der Universität* in den Mittelpunkt des (Forschungs-) Interesses zu stellen, ist nach wie vor ungewohnt. Die soziale Herkunft und die damit verbundenen ungleichen Zugangs- und Ausgangsbedingungen für ein Studium erfahren wenig Beachtung und Akzeptanz in der wissenschaftlichen, aber auch in der handlungspraktischen Auseinandersetzung an der Universität.

Das Interesse, mich mit diesem Thema zu beschäftigen, ist in meinem eigenen Bildungsaufstieg begründet. Durch den gemeinsamen Erfahrungsaustausch mit Bildungsaufsteigerinnen aus feministischen Zusammenhängen fühlte ich mich darin bestärkt, mich mit dem Thema ArbeiterInnentöchter an der Universität auch wissenschaftlich zu beschäftigen und damit an die Öffentlichkeit zu gehen. Diese fanden in meinen Überlegungen Erklärungen für ihr diffuses Unbehagen an der Universität, das auch in den Nischen der universitären Frauenzusammenhänge besteht.

Allerdings wurde ich auch mit Skepsis und Unverständnis konfrontiert, gerade was die Thematisierung unterschiedlicher Bedingungen an der Universität in Abgrenzung zu anderen Frauen betrifft. Meine Überlegungen, daß sich die universitären „Realitäten" für ArbeiterInnentöchter an der Universität gerade aufgrund ihrer sozialen Herkunft im Unterschied zu anderen Frauen anders zeigen und gestalten, wurden insofern in Frage gestellt, als die zentrale Bedeutung der sozialen Herkunft für das Selbstverständnis als Studentin angezweifelt wurde.

Dem muß entgegengehalten werden, daß das Aufeinanderprallen von unterschiedlichen Lebenswelten (Herkunftsmilieu und Universität), die damit

---

* Als ArbeiterInnentöchter bezeichne ich Frauen, die sich von ihrer sozialen Herkunft dem ArbeiterInnenmilieu zurechnen, deren Eltern wenig Einkommen besitzen und geringe Schulbildung haben. Ich verwende im Verlauf des Artikels auch die Bezeichnungen Bildungsaufsteigerinnen oder Frauen aus bildungsfernen Familien (vgl. Schwarz 1996).

einhergehenden großen sozialen Distanzen, das damit verbundene Gefühl, zwischen zwei Stühlen zu sitzen, das eigene Studieren als Privileg, die Universität als keinen selbstverständlichen Ort zu erleben und die eigene Familie mit den dazugehörigen Lebensweisen verlassen/verraten zu haben, Erfahrungen sind, von denen ArbeiterInnentöchter viel zu erzählen wissen. Wie diese Erfahrungen ihren universitären Alltag beeinflussen, wenn nicht gar bestimmen, ist Thema dieses Artikels.

Mein Forschungsinteresse galt der spezifischen Situation von ArbeiterInnentöchtern an der Universität, und insofern treffe ich keine Aussagen über Barrieren von Frauen anderer sozialer Herkunft, die ich damit nicht negiere.

Bildungsgeschichte von Frauen: ein bürgerliches Phänomen

Blicken wir auf die Anfänge der Bildungsgeschichte von Frauen zurück, so darf nicht vergessen werden, daß diese Frauen „im allgemeinen aus den oberen Gesellschaftsschichten und [...] Töchter studierter, einsichtiger Väter" (Hollensteiner 1990, S. 9) waren und die Geschichte studierender ArbeiterInnentöchter eine noch jüngere ist. In sozialer Hinsicht erwies sich das Studium von Frauen von Beginn an als eindeutig bürgerliches Phänomen.

An der Philosophischen Fakultät der Universität Wien studierten 1902/03 insgesamt 141 Frauen, davon eine aus dem ArbeiterInnenmilieu. Ein langsamer und kaum merklicher Anstieg von Studierenden aus sozialen Unterschichten erreichte seine höchste Studienbeteiligung im Jahre 1981/82 mit 13,5 Prozent, die dann langsam wieder abfiel.

In Österreich schwankt der Anteil der studierenden Frauen und Männer aus der ArbeiterInnenschicht gemessen an den Gesamtstudierenden in den letzten Jahren um 9 Prozent*, wobei in statusträchtigen Studienrichtungen wie in den Rechtswissenschaften und der Medizin der Anteil der Studierenden aus dem ArbeiterInnenmilieu am geringsten ist.

Die „expansive Bildungspolitik" der 70er Jahre in Österreich, deren vordergründiges Ziel die Beseitigung von sozialen Barrieren war, brachte zwar prozentuelle Zuwächse, aber keine grundlegende Änderung der Ungleichheitsstruktur hinsichtlich der sozialen Herkunft. Hingegen haben Frauen von der Bildungsexpansion stark profitiert, wodurch sich die geschlechtsspezifische Ungleichheitsstruktur verschoben hat. Der Anteil der Studienanfängerinnen ist kontinuierlich gestiegen und liegt heute über der 50-Prozent-Marke,

---

* Die Studienbeteiligung der Frauen aus dem ArbeiterInnenmilieu übertrifft seit dem Studienjahr 1981/82 immer wieder die der männlichen Studenten.

der der Absolventinnen knapp darunter. Bei Betrachtung der Studienrichtungswahl zeigt sich allerdings, daß auch Frauen nach wie vor in statusniedrigeren Studienrichtungen überproportional vertreten sind.

Der Zugang zu einem Studium und die Entscheidung für die Studienrichtung weist demnach geschlechts- und klassenspezifische Barrieren auf. Während sich für Frauen die Zugangsbarrieren nunmehr in der Wahl der Studienrichtung zeigen, gilt für den *Zugang* zur Universität, daß die Herkunftsfamilie, der Bildungsstatus und die sozioökonomische Situation bestimmende Faktoren sind.

ArbeiterInnentöchter als Grenzüberschreiterinnen

Lassen sich die *Zugangs*barrieren anhand von Statistiken sehr gut aufzeigen, so gestaltet sich das Thematisieren und Konkretisieren der unterschiedlichen *(Ausgangs-)Bedingungen* von studierenden Frauen aus bildungsfernen Familien schwieriger.

Wenn nun Frauen aus dem ArbeiterInnenmilieu den Entschluß fassen, ein Studium zu beginnen, überwinden sie durch ihr Tun diese Zugangsbarrieren. Sie „ignorieren" durch ihr Handeln gesellschaftliche Platzzuweisungen und wehren sich gegen gesellschaftliche Zuschreibungen. Gerade durch das Überwinden von Zugangsbarrieren kann davon ausgegangen werden, daß sich damit die (Ausgangs-)Bedingungen dieser Frauen von denen Studierender anderer Herkunftsmilieus unterscheiden. Ich begreife ArbeiterInnentöchter in diesem Sinne als Grenzüberschreiterinnen, die klassenspezifische Hierarchisierungen durchbrechen und aus gesellschaftlich zugeschriebenen Handlungsspielräumen ausbrechen. Als Frauen begeben sie sich in eine patriarchale Struktur und als Angehörige des ArbeiterInnenmilieus in eine (bildungs-)bürgerliche Institution.

Die nun folgenden Ausführungen sollen verdeutlichen, wie ich zu dem Verständnis von ArbeiterInnentöchtern als Grenzüberschreiterinnen komme.

Geschlecht und Klasse als Kategorien sozialer Ungleichheiten im wissenschaftlichen Diskurs

Geschlecht und Klasse sind zwei bestimmende Kategorien für soziale Ungleichheiten. Als „soziale Ungleichheit" werden „differente Zugangschancen zu allgemein verfügbaren und erstrebenswerten sozialen Gütern und Positionen verstanden, die zugleich mit ungleichen Macht- und Interaktionsmöglichkeiten einhergehen und die Lebenschancen von Individuen oder Gruppen dauerhaft positiv oder negativ beeinflussen" (Gottschall 1995, S. 29). Das In-Beziehung-Setzen von Geschlechterhierarchien mit anderen Ungleichheitsstrukturen bestimmt heute gesellschaftstheoretische Diskurse. Diese Verbindung von mehreren Ungleichheitsstrukturen erweist sich allerdings politisch wie wissenschaftlich als keineswegs einfach.

Bis in die 70er Jahre waren in der Wissenschaft Klassentheorien zur Erklärung von sozialen Ungleichheiten vorherrschend. Diese wurden großteils von Schichtungs-, Mobilisierungs- und Individualisierungstheorien abgelöst. Der Klassenbegriff wurde in Frage gestellt, und an dessen Stelle traten Gesellschaftsanalysen, die mit den Begriffen „Schicht", „unterschiedliche Lebenschancen", „Individualisierung von Lebenslagen" etc. operieren. Durch die Frauenforschung wurde „Geschlecht" in den Mittelpunkt der Analysen gestellt und als wichtigste Strukturkategorie für soziale Ungleichheiten benannt.

Ist es in der Anfangsphase der Frauenforschung notwendigerweise um die Analyse der Unterschiede zwischen Frauen und Männern gegangen, der allgemeinen Struktur des Geschlechterverhältnisses, so wurde dies erweitert durch einen genaueren Blick auf unterschiedliche Lebensrealitäten von Frauen. In der neueren Literatur zum Thema „Frauen und Hochschule" werden immer stärker auch die Differenzen zwischen Frauen thematisiert. Die Lebenszusammenhänge und Biographiemuster von Frauen werden nun unter Berücksichtigung professionsspezifischer, herkunftsspezifischer und generationsspezifischer Unterschiede zwischen Frauen analysiert.

Dieser Artikel beschäftigt sich mit Lebenszusammenhängen von Frauen aus dem ArbeiterInnenmilieu mit dem Fokus auf herkunftsspezifische Einflüsse und deren Auswirkungen auf ihre Identitätsentwicklung als Studentinnen. Einen zentralen Ausgangspunkt stellt für mich die Erkenntnis dar, daß alle gesellschaftlichen Strukturen „geschlechtlich" geprägt sind.* Die geschlechtsspezifische Dimension sozialer Ungleichheit liegt gleichsam quer zu den herkömmlichen Kategorisierungen und reicht zugleich in alle von ihnen hinein. Klasse und Geschlecht strukturieren unser Leben, indem uns durch die Zuordnung zu einer bestimmten Klasse und zu einem bestimmten Geschlecht soziale Regeln, Handlungsspielräume und Lebenschancen eingeräumt werden. Die gesellschaftliche Lage von Frauen muß nicht nur als (durch die

---

* Vgl. Becker-Schmidt 1987. Die Gesellschaftsanalyse von Becker-Schmidt basiert unter anderem auf einer langjährigen Untersuchung zur Situation von Fabrikarbeiterinnen, die auf ausführlichen erzählenden Interviews beruht. Damit leistete die Autorin auch einen wesentlichen Beitrag zur Erforschung des Sozialisationsprozesses in ArbeiterInnenfamilien.

Geschlechterhierarchie) „identische" gesehen, sondern zugleich auch als (durch Klassenstrukturen) „differente" analysiert werden. Klasse und Geschlecht werden inzwischen als untrennbar ineinander verwobene Kategorien gesehen, die je nach Klasse und je nach Geschlecht unterschiedliche Lebenszusammenhänge bedingen.

„Übertretung" in den universitären Raum

Die Universität in ihrer Funktion zur Aufrechterhaltung der gesellschaftlichen Machtstrukturen reproduziert soziale Ungleichheitslagen und Hierarchisierungen. Dies findet nicht mehr über einen dezidierten Ausschluß statt, sondern vielmehr über subtilere Mechanismen an der Universität selbst. In Interaktionen werden Denk-, Wahrnehmungs- und Handlungsmuster von Individuen entlang der herkunfts- und geschlechtsspezifischen Trennlinie immer wieder aufs neue hergestellt. Die Diskrepanzen aufgrund des kulturellen Kapitals zeigen sich in der kulturellen Überlegenheit, im Zugehörigkeitsgefühl zur „legitimen" Kultur, in der Art der „Spielfähigkeit" im wissenschaftlichen Feld und in der „kulturellen Kompetenz" (vgl. Hasenjürgen 1996).

In den 80er Jahren wurde die Universität von Frauenforscherinnen meist als „homosoziale Welt" (Schultz 1992) beschrieben, die allen Frauen gleich gegenübertritt. Neuere Forschungsansätze in der Geschlechterforschung betonen hingegen, „daß es *die* Hochschule als Konstrukt von einheitlicher Bedeutung nicht gibt, sondern daß es sich um ein äußerst vielschichtiges Gebilde mit einer für die einzelnen Frauen jeweils anderen Bedeutung handelt, deren Entstehung sich auf dem Hintergrund ihrer individuellen Biographie nachzeichnen läßt" (Duka 1992, S. 243). Wie die Universität von einzelnen Frauen wahrgenommen und erlebt wird, ist demnach komplex und individuell sehr unterschiedlich, je nach Geschlecht, Klasse, sozialer Stellung im Universitätsbetrieb, Alter etc.

In den Untersuchungen zu „Frauen an der Universität" wird von einem Fremdheitsgefühl aufgrund der männlichen Institution und dessen „Spielregeln" gesprochen. In diesen wird thematisiert und kritisiert, daß Deutungs- und Handlungsmuster an der Universität auf männliche Lebensbiographien abgestimmt sind und nach wie vor männliche Standards gelten und Frauen ständig neuen sozialen Schließungen gegenüberstehen. Das männlich-bürgerliche Leistungsprinzip läßt sich an den Leistungsanforderungen, in der Wissenschaft, in Lehr- und Lerninhalten, in Methoden feststellen, aber auch dann, wenn es um Wissen und Kompetenz geht.

Edit Kirsch-Auwärter (1995, S. 79), die sich mit der Organisationsstruktur der Universität beschäftigt hat, stellt „auffällige Schwierigkeiten im Umgang mit Differenz, etwa bei der Normalisierung andersartiger Lebensentwürfe, Motivationen und Vorgehensweisen" fest. Nur spärlich gelingt es, andere Organisationsstrukturen aufzubauen, die andere Lebensentwürfe, Motivationen und Arbeitsweisen ermöglichen.

Wir müssen, wenn wir die Ungleichheitsstrukturen an der Universität betrachten, von komplexen Wechselwirkungen ausgehen. Eine Darstellung der Universität als „homosoziale Welt", die Frauen qua Geschlecht feindlich gegenübertritt, vernachlässigt die Frage nach Machtkomponenten von Frauen untereinander und gegenüber Männern, verhindert das Wahrnehmen von Handlungsspielräumen, und die eigene Beteiligung am Weitertragen von Ungleichheitsstrukturen durch Frauen gerät außer acht.

Auswirkungen der Grenzüberschreitung

Einige Studien zu ArbeiterInnentöchtern haben auf ihre marginalisierte Situation und die damit einhergehenden Schwierigkeiten hingewiesen. Es geht dabei unter anderem um die Schwierigkeit, sich als Studentin eine Identität aufzubauen und ein fachliches Selbstverständnis zu entwickeln. Erfahrungen, die Frauen als Bildungsaufsteigerinnen mit der Universität und mit der Familie gemacht haben, spielen hier eine wesentliche Rolle. Auffallend ist, daß die Thematisierung der *Problematik* des Bildungsaufstieges in den Untersuchungen dominiert. Alle Autorinnen sind sich darin einig, daß ein Bildungsaufstieg für Frauen konflikthaft ist. Diese Konflikthaftigkeit betrifft einerseits ihr Fremdsein an der Universität und andererseits ihr „Verlassen" des ArbeiterInnenmilieus und der Familie.

Als wesentliche Erfahrungen von ArbeiterInnentöchtern an der Universität werden in den Studien (vgl. Bublitz 1982; Haas 1992; Schlüter 1992) Integrationsprobleme, Isolationsgefühle, inhaltlich sich nicht wohl zu fühlen, Streßsituationen nur begrenzt gewachsen zu sein, nicht genügende Unterstützung zu erfahren und starke Selbstzweifel genannt. Finanzielle Schwierigkeiten und Belastungen spielen ebenfalls eine Rolle. Das Gefühl der doppelten Minderwertigkeit, das den Frauen bereits aus ihrer Kindheit bekannt ist, setzt sich an der Universität fort, „nämlich sowohl die gesellschaftlich vermittelte Zuschreibung der Minderwertigkeit als Mensch, sich vor allem in den Händen als Symbol körperlicher Arbeit ausdrückend, als auch die Erfahrung der Minderwertigkeit als Frau" (Borkowski 1992, S. 199). Diese Erfahrungen sind

172

so tief verinnerlicht, „daß ein Gefühl von Minderwertigkeit auf beiden Ebenen immer wieder auftreten kann" (ebd.). Es läßt sich aber auch beobachten, daß ArbeiterInnentöchter *sehr wohl* ihre Herkunftsbedingungen zunehmend selbstbewußt gegen bildungsinstitutionelle Bewertungskriterien setzen.

Wesentliche Sozialisationserfahrungen bzw. deren Konsequenzen, die im ArbeiterInnenmilieu angelegt sind und durch den Bildungsaufstieg verschärft und verstärkt werden, sind neben dem erwähnten Gefühl von Minderwertigkeit als Mensch und als Frau Abgrenzungsschwierigkeiten, verschärfte Abwehrmechanismen auf der psychischen Ebene, fehlende oder mangelnde Selbstliebe und die Schwierigkeit weiblicher Identitätsfindung. Diese wesentlichen Sozialsiationserfahrungen sind trotz – oder gerade wegen – des Bildungsaufstiegs in Form von Blockaden, Begrenzungen, Behinderungen und Beschränkungen spürbar. Da ihr Aufbrechen laut Borkowski nur schwer möglich und mit großem Aufwand verbunden ist, bleiben sie bestehen.

ArbeiterInnentöchter an der Universität sind in einem großen Ausmaß mit einer fremden Welt konfrontiert, da sie nicht über den „adäquaten" Habitus verfügen. Die von mir interviewten Frauen nehmen wahr, daß vieles von ihrer bisherigen Lebensbiographie bzw. ihren Lebenserfahrungen im universitären Kontext sowohl unberücksichtigt bleibt als auch von den Frauen selbst nicht mehr eingesetzt werden kann.

Das Spannungsfeld der unterschiedlichen Lebensrealitäten von sozialer Herkunft und universitärem Dasein wird als enorm groß erlebt. Lebens- und Arbeitswelten im ArbeiterInnenmilieu und an der Universität sind sehr unterschiedlich strukturiert und bringen daher andere (Arbeits-)Anforderungen hervor. Die Anforderungen der einen Lebenswelt entsprechen nicht den Anforderungen der anderen. An der Universität sind die Frauen unumgänglich mit Werten, Haltungen und Arbeitsweisen konfrontiert, die in ihrer Sozialisation im ArbeiterInnenmilieu wenig bis gar keine Bedeutung hatten. Ich denke hier zum Beispiel an die Wichtigkeit des Lesens, die Fähigkeit, sich sprachlich präzise und differenziert auszudrücken, die Sichtweise bzw. der Stellenwert von Leistung. Im Erleben äußern sich diese Diskrepanzen im Gefühl der Fremdheit an der Universität, des Sich-fehl-am-Platz-Vorkommens, Sich-unerwünscht-Fühlens sowie in Gefühlen der Unsicherheit, Inkompetenz und Unwissenheit.

Erfahrungen aufgrund des Bildungsaufstieges

Immer wieder wurde deutlich, daß die Frauen ihre universitären Erfahrungen und ihre Bildungsgeschichte stark im Kontext ihrer sozialen Herkunft wahrnehmen und definieren. In ihren Schilderungen zur Studienmotivation und -entscheidung zeigen sich allerdings sehr deutlich Diskrepanzen: Sie tun etwas anderes als ihr soziales Umfeld; sie wollen nicht so leben wie die Eltern. Sie artikulieren, daß sie, von ihrer Lebensbiographie betrachtet, nichts Selbstverständliches tun. Niemand erwartete von ihnen, daß sie studieren sollten. Die eigenständig getroffene Entscheidung, ein Studium zu beginnen, ist von unterschiedlichen Reaktionen der Eltern begleitet: Sie sagen zum Beispiel: „Das mußt du schon selber wissen", oder Frauen sind mit großem Unverständnis, mit Besorgnis und Verlustängsten von seiten der Eltern konfrontiert; oder aber die Eltern unterstützen die Frauen mit dem Argument der Wichtigkeit von Ausbildung.

Nichts Selbstverständliches tun

Unabhängig von der Reaktion der Eltern betonen die Frauen, daß sie nichts Selbstverständliches tun und sich damit immer mehr vom „Verständlichen" und „Verständnis" des Elternhauses entfernen. Das „Nicht-mehr-mit-Können" der Eltern zieht sich durch alle Erzählungen. Die fehlende Selbstverständlichkeit drückt sich nicht nur dahingehend aus, daß intensive Vorüberlegungen bei der Studienentscheidung[*] und die Eigenverantwortlichkeit dabei eine wichtige Rolle spielten, sondern zeigt sich auch in der Ungewißheit, ein Selbstverständnis als Studentin aufbauen zu können.

Die Schilderungen der Erfahrungen weisen auf große soziale Distanzen und Barrieren hin:[**] Sie sprechen davon, „ein Ritual zu brechen", und vom „Vortasten in ein neues Gebiet, in eine andere gesellschaftliche Schicht" . Sie zeigen auch auf, daß die Frauen sehr wohl ihre Grenzüberschreitung und fehlende Selbstverständlichkeit wahrnehmen. Traurigkeit und Depression sind vertraute Gefühle und finden ihre Erklärung in den Beziehungen zu anderen, im Fremdsein zur übrigen Außenwelt und in den Diskrepanzen, die sie anderen Studierenden gegenüber erleben. „Schlucht" und „Abstand" sind Begrifflichkeiten, die für die Frauen ihre Beziehung zum universitären Kontext beschreiben. Reaktionen von

---

[*]   In Vergleichsstudien konnte festgestellt werden, daß gerade die Studienentscheidung bei Studierenden aus bildungsnahen Familien eben nicht als Entscheidung wahrgenommen wurde, sondern für sie selbstverständlich war, daß sie einmal studieren werden (vgl. Hasenjürgen 1996).

[**] Deutliche Unterschiede stellt Hasenjürgen auch in der vorgezeichneten Laufbahn und im Leistungsdruck fest. Sie spricht bei jenen, die selbstverständlich an die Universität gegangen sind, von denen, die in das „gemachte Bett" gingen und die Zubettgehregeln kennen, während sie den anderen einen fehlenden akademischen Stachel zuschreibt und einen Nachholbedarf konstatiert (Hasenjürgen 1996, S. 130).

seiten der Lehrenden bestärken die Wahrnehmung einer Grenzüberschreitung: „Sie [die ProfessorInnen, Anm. d. Verf.] fühlen sich vor den Kopf gestoßen."

Die Fremdheit und das Gefühl der Grenzüberschreitung beziehen sich also sowohl auf das Erleben an der Universität als auch auf die Beziehung zum Herkunftsmilieu.

Potentiale einer Bildungsaufsteigerin

Eng daran gekoppelt ist die Wahrnehmung und positive Bewertung der Selbständigkeit und der Tatsache, den eigenen Weg gegangen zu sein und damit nicht Erwartungen anderer erfüllt zu haben, nicht „angepaßt" agiert zu haben. Die Frauen nehmen ihren „eigenen Willen" und ihre „Sturheit", ihr eigenes Engagement und Interesse als wesentliche Potentiale wahr, die dazu führten, daß sie sich für ein Studium entschieden haben und heute studieren. Stolz und die Wahrnehmung der Eigeninitiative sind positive Aspekte eines Bildungsaufstieges.

Wird von ArbeiterInnentöchtern einerseits oft bemängelt, daß ihnen aufgrund ihrer finanziellen und psychosozialen Situation für ein „richtiges Studieren" die „nötige Ruhe" fehle oder der „Kopf nicht frei" wäre, wird andererseits die Studienzeit auch als jene Zeit gesehen, die „mir gehört", in der die Frauen „die Freiheit genießen" etc. Sie versuchen die Studienzeit, so gut es geht, für ihre Interessen und Ansprüche zu nutzen.

Arbeitsanforderungen an eine Bildungsaufsteigerin

Das Unbehagen, das von den Frauen geäußert wird, ist immer wieder eng gekoppelt mit Unsicherheit bzw. Unwissen darüber, welche Arbeitsweisen und -anforderungen an der Universität vorherrschen. Die Fremdheit an der Universität zeigt sich auch in unrealistischen Vorstellungen der Frauen, was sie können und leisten müssen. In Sätzen wie: „ich habe nie richtig studiert" (die Frau hat in 12 Semestern ihr Studium beendet und war nebenher zumeist erwerbstätig) drückt sich nicht nur aus, daß ihre Erwartungen teilweise unerfüllt blieben, sondern auch, daß ihr Studentinsein von etwas durchzogen war, das sie nie „richtig Studentin sein" ließ. Daß zum Verständnis von Studieren mehr gehört, als das Erreichen eines Studienabschlusses, wird offensichtlich. Die Einschätzung des eigenen Studienverhaltens und die Bewertung des eigenen Tuns hängt weniger vom formal und real erreichbaren Ziel ab, sondern vielmehr vom eigenen Selbstverständnis.

Aufgrund der großen sozialen Distanzen wird „Mehrarbeit" notwendig. Dieser von Hannelore Bublitz 1982 eingeführte Begriff meint jene Leistungen, die ArbeiterInnentöchter an der Universität erbringen müssen, um den universitären Anforderungen gerecht zu werden. Diese Mehrarbeit ergibt sich gerade durch die diskrepanten Sozialisationserfahrungen, da an der Universität ihre klassenspezifischen Sozialisationserfahrungen wenig bis keine adäquaten „Lernerfahrungen" sind.*

Subtile Mechanismen konfrontieren ArbeiterInnentöchter an der Universität mit „ihrer" „Unzulänglichkeit" aufgrund des nicht „adäquaten" kulturellen Kapitals. „Ihre" setze ich hier unter Anführungszeichen, weil es sich eben nicht um individuelle, sondern um systembegründete, kulturell immer wieder reproduzierte Barrieren und soziale Schließungen handelt.

Fehlende soziale Anerkennung

Dadurch, daß die Frauen ihren Familien nicht vermitteln können, was sie tun, bekommen sie von seiten der Eltern auch wenig Bestätigung und Anerkennung für ihre Tätigkeiten an der Universität. Da ArbeiterInnentöchter ihr soziales Milieu verlassen und in eine für sie und ihr Herkunftsmilieu fremde Welt eintreten, kann die notwendige soziale Anerkennung plausiblerweise nicht von den Eltern kommen, so sehr sie auch von diesen erwünscht wird und so sehr sich diese auch bemühen. Den Eltern ist die Welt der Universität zu fremd. Aufgrund dieser fehlenden Unterstützung sind ArbeiterInnentöchter mehr als Studierende anderer Herkunftsschichten auf den Kontakt und den Austausch zu anderen Studierenden und Lehrenden angewiesen. Diese Unterstützung können sie sich allerdings meist nicht holen, da ihnen selbst ihre Bedürfnisse und Forderungen als nicht adäquat erscheinen.

Es kann angenommen werden, daß die soziale Distanz zwischen Hochschullehrenden und ArbeiterInnentöchtern zu groß ist, als daß der finanzielle, soziale und psychische Aufwand von ArbeiterInnentöchtern hinreichend bekannt wäre. Brigitte Hasenjürgen spricht von der Rekrutierung unter sozial Gleichen, auch unter den Frauen und in der Frauenforschung. Wohl wenige Frauen aus bildungsfernen Familien sitzen an Positionen, wo sie Frauen aus bildungsfernem Milieu fördern könnten.**

---

* „Was nutzt mir Lebenserfahrung an der Universität und im Wissenschaftsbetrieb?"

** Was als Förderung und wie diese erlebt wird, ist abhängig von Geschlecht, sozialer Herkunft und Stellung im Wissenschaftsbetrieb (vgl. Hasenjürgen 1996).

Resümee und Ausblick

Im Selbstverständnis von ArbeiterInnentöchtern treten durch einen Bildungsaufstieg ambivalente Gefühle auf: Das Wissen um das Eigenpotential, die
eigene „Sturheit" und „Willensstärke" und das damit einhergehende Selbstvertrauen schließen Gefühle der „Minderwertigkeit" und die Wahrnehmung
der eigenen „Unzulänglichkeit" nicht aus. Das Aufeinanderprallen unterschiedlicher Lebenswelten zeigt sich für die ArbeiterInnentöchter in Wahr-
nehmungen der unterschiedlichen Anforderungen, der unterschiedlichen Verhaltensweisen, darin, daß sie die Rituale der Universität nicht beherrschen,
nicht die adäquate Sprache und Sprechweise besitzen. Ambivalenzen und
Identitätsverunsicherungen bestimmen die gesamte Studienzeit und das
Selbstwertgefühl; sie sind bestimmender als gute Leistungen und Fachinter-
esse. Es ist zu vermuten, daß sich dies als nachteilig für die Karriere auswirkt,
falls die Studentinnen das nicht überwinden.

Im Laufe meiner Beschäftigung mit dem Bildungsaufstieg aus bildungsfernen Familien fiel mir an der Universität immer wieder die Tabuisierung dieser
Thematik auf.* Aufgrund des Anscheins, daß es einen freien Universitätszu-
gang für alle gibt und soziale Barrieren an der Universität nicht diskutiert
werden, sind Studentinnen aus dem ArbeiterInnenmilieu auf eine Individualisierung ihrer Situation zurückgeworfen und begreifen ihre Probleme als
persönliches Versagen. Das Ergebnis ist Schweigen statt kollektiver Identi-
tätssuche, die den eigenen Weg bestärken würde.

Die Diskussion und Auseinandersetzung zum Einfluß von Geschlecht *und*
Klasse als Kategorien zur Reproduktion sozialer Ungleichheiten an der Universität muß vom informellen in einen öffentlichen Rahmen rücken. „Erst
wenn Arbeitertöchter sich zu einer sozialen Gruppe zusammenfinden, ist eine
kollektive Veränderung ihrer Situation möglich. Dafür müssen sie allerdings
das Schweigen über ihre soziale Herkunft brechen" (Schlüter 1992, S. 11).
Als Betroffene fällt es schwer zu artikulieren, daß universitäre Selbstverständlichkeiten und Wissensvorräte eben nicht so selbstverständlich sind, wie
zumeist angenommen. Sich defizitär zu erleben, hat etwas Fatales. Schweigen
und Isolation führen zu einer Individualisierung von gesellschaftlich begrün-
deten Schwierigkeiten und Ungerechtigkeiten. Die Welt der Universität
scheint in Ordnung, und die Studierenden scheinen es sich schon so zu richten,
daß sie sich wohl fühlen. Der Schein trügt oft.

---

* In einer Diskussion im Anschluß an einen Vortrag von mir „Zur Bedeutung von Geschlecht und Klasse
   an der Universität" fiel der sehr bezeichnende Satz: „Tun wir uns heute mal outen."

Eine Analyse der sozialen Wirklichkeiten an der Universität kann insbesondere Angebote für diejenigen Individuen und Gruppen bereitstellen, die mit „ungenügenden" Spielfähigkeiten ausgestattet sind. Aufklärung und Selbstreflexion können helfen, eigene Beschränkungen anzuerkennen, ohne sie zugleich als Defizite zu begreifen. Erst dadurch wird es möglich, Zugang zum spezifischen „Erfahrungsschatz" zu erreichen und damit ein kritisches Potential einzubringen.

Das Schweigen brechen, dem Unbehagen Sprache verleihen, ein Ventil für Wut, Zorn und Ärger finden – so läßt sich meine Auseinandersetzung mit meinem Bildungsaufstieg wohl treffend beschreiben. Eine Grenzüberschreitung hinterläßt ihre Spuren.

Literatur

Becker-Schmidt, Regina: Die doppelte Vergesellschaftung – die doppelte Unterdrückung: Besonderheiten der Frauenforschung in den Sozialwissenschaften. In: Wagner, I./Unterkircher, L. (Hg.): Die andere Hälfte der Gesellschaft, Wien 1987, S. 10–25.

Borkowski, Brigitte: Ausbruch und Aufbruch durch Bildung aus Milieu- und Geschlechtsrollenbegrenzungen. Nachdenken über den Workshop „Arbeitertöchter und ihr sozialer Aufstieg". In: Schlüter, Anne (Hg.): Arbeitertöchter und ihr sozialer Aufstieg. Zum Verhältnis von Klasse, Geschlecht und sozialer Mobilität, Weinheim 1992, S. 195–208.

Bublitz, Hannelore: Ich gehörte irgendwie so nirgends hin ...: Arbeitertöchter an der Hochschule, Giessen 1982.

Duka, Barbara: Kritische Anmerkungen zur „Akkulturationsthese". In: Wetterer, Angelika (Hg.): Profession und Geschlecht. Über die Marginalität von Frauen in hochqualifizierten Berufen, Frankfurt am Main/New York 1992.

Gottschall, Karin: ‚Geschlecht' und ‚Klasse' als Dimensionen des sozialen Raums. Neuere Beiträge zum Verhältnis von Geschlechterhierarchie und sozialer Ungleichheit. In: Wetterer, Angelika (Hg.): Die soziale Konstruktion von Geschlecht in Professionalisierungsprozessen, Frankfurt am Main/New York 1995, S. 33–50.

Haas, Erika: Studiengrund: „Trotz: Eltern beide dagegen!" – Arbeitertöchter an der Technischen Universität München. Oder: Grenzen der Individualisierung und Pluralisierung von Lebenslagen. In: Schlüter, Anne (Hg.): Arbeitertöchter und ihr sozialer Aufstieg. Zum Verhältnis von Klasse, Geschlecht und sozialer Mobilität, Weinheim 1992, S. 66–81.

Hasenjürgen, Brigitte: Soziale Macht im Wissenschaftsspiel. SozialwissenschafterInnen und Frauenforscherinnen an der Hochschule, Münster 1996.

Hollensteiner, Eva: Frauen an Universitäten. Starke Präsenz des „schwachen" Geschlechts?, Hg. Bundesministerium für Wissenschaft und Forschung, Wien 1990.

Kirsch-Auwärter, Edit: Kulturmuster organisationalen Handelns am Beispiel wissenschaftlicher Institutionen. In: Wetterer, Angelika (Hg.): Die soziale Konstruktion von Geschlecht in Professionalisierungsprozessen, Frankfurt am Main/New York 1995, S. 73–84.

Schlüter, Anne (Hg.): Arbeitertöchter und ihr sozialer Aufstieg. Zum Verhältnis von Klasse, Geschlecht und sozialer Mobilität, Weinheim 1992.

Schultz, Dagmar: Akkulturation und die Entwicklung kultureller Zwischenwelten. In: Wetterer, Angelika (Hg.): Profession und Geschlecht. Über die Marginalität von Frauen in hochqualifizierten Berufen, Frankfurt am Main/New York 1992, S. 225–240.

Schwarz, Astrid: „Wia mir lebn, isch nit die Welt". Zur Bedeutung von geschlechts- und klassenspezifischen Sozialisationserfahrungen im ArbeiterInnenmilieu für das Selbstverständnis als Studentin am Beispiel des Verständnisses von Arbeit, Diplomarbeit, Wien 1996.

Zur Konstruktion von Weiblichkeit in Karrierepositionen

BARBARA TOTH

„Was ist eine Karrierefrau? ... Es gibt das Bild der Karrierefrau, das also bestimmte Zeitungen propagieren ... ist das eine Karrierefrau? ... Wer hat denn das auch erfunden? ... Das sind ja immer so bestimmte Anlässe, warum man was erfindet ... niemand hat Karrieremann gesagt, nicht."
(5/551)*

Einleitung

> „Gender relations are relations of power"
> *(Hare-Mustin 1990, S. 185)*

Der Begriff „Geschlechterdifferenz" bezieht sich auf die jeweilige soziale Übereinkunft, welche Eigenschaften, Verhaltensweisen und Tätigkeiten als „männlich" oder „weiblich" erachtet werden. Der Dichotomisierung von Eigenschaften entspricht die geschlechtsspezifische Segmentierung aller Bereiche des gesellschaftlichen Lebens. Als Männerdomänen gelten unter anderem jene Bereiche, die mit Einfluß und Prestige verbunden sind und die Kontrolle über politische und ökonomische Machtressourcen garantieren. Die Konstruktion der Differenz scheint damit im wesentlichen der Hierarchisierung des Geschlechterverhältnisses zu entspringen und kann damit nicht wertneutral gedacht werden.

Die konkreten Zuordnungen erscheinen dabei als situativ und historisch veränderbar, es wird jedoch daran festgehalten, daß es eine eindeutige Differenz geben muß. Wenn es dazu kommt, daß Frauen die gleichen formalen Managementfunktionen wie Männer übernehmen, wird die bipolar bestimmte Geschlechtsidentität aller Beteiligten in Frage gestellt. Diese Verunsicherung kann dadurch gemildert werden, daß die Art der Ausübung der Tätigkeiten, etwa der Führungsstil oder die Selbstpräsentation, um so eindeutiger durch geschlechtsspezifische Unterschiede gekennzeichnet werden muß.

Der vorliegende Artikel geht der Frage nach, ob und wie sich die Bestimmung von „Weiblichkeit" in Karrierepositionen verändert oder egalisiert,

---

* Die Zitatquellen sind mit Personen- und Zeilennummern angegeben, bei Sequenzen, in denen der jeweilige Beruf von Bedeutung ist, steht ein P für Politikerin, ein M für Managerin.

180

wenn Frauen der Zugang zu gesellschaftlichen Einflußpositionen gelingt. In der hier zugrundeliegenden Studie (Toth 1997) wurden 15 Frauen aus Spitzenpositionen interviewt, die in politischen Gremien beziehungsweise größeren Unternehmen Letztentscheidungskompetenzen übernommen haben. Ihre Positionen entsprechen weder inhaltlich noch einflußmäßig den traditionellen Geschlechtsrollenvorgaben. Lediglich zwei von ihnen hatten eine Frau als Vorgängerin.

Im ersten Teil meines Beitrags werde ich aufzeigen, inwiefern Frauen aufgrund ihrer Minderheitenposition wesentlich andere Bedingungen als ihre männlichen Kollegen vorfinden und dementsprechend auch auf andere Verhaltensweisen angewiesen sind; im zweiten Teil wird die Konstruktion von Weiblichkeit in Karrierepositionen konkretisiert und in ihrer Funktion für die Aufrechterhaltung des Statusunterschiedes zwischen den Geschlechtern beleuchtet.

Der letzte Teil befaßt sich mit der Frage, in welchen Aspekten der Zugang von Frauen zu Spitzenfunktionen das traditionelle Geschlechterverhältnis erweitert oder lediglich perpetuiert.

Die Bedeutung der Marginalisierung für das Identitätserleben

„[...] der höchste Anteil Frauen ist [in den Gremien zuständig für den] Bereich der Schule, Wissenschaft usw. ... und das sagt eigentlich alles, also dort, wo wirklich das Geld verteilt wird, wo die großen Linien bestimmt werden, sind nach wie vor vollkommene Männerbereiche [...].“
(P1/177)

Jede Vormachtstellung einer bestimmten Gruppe kann langfristig nur dann aufrechterhalten werden, wenn sie durch die Verfügung über reale Machtressourcen abgesichert ist. Insofern kommt der Segregation des Arbeitsmarktes – und damit den Zugangsmöglichkeiten zu wirtschaftlichen, politischen und militärischen Entscheidungspositionen – eine zentrale Bedeutung für die Beständigkeit der traditionellen Geschlechterhierachie zu.

Der Einfluß der Kategorie Geschlecht auf die Teilung des Arbeitsmarktes und damit auf Rekrutierungsmuster läßt sich durchgängig beobachten. So sinkt sowohl mit dem zunehmenden Prestigegewinn einer Branche oder eines Tätigkeitsbereiches als auch mit der Höhe einer Position in der Organisationshierarchie der Frauenanteil rapide.

In den letzten Jahren konnten durch die öffentliche Diskussion der beruflichen Diskriminierungen einige strukturell verankerte Benachteiligungen überwunden oder gemildert werden. Vor allem politische und wirtschaftliche

Gremien, die sich in der Öffentlichkeit zu präsentieren und legitimieren haben, kommen nicht mehr umhin, einen gewissen Frauenanteil vorzuweisen. In der Statistik der Frauenquoten spiegelt sich jedoch nach wie vor eine Unterrepräsentation wieder, die dem Qualifikationsniveau von Frauen nicht entspricht. Der Anteil an weiblichen Führungskräften schwankt zwischen zwei und 15 Prozent, und es scheint dann eine unsichtbare und unüberwindbare Grenze zu existieren. Insbesondere der Zugang zu zentralen Alleinentscheidungspositionen scheint für Frauen fast gänzlich unerreichbar.

Ich werde in der Folge auf drei Mechanismen eingehen, die in besonderem Ausmaß die Marginalisierung von Frauen in Entscheidungsfunktionen aufrechterhalten und ihren beruflichen Alltag wesentlich mitbestimmen.

Tabuisierung der Differenz

> „[...] wenn ich oft etwas gesagt habe, dann war kein Kommentar in der Runde ... dann hat's ungefähr 10 Minuten später ein Mann gesagt, und dann ist das diskutiert worden. Ich hab' lange Zeit nicht kapiert, was das ist, und hab' immer gedacht, drück' ich mich so unklar aus?" (M2/145)

Die Geschlechtlichkeit stellt die Leitdifferenz dar, auf deren Grundlage die Konstituierung von Organisationen als ursprüngliche Männergefüge stattgefunden hat. Das männliche Zutrittsmonopol zu gehobenen Ausbildungswegen und Berufen war ein explizites und gesetzlich verankertes, Vorurteile in bezug auf die Professionalisierung von Frauen wurden offen publiziert und diskutiert.

Frauen, denen in der Nachkriegszeit eine Karriere gelungen ist (vgl. Hennig/Jardim 1987), waren sich über diese Ausgrenzungsmechanismen im klaren. Diese Pionierinnen – sie waren die ersten Frauen in den jeweiligen Positionen – bewerteten die ersichtlichen Akzeptanzschwierigkeiten der Männer als deren persönliche Schwierigkeiten, und sie werden durchwegs als sehr selbstsicher beschrieben.

Um die traditionelle Ordnung trotz der zunehmenden Integration von Frauen möglichst aufrechtzuerhalten, wurde die Existenz dieser Leitdifferenz tabuisiert. Es gilt nunmehr rechtlich der Gleichheitsgrundsatz, und Unternehmen und Parteien präsentieren sich dementsprechend als geschlechtsneutral. Die beruflichen Aufstiegsmöglichkeiten von Frauen werden ausschließlich auf ihr individuelles Leistungsvermögen zurückgeführt. An die Stelle expliziter Zugangsverweigerungen sind indirekte und schwerer nachvollziehbare Formen der Ausgrenzung und Marginalisierung getreten. Geschlechtsspezifische Barrieren entziehen sich so der Kritik und können weniger bewußt als Konkurrenzstrategien reflektiert werden.

Viele Frauen sind auf diese subtilen Diskriminierungen nicht vorbereitet und tendieren dazu, Abwertungen ihrer Kollegen zunächst auf persönliche Defizite und eigenes Versagen zurückzuführen. Im Unterschied zur Generation ihrer Vorgängerinnen wird so das Vertrauen in die eigenen Fähigkeiten immer wieder durch Zweifel daran massiv in Frage gestellt.[*]

Die Individualisierung von geschlechtsspezifischen Konflikten macht somit die einzelne Frau für eine Lösung verantwortlich. Die Lösungsstrategien bleiben situativ und damit von beschränkter Reichweite.

Minderheitenposition

„[...] bestimmte Anliegen werden nicht berücksichtigt ... das hat schon mit der Zusammensetzung zu tun, daß also die Männer dominieren und andere Dinge einfach als wichtig empfinden [...]." (M5/947)

Nach Kanter (vgl. Rastetter 1994, S. 233ff.) ist jede Minderheitenposition (bis zur kritischen Anteilsgrenze von 15 Prozent) unabhängig von der spezifischen Gruppierung mit gruppendynamischen Konsequenzen verbunden, die wesentlichen Einfluß auf das persönliche Identitätserleben nehmen.

Die Zugehörigkeit zur Minderheit ist zumeist „auf den ersten Blick" erkennbar anders. Um den Außenseiterstatus zu mildern, wird die Andersartigkeit, die Differenz, möglichst tabuisiert und die Forderung nach loyaler und rollenkonservativer Anpassung akzeptiert. Die Ermöglichung des individuellen „Ausnahmestatus" (die Besetzung von Spitzenpositionen erfolgt häufig durch Berufungsverfahren) erhöht die Eingliederungsbereitschaft. Die weiblichen Führungskräfte sind sich bewußt, daß sie sich in einer männlichen Domäne bewegen und ihre Integration keine Selbstverständlichkeit darstellt.

Im Vergleich der Frauengenerationen sind die Pionierinnen der Vor- und Nachkriegsjahre, denen es gelungen ist, die grundsätzliche Ausgrenzungshürde zu überwinden, in ihrer Einstellung und ihrem Verhalten durch eine gänzliche Identifikation mit den traditionellen männlichen Vorgaben charakterisiert. Diese Übernahme der Einstellungen der Mehrheit ermöglichte den Frauen die Aufrechterhaltung ihrer Identitätskonsistenz, spiegelt aber auch die Massivität des Anpassungsdrucks wieder.

Die von mir untersuchte Frauengruppe, die bereits auf die gesellschaftliche Akzeptanz einer weiblichen Minderheit zurückgreifen kann, äußert sich fast durchgängig sehr kritisch gegenüber den als männlich erlebten Werten und

---

[*] Dieser Unterschied läßt sich bereits im Vergleich der Altersstufen der vorliegenden Stichprobe (39 – 61 Jahre) feststellen und verdeutlicht sich noch mehr im Vergleich mit der Studie von Hennig und Jardim (1987) über Frauen, denen der berufliche Aufstieg in der Nachkriegszeit gelungen ist.

der damit verbundenen Berufspolitik, wagt es im Arbeitsalltag jedoch kaum oder nur sehr vorsichtig, diese Kritik und alternative Vorschläge einzubringen. Neue Wege werden kaum ausprobiert, da die Gefahr des Ausschlusses hoch ist. Diskriminierungen und gezielten Abwertungen, die in erster Linie die professionelle Kompetenz der Frauen in Frage stellen, kommt eine wesentliche Anpassungsfunktion zu.

Nach Kanter können ab einem Anteil von etwa 35 Prozent einflußreiche Mehrheiten gebildet werden, in denen ein stabiles Gemeinschaftsdenken durch Ausschlußdrohungen nicht mehr gefährdet werden kann. Die Einflußmöglichkeiten und die Eigenständigkeit des Beitrags von Frauen als kollektive Gruppe hängen damit wesentlich von ihrer Präsenz in den entsprechenden Gremien ab.

Statusgefälle

„Die Frauen, die ich in der Branche kenne, sind wirklich alle ausgezeichnet. Die sind bestimmt besser als der Durchschnitt der Männer, trotzdem mangelt es ihnen an Selbstbewußtsein ... und auch die Männer sind's noch nicht gewohnt, eine gleichwertige Frau zu haben [...]." (4/157)

Im Vergleich von männlichen und weiblichen Minoritäten zeigt sich, daß Kanters Minderheitentheorie nicht ausreicht, um die gruppendynamischen Prozesse zu erklären. Ausschlaggebend ist vielmehr das Statusgefälle zwischen den Geschlechtern, das bewirkt, daß zum Beispiel männliche Kindergärtner gerade wegen ihrer Minoritätsposition von den Kolleginnen besonders geschätzt und anerkannt werden (vgl. Augusta 1997). Ihre Anwesenheit wird als Bereicherung erlebt, und es wird ihnen zugebilligt, sich die ihnen angenehmen Tätigkeiten auszusuchen. An die Stelle der Übernahme der Mehrheitskultur tritt ein betontes Einbringen der abweichenden, „männlichen" Ansichten.

Im Gegensatz dazu müssen Frauen in Männerbranchen zumeist gegen die Geringerschätzung der weiblichen Leistungsfähigkeit und um die Anerkennung ihrer fachlichen Kompetenz kämpfen und stellen ihre Akzeptanz aufs Spiel, wenn sie männliche Traditionen in Frage stellen.

Wetterer (1994) kommt in ihren Analysen zu dem Schluß, daß in beiden Situationen Männer weitaus nachdrücklicher damit befaßt sind, die Geschlechterdifferenz zu betonen und zu verstärken, und diese Differenzverstärkung von ihren weiblichen Kolleginnen ebenfalls verlangen. Der Grund kann darin gesehen werden, daß Männer, die auf der vorteilhaften Seite der Asymmetrie positioniert sind, durch eine Verminderung der Differenz Statuseinbußen befürchten, während für Frauen die Übernahme „männlicher" Attribute (Damenanzug und Aktenkoffer) mit Statusgewinn assoziiert ist.

Die Ergebnisse der vorliegenden Untersuchung weisen ebenfalls darauf hin, daß die Einhaltung „weiblicher" Verhaltensnormen insbesondere von Männern erwartet wird. Das Bemühen der Frauen, diesen Vorgaben gerecht zu werden, ist nicht zuletzt darin begründet, sich vor dem Zorn ihrer Kollegen zu schützen.

Zusammenfassend läßt sich sagen, daß Frauen in wesentlichen Aspekten andere berufliche Bedingungen als ihre männlichen Kollegen berücksichtigen müssen. Um das berufliche Verhalten und die Ausprägung des eigenen Selbstverständnisses von weiblichen Führungskräften verstehen zu können, reicht es nicht aus, persönliche Faktoren zu erheben. Vielmehr erscheinen die gesellschaftspolitischen Gegebenheiten (der Grad an generationsspezifischer Akzeptanz), die sozialen Bedingungen am konkreten Arbeitsplatz (der Selbstverständlichkeitscharakter von weiblichen Führungskräften) und das Ausmaß, in dem die eigene Autonomie durch reale Machtfaktoren abgesichert ist, als wesentlich bestimmender Hintergrund.

Soziale Ethik als Kern des Weiblichkeitskonstrukts

„Eine Frau darf ja wirklich nicht, auch wenn ihr gelegentlich danach ist, voll Gefühle zeigen ... die Männer tun das zwar hemmungslos, die brüllen und toben und benehmen sich daneben, nur ... eine Frau, die wäre denunziert für immer [...]." (P1/405)

Die Inhaber von Karrierepositionen verkörpern und repräsentieren die Werte der Institution und sind einem enormen Konkurrenzdruck ausgesetzt. Entsprechend streng sind die Verhaltensvorschriften für beide Geschlechter. Der Verhaltenskodex für Frauen enthält jedoch zusätzliche Verbote, die ausschließlich ihren Handlungsraum beschränken.

Unsichtbarkeit weiblicher Macht und Aggression

„[... das Bemühen] mit Aggression ganz anders umzugehen beziehungsweise sie gar nicht aufkommen zu lassen, das ist ein Vorsatz von mir, Aggressionen, Konflikte, alles das völlig anders zu bewältigen [...]." (M2/748)

Weiblichen Führungskräften wird in ihren jeweiligen Positionen funktionelle Macht und Autorität zugestanden, diese Macht darf jedoch nicht hervorgestrichen oder als persönliche Befriedigung sichtbar werden. Der Vorwurf von Eitelkeit, Stolz oder persönlichem Machtstreben wird in besonderem Ausmaß als verletzend und beschämend erlebt und zurückgewiesen.

Weibliche Führungskräfte tendieren dazu, ihren Einfluß zu unterschätzen, das Machtgefälle zu Statusniederen zu nivellieren und die partnerschaftliche Zusammenarbeit zu betonen. Sie vermeiden Statussymbole, das Hervorstreichen der eigenen Leistungen und die Betonung des professionellen Status.

In ähnlicher Weise gilt auch für das Kommunikationsverhalten ein geschlechtsspezifischer Doppelstandard. Während die männliche Rhetorik häufig von abwertenden und emotionalisierten „Argumenten" geprägt ist und Aggression zum Ausdruck gebracht werden darf, sind Frauen aufmerksame, bestätigende und unterstützende Gesprächspartnerinnen. Sie sind bemüht, Konflikten bereits im Vorfeld vorzubeugen, vermeiden Kritik und mögliche Verletzungen und sind um gemeinsame Lösungen bestrebt. Sie sind damit bereit, auf bestimmte Durchsetzungsstrategien zu verzichten, auch wenn ihnen das in Konflikt- und Konkurrenzsituationen immer wieder zum Nachteil gereicht.

Weibliche Führungskräfte, die wesentlich mehr auf den Goodwill ihres beruflichen Umfeldes angewiesen sind, werden leichter akzeptiert und können viele Anfeindungen vermeiden, wenn sie ihre Macht und mögliche Überlegenheit nicht allzu sichtbar werden lassen. Diese Norm geht mit dem eigenen Selbstbild und dem moralischen Anspruch der Frauen konform, sich nicht durch aggressive Impulse und persönliches Machtstreben bestimmen zu lassen.

Soziale Ethik

„[...] es ist mir nie darum gegangen, ‚etwas zu werden', also in dem Sinn Karriere zu machen, weil ich will, ich weiß nicht was, werden, es geht mir nicht um die Befriedigung eines persönlichen Bedürfnisses nach Selbstdarstellung, es ist das Gefühl, es ja nicht nur für sich allein zu tun [...]." (P2/348)

Von allen Frauen wird eine ausgeprägte soziale Ethik als Kern des persönlichen und beruflichen Selbstbildes beschrieben. Sie sehen sich selbst in einer privilegierten Position, aus der heraus sie in besonderem Ausmaß eine politische Verantwortung haben und um einen sozialen Ausgleich bemüht sind.

Als die zentralen identitätsversichernden Aspekte weiblicher Führungskräfte können „Humanität", „Bescheidenheit" und „Karriere für andere" genannt werden. Diese Werthaltung prägt sowohl die berufliche Zielsetzung, die von einem ausgeprägten sozialen und gesellschaftlichen Verantwortungsbewußtsein gekennzeichnet ist, als auch den Führungsstil, in dem der Teamarbeit und einer demokratischen Kommunikationskultur ein hoher Stellenwert beigemessen wird. Die Erfahrung, etwas „zum Guten" verändert zu haben oder „geholfen" zu haben, wird als weitaus befriedigender erlebt als das eigene Positionsprestige. Immaterielle Werte werden betont und materielle ausschließlich in ihrer Funktionalität bewertet: Das Gehalt dient der Sicherung der eigenen Unabhängigkeit, unnötiger Luxus wird abgewertet, auf Statussymbole wird weitgehend verzichtet. Die Frauen betonen damit auch in der Ausführung ihrer beruflichen Tätigkeit jene Aspekte, die mit der weiblichen, beziehungszentrierten Rollentradition in Einklang stehen.

Einige Autorinnen (vgl. Helgesen 1991) sind in ihren Untersuchungen zu ähnlichen Ergebnissen gekommen und haben daraus den Schluß gezogen, daß Frauen grundsätzlich „moralischer" sind. Diese Interpretation ist insofern kritikwürdig, als sie die Bedingungen des Geschlechterverhältnisses nicht berücksichtigt. Vielmehr kann davon ausgegangen werden, daß die „weibliche Ethik" eine geschlechtsrollenkonforme Möglichkeit bietet, den Rollenbruch, den der Karrierewunsch und die Prestigeposition darstellen, zu legitimieren und sich der sozialen Akzeptanz zu versichern.

Ausgrenzung weiblicher Lebenserfahrung

„[...] ich glaube, daß eigentlich die Ganzheitlichkeit die Lösung wäre und daß auch durch das Hinzuziehen und die Anerkennung weiblicher Eigenschaften ein besseres Ganzes herauskommen müßte [...]." (9/840)

Frauen bleiben trotz ihrer Berufstätigkeit für die Organisation des Haushaltes und der Kindererziehung* hauptverantwortlich. Sie haben den Eindruck, daß sie aufgrund dieser Doppelorientierung über eine umfassendere oder andere Lebenserfahrung und Wertegewichtung als ihre männlichen Kollegen verfügen. Zu den Aspekten, die von den Frauen besonders unterstrichen werden, zählen: größerer Realitätsbezug, sparsamerer Umgang mit Ressourcen, ökonomischeres Denken, ganzheitlicheres Herangehen an Probleme, langfristigeres Planen und eine größere Toleranz und Rücksichtnahme für Andersdenkende oder Schwächere.

Diese soziale Werthaltung der Frauen steht in krassem Widerspruch zur traditionellen Organisationskultur. Das Prinzip der „Menschlichkeit" steht dem der „Funktionalität" gegenüber. Viele der weiblichen Führungskräfte sind im permanenten Konflikt zwischen ihren eigenen Haltungen und Werten und dem Druck zur Aneignung und Übernahme machtstrategischer Taktiken. Sie bedauern diese Abspaltung, die sie als unfreiwillige Anpassungsleistung erleben.

---

* Die Hälfte der interviewten Frauen sind Mütter, viele haben sich jedoch erst nach der Geburt ihrer Kinder für eine Karriere entschieden.

In ähnlicher Weise stellt die Organisation der beruflichen Arbeit, die an der männlichen Normbiographie orientiert ist, die Frauen vor die Entscheidung, zwischen einem primär berufsorientierten oder einem primär familiär orientierten Leben wählen zu müssen. Diese Vorgabe wird ebenfalls als unfreiwillige Einschränkung erlebt, die der eigenen Vielfältigkeit nicht gerecht wird.

In den Interviews wird von den Frauen durchgängig heftige Kritik an diesem einseitigen Wertemonismus geübt, der kaum Raum für ihre Erfahrungen, Interessen und Werthaltungen läßt. Diese Kritik findet jedoch im Arbeitsalltag ebenso wenig Raum wie die Entwicklung von alternativen Ansätzen.

Karriere als Alternative zu traditionellen Rollenmodellen

„[...] in diese verantwortliche Position bin ich gekommen, weil ich mich danach gesehnt habe, das muß ich schon sagen, also eine Art von Sehnsucht danach, selbstbestimmt zu sein und also nicht fremdbestimmt zu sein [...]." (10/150)

Fast alle befragten Führungskräfte blicken in ihrer Familienchronik auf mehrere Generationen sehr starker Frauen zurück, die häufig die Verantwortung für die Familie und oft auch deren finanzielle Erhaltung übernommen haben. Das selbstbewußte Vorbild dieser Mütter, Großmütter und auch Urgroßmütter hat den Töchtern ein Weiblichkeitsbild vermittelt, in dem Kompetenz, Leistungsorientierung und Autonomie als selbstverständliche Eigenschaften der Persönlichkeit integriert sind.

Für die Entwicklung und Stabilität einer weiblichen Identität, die wesentlich von den Geschlechtsrollennormen abweicht, im besonderen für die Entscheidung, sich als Frau den Wunsch nach einer beruflichen Karriere zuzugestehen, scheint damit das Vorbild anderer Frauen und der Rückhalt des sozialen Umfelds, in dem die eigenen Wirklichkeitsannahmen bestätigt und geteilt werden, ausschlaggebend zu sein. Im Unterschied zu den Bildungsaufsteigerinnen, die von Astrid Schwarz untersucht wurden, können die Frauen, denen der Aufstieg in einer männerdominierten Branche gelungen ist, auf einen solchen Rückhalt zurückgreifen.

Da für Frauen eine berufliche Karriere nicht in dem Ausmaß wie für Männer selbstverständlich und mit größeren Konsequenzen für die Planung des Privatlebens verbunden ist, sind bereits die Berufsentscheidungen sehr viel stärker durch persönliche Motive geprägt. Als das wichtigste wird der Wunsch nach Unabhängigkeit, Selbstbestimmung und persönlicher Weiterentwicklung genannt.

Zwar läßt sich keine Gemeinsamkeit in bezug auf die Wahl des persönlichen Weiblichkeitsbildes der Frauen ausmachen, die meisten haben jedoch bewußt eine traditionelle Biographie und die damit verbundenen Rollenvorgaben abgelehnt, wobei sie damit vor allem die Abhängigkeit und Unterordnung unter einen berufstätigen Partner und die Einengung auf eine Hausfrauen- und Mutterrolle verbinden. Diese Abgrenzung bezieht sich jedoch nur selten auf den Wunsch nach eigenen Kindern. Die Entscheidung für ein berufsorientiertes Leben bezieht sich somit nicht nur auf das Interesse für ein bestimmtes Fachgebiet oder eine Einflußposition, sondern beinhaltet vor allem den Wunsch nach einer Lebensgestaltung, die möglichst viel an Autonomie, persönlicher Gefordertheit und Mitgestaltungsmöglichkeit bietet.

Diese Sehnsucht nach Selbstbestimmung wird zumeist als anstrengender Suchprozeß beschrieben, der unter anderem durch die Verlockungen einer traditionellen Ehe gefährdet scheint. Etwa ein Drittel der Frauen hat aufgrund ihres Eindrucks, daß sie sich zu sehr an einen Partner anpassen würden, erst spät geheiratet, für ein weiteres Drittel war die Entwicklung eigener Interessensgebiete mit der Trennung ihrer traditionellen Ehen verbunden. Allerdings werden die bestehenden Beziehungen als gleichberechtigt und innig erlebt und beruhen auf der Zuneigung zwischen zwei selbständigen Partnern. Im Unterschied zu den Ehen der männlichen Kollegen sind die meisten Lebensgefährten der Frauen ebenfalls berufstätig.

Durch die zeitliche Belastung der Frauen müssen die Partner mehr Verantwortung für den familiären Bereich und die Erziehung übernehmen. Die Gemeinsamkeit in den Lebenswelten und Interessen wird von beiden als Bereicherung erfahren. Die familiäre Rollenaufteilung ist damit nicht aufgehoben, erfährt aber eine wesentliche Flexibilisierung. Im Unterschied zum Geschlechterverhältnis des beruflichen Kontextes zeichnet sich durch die Gleichwertigkeit des beruflichen Status eine Egalisierung zumindest der privaten Beziehungen zu Männern, zu Partnern und auch zu Freunden ab.

Resümee

„Was ich mir wünschen würde, wäre, daß die Frauen untereinander ... daß sie diesen Minimalkonsens und diese Minimalsolidarität über alle Parteigrenzen stellen – keine Partei der Welt hält es heute mehr aus, ernsthaft eine Frau wegen Widerspruchsgeist aus dem Parlament zu ekeln, wir hätten einen großen Freiraum, wenn wir den nehmen und ausfüllen." (P1/426)

Aufgrund der vorliegenden Ergebnisse läßt sich sagen, daß die traditionelle Geschlechterdifferenz durch den Zugang von Frauen zu Machtpositionen nicht aufgehoben wird, sondern kontextabhängig eine Neukonstruktion erfährt. Der Spielraum, in dem sich Frauen bewegen können, ohne ihre Karriere zu gefährden oder aufreibende Konflikte heraufzubeschwören, wird von einem geschlechtsspezifischen Verhaltensprofil begrenzt. Der Verhaltenskodex, der weiblichen Führungskräften vorgegeben wird, entspricht also keinem „weiblichen Wesenszug", sondern hat seine primäre Funktion im Konkurrenzkampf und in der Aufrechterhaltung des Statusgefälles zwischen den Geschlechtern. Er zentriert sich um die Ideale einer sozialen Ethik, die mit der Unsichtbarkeit weiblicher Macht, Aggression und Kompetenz einhergehen.

Die männliche Vormachtstellung in wirtschaftlichen und politischen Organisationen kann als eine doppelte gesehen werden: Auf der konkreten Ebene bezieht sie sich auf die Marginalisierung von Frauen und damit auf das Geschlechterverhältnis, auf der symbolischen Ebene auf den Ausschluß von als „weiblich" Definiertem und damit auf die Einseitigkeit der Organisationskultur.

Dabei fällt auf, daß Frauen bereit sind, sich mit jenen Weiblichkeitszuschreibungen zu identifizieren, die das geschlechtsspezifische Statusgefälle aufrechterhalten. Während explizite Vorurteile stark kritisiert werden, stößt die Bestimmung der Geschlechterdifferenz mit ihren impliziten Zuschreibungen auf großes Einverständnis. Im Gegensatz dazu werden die „männlichen" Ziele und Strukturen der Arbeitskultur, die auf die Interessen und die Lebensorganisation von Frauen keine Rücksicht nehmen, aufs heftigste – wenn auch inoffiziell – kritisiert. Diese Kritik wendet sich gegen die männlich geprägte Berufsrolle, entspricht jedoch wieder dem Profil der weiblichen Geschlechtsrolle.

Während die Stabilität der Statushierarchie bereits durch innere Barrieren der Frauen selbst verankert ist, wird der Status quo der Organisationskultur ausschließlich durch äußere Kontrolle aufrechterhalten. Es scheint damit so zu sein, daß eine Infragestellung des Geschlechterverhältnisses weit bedrohlicher wirkt als jede andere Veränderung. So wird von Frauen, die sowohl bezüglich ihrer Tätigkeit als auch bezüglich ihrer Position in der Hierarchie in traditionelle Männerdomänen vorgedrungen sind, um so mehr erwartet, diese „An-Gleichung" durch ein verstärktes Betonen der Differenz aufzuwiegen. Der Abstand wird wieder hergestellt.

Es können jedoch nicht alle Aspekte der „Weiblichkeit" zur Differenzverstärkung herangezogen werden; verstärkt werden sollen all jene Attribute, die dem jeweiligen beruflichen Verhaltenskodex nicht widersprechen, zum Beispiel Verständnis, Bescheidenheit, „weibliche" Gestik und Körperhaltung. Organisationsfremde Attribute, etwa Sexualität und Emotionalität, müssen unsichtbar bleiben.

Auch wenn die Geschlechterdifferenz damit nicht aufgehoben wird, erfährt im Bild der beruflich erfolgreichen Frau ein Weiblichkeitsentwurf gesellschaftliche Anerkennung, der Einfluß, finanzielle Autonomie, selbständige Lebensgestaltung und Führungskompetenz integriert. Den Frauen steht damit eine größere Vielfalt an individuellen Möglichkeiten der privaten Lebens- und Partnerschaftsgestaltung zur Verfügung.

Die Emanzipation von einzelnen Individuen führt in dieser Weise jedoch nicht zu einer „Emanzipation von Organisationen" oder einer „integrativen Kultur". Es kann davon ausgegangen werden, daß die Stabilität der Organisationskultur und des traditionellen Geschlechterverhältnisses gerade durch die beschränkte Akzeptanz von Frauen aufrechterhalten wird, die den Gleichheitsgrundsatz − „alles ist für alle möglich" − verbürgen soll.

Eine Veränderung des Status quo wäre an die Aufhebung der Marginalisierung von Frauen gebunden. Um einen solchen Prozeß zu unterstützen, erscheint es notwendig, die subtilen Ausgrenzungsmechanismen zu enttabuisieren und den Frauenanteil so weit zu erhöhen, daß ein eigenständiger Einfluß weiblicher Führungskräfte durch den Zugang zu realen Machtfaktoren abgesichert werden kann.

Literatur

Augusta, Georg: Zur Konstruktion von Männlichkeit bei Kinderbetreuern. In: Störfaktor 39/40, Wien 1997, S. 73–85.

Hare-Mustin, Rachel/Marecek, Jeanne: Making a Difference − Psychology and the Construction of Gender, New Haven/London 1990.

Helgesen, Sally: Frauen führen anders. Vorteile eines neuen Führungsstils, Frankfurt am Main 1991.

Hennig, Margaret/Jardim, Anne: Frau und Karriere. Erwartungen, Vorstellungen, Verhaltensweisen, Reinbek bei Hamburg 1987.

Rastetter, Daniela: Sexualität und Herrschaft in Organisationen − Eine geschlechtervergleichende Analyse, Opladen 1994.

Toth, Barbara: Die Bedeutung der Geschlechterdifferenz für die weibliche Identität von Frauen in Spitzenfunktionen traditioneller Männerdomänen, Diplomarbeit, Wien 1997.

Wetterer, Angelika: Profession und Geschlecht. Über die Marginalität von Frauen in hochqualifizierten Berufen, Frankfurt am Main/New York 1994.

7. Zwei Lebenswelten unter Kontrolle

Mädchen aus Familien türkischer Herkunft und Frauen in dörflichen Strukturen erobern den Raum zwischen sozialer Kontrolle und eigenen Bedürfnissen

Einleitung

Martha Platt, Hedwig Wölfl

Wir wollen der Frage nachgehen, in welcher Weise das Phänomen der sozialen Kontrolle in zwei auf den ersten Blick ganz unterschiedlichen Gruppen von Frauen zur Wirkung kommt. Einerseits werden erwachsene Frauen aus einem kleinen niederösterreichischen Dorf, andererseits in Wien lebende adoleszente Mädchen aus Familien türkischer Herkunft in den Mittelpunkt der Analyse gestellt. Welche Formen nimmt soziale Kontrolle in diesen beiden Lebenswelten an, und welche Umgangsformen damit werden jeweils gefunden? Auf diese Fragen versuchen wir Antworten zu finden.

Mit dem Begriff der sozialen Kontrolle führen wir einen soziologischen Terminus in unsere psychologischen Forschungsarbeiten ein. Wir verstehen soziale Kontrolle als ein Regulativ für Verhalten und Denken sowie Einstellungen und Werte einer bestimmten Personengruppe. Soziale Kontrolle hat wert- und kulturerhaltende Funktion. Soziale Kontrolle hat nicht nur repressiven Charakter, sondern gibt den Betroffenen auch Schutz und Sicherheit und soll daher sowohl in ihrer einschränkenden wie auch in ihrer identitätsstiftenden Funktion untersucht werden.

Sowohl österreichische Frauen im Dorf als auch türkisch-österreichische Mädchen in der Stadt müssen ihre Identitäten in patriarchalen Strukturen erwerben. Weibliche Identitäten entwickeln sich im Spannungsfeld zwischen Erwartungen und Wünschen, wobei Kontrolle vom sozialen Umfeld erfolgt und dadurch Anpassung erwirkt wird. Doch finden Frauen verschiedene Wege, um ihr Umfeld einzunehmen und auch zu kontrollieren und dieses nach ihren Vorstellungen zu verändern. Insofern ist es uns wichtig, daß wir von einem interaktionistischen Theorieansatz ausgehen und Frauen nicht in ihrer passiven Opferrolle festschreiben wollen.

Inwieweit sich in diesen beiden so unterschiedlichen Alltagswelten Auswirkungen sozialer Kontrolle zeigen und welche Strategien bzw. Verhaltensmöglichkeiten sich in den jeweiligen Kontexten herausbilden, wollen wir in diesem Kapitel beschreiben: Unter dem Schlagwort *„Vertrauen ist gut, Kontrolle ist besser"* werden kulturspezifische Bedingungen vorgestellt, die das Leben und die Handlungsspielräume Wiener Mädchen aus Familien türkischer Herkunft bestimmen. Die Strategien der Mädchen, zwischen den kontrollierenden Vorstellungen zweier Kulturen eine Verbindung zu schaffen, um eigenen Bedürfnissen entsprechen zu können, sollen in ihrem Scheitern und Gelingen dargestellt werden.

Der Artikel *„Aber sag's niemand weiter ... damit's alle wissen"* führt über die Darstellung verschiedener Kommunikationsräume von Frauen im Dorf hin zu den besonderen Formen der sozialen Kontrolle Tratsch und Gerücht.

Interessant ist, daß sich in einigen Aspekten erstaunliche Ähnlichkeiten zwischen den beiden analysierten Alltagsfeldern zeigen lassen. Die dörfliche Struktur, aus der die meisten türkischen ArbeitsmigrantInnen ursprünglich kommen, hat auch im neuen Lebensumfeld der fremden Großstadt ihren Einfluß nicht ganz verloren. Auffällig wird es in der großen Bedeutung der Verwandtschafts- und Nachbarschaftsbeziehungen, die für beide Gruppen eine Kontrollfunktion innehaben. Die Familie ist sowohl für die türkischösterreichischen Mädchen der zweiten Generation als auch für österreichische Frauen im Dorf ein Ort der Zugehörigkeit, der nach außen abgeschirmt wird. Über den Kampf um Bewegungsfreiheit (in beiden Untersuchungen steht das „Spazierengehen" als Symbol dafür) erobern sich die Frauen beider Untersuchungen mehr Handlungsspielräume. Weiters zeigte sich, daß Sexualität und insbesondere das Gebot der sexuellen Reinheit in beiden Fällen als wesentliches Kriterium für Ausschluß oder Zugehörigkeit gewertet werden.

Aber sag's niemand weiter ... damit's alle wissen

Frauenfreundschaften im Dorf und ihre Kontrolle über Klatsch und Tratsch

MARTHA PLATT

Einleitung

Frauenfreundschaften werden besonders im Dorf eher im Stillen, Verborgenen gelebt, sie sind unspektakulär und werden auch durch die dörfliche Gesellschaft im Unsichtbaren gelassen. Sie sind für gewöhnlich kein Thema, welches das öffentliche Interesse weckt. Ein Grund dafür ist darin zu sehen, daß wir in einer androzentrischen Welt leben, in der die von Männern besetzten Bereiche ernster und wichtiger genommen werden, der Rest – und dazu gehören auch Frauenfreundschaften – ist anscheinend unbedeutend. Dieser Umstand erschwert es den Frauen selbst, ihre Frauenfreundschaften wichtig zu nehmen, da sie sich damit gegen eine vorherrschende Norm richten müßten.

In diesem Artikel werden Frauenfreundschaften im Dorf beschrieben und ihre spezielle Charakteristik, ihre strukturellen Bedingungen und die systemimmanenten Verknüpfungen herausgearbeitet.[*] Damit möchte ich Frauen am Land einen gebührenden Stellenwert einräumen und die alltagsstrukturierenden Gegebenheiten, denen sie im Dorf unterliegen, aufzeigen.

Kommunikation als ein wesentlicher Teil in Frauenfreundschaften gewinnt in diesem Zusammenhang eine spezielle Bedeutung. Über den Kontakt zu anderen Frauen erfahren Frauen durch die Auseinandersetzung mit verschiedenen Varianten von Frausein in ihrer identitätsstiftenden Entwicklung Unterstützung. Die traditionelle Aufgabenverteilung in dörflichen Strukturen begrenzt allerdings die Kommunikationsräume der Frauen, die häufig an die weiblichen Tätigkeiten gebunden sind. Die Möglichkeit der Kommunikation über Dritte bestimmt als eine Form der sozialen Kontrolle die Gesprächsinhalte, die Vertrautheit der Gespräche und damit die Intensität der Frauenfreundschaften.

---

[*]   Die Arbeit beruhte auf Interviews in einem niederösterreichischen Dorf mit ca. 500 EinwohnerInnen, mit erwachsenen, großteils berufstätigen, teilweise verheirateten Frauen (Platt 1996).

Für Frauenfreundschaften im Dorf spielt diese soziale Kontrolle eine zentrale Rolle. Da mit der sozialen Kontrolle bestimmte Normen aufrechterhalten werden, zu denen zählt, daß diese Freundschaften nur eine marginale Rolle spielen. Andere Lebensformen wie Familie und Ehe nehmen eine hohe Wertigkeit für die Dorfgemeinschaft ein. Frauenfreundschaften im Dorf werden also im Hinblick auf ihre Beeinflussung durch soziale Kontrolle – als eine zentrale, bestimmende dörfliche Struktur – unter einem frauenspezifischen Gesichtspunkt genauer betrachtet.

(T)räume sind Schäume oder wie erobern sich Frauen die sozialen Räume der Welt?

„Macht haben und Raum haben sind zwei Komponenten, die in der Regel in engem Zusammenhang miteinander stehen. Veranschaulichen läßt sich dieser Sachverhalt an Beispielen verschiedenster Art, so zum Beispiel auch daran, daß eine soziale, ökonomische und politische Vorrangstellung zumeist ‚Hand in Hand geht' mit einer erweiterten Verfügbarkeit über Wohnraum, Freiraum, Freizeitraum und Reiseraum" (Spitthöver 1990, S. 81). Diese Feststellung, der wir in der frauenspezifischen Literatur immer wieder begegnen, gilt für alle Frauen.

Es stellt sich die Frage, ob Räume für Frauen oft nur Träume sind und ihnen insofern auch die Macht verwehrt bleibt? Generell verfügen Frauen über andere Räume und Machtstrukturen als Männer. Ich möchte im folgenden die Räume der Frauen im Dorf in den Blick rücken, und zwar insbesondere in Hinsicht auf die soziale Kontrolle. Durch den Mechanismus der sozialen Kontrolle werden Handlungs-, Kommunikations- und Vorstellungsräume für Frauen zu großen Teilen vorgegeben, zumindest aber wesentlich strukturiert.

Im Lebensraum Dorf herrschen tradierte gesellschaftliche Werte und Normen vor, deren Allgemeingültigkeit jede/r bis zu einem gewissen Grad zu akzeptieren hat und deren Einhaltung durch die soziale Kontrolle garantiert wird (Brüggemann/Riehle 1986). Ehe und Familie, eine geschlechtsspezifische Rollenverteilung, hohe Arbeitsfähigkeit und Arbeitsmoral sowie die Zugehörigkeit zur religiösen Gemeinschaft zählen zu den höchsten Werten und Zielen. Abweichungen werden nicht geduldet und haben Sanktionen zur Folge – in Form einer schlechten Nachrede oder in letzter Konsequenz durch den Ausschluß aus der Dorfgemeinschaft. Die soziale Kontrolle funktioniert auch durch die Kommunikation über Dritte, als Klatsch und Tratsch oder als Gerücht.

Die Kommunikationsräume für Frauen – verbunden mit ihren familiären Alltagsarbeiten

In meiner Untersuchung über Frauenfreundschaften im Dorf (Platt 1996) zeigt sich ein sehr unterschiedliches Bild bei der Raumverteilung für die Frauen. Aufgrund der verschiedenen Lebenssituationen der Frauen im Dorf ergeben sich unterschiedliche zeitliche und räumliche Alltagsorganisationen. Und weil die Kommunikationsräume sehr mit Alltagsarbeiten verbunden sind, ist die jeweilige Lebenssituation von Bedeutung (Alter, Berufstätigkeit, Familienstand), da „sich traditionellerweise Kommunikationsräume für Frauen hauptsächlich an Orten gemeinsamer wirtschaftlicher und sozialer Tätigkeiten ergeben" (Schuh 1993, S. 102).

So sind für eine Bäuerin das Feld, das Geschäft, in dem sie einkauft, und der Weinkeller Bereiche, wo sie mit anderen Frauen ins Gespräch kommt. Für eine junge Mutter wird etwa die Haltestelle des Autobusses, der zum Kindergarten fährt, zu einem Treffpunkt mit anderen Müttern (vgl. Schuh 1993). Daraus wird ersichtlich, wie wichtig es ist, an welchen Orten die Frauen arbeiten und sich aufhalten. Durch die allgemein vorherrschende geschlechtsspezifische Arbeitsteilung sind für die Frauen Strukturen gegeben, die je nach Arbeitsfeld mehr oder weniger Handlungsspielräume und Kommunikationsräume zulassen. Je nach Tätigkeit und Lebenssituation sind unterschiedliche Möglichkeiten vorhanden, können unterschiedliche Bedürfnisse befriedigt werden.

Die informelle Dorföffentlichkeit als Kommunikationsraum für Frauen

Der öffentliche und der private Raum fließt im Dorf ineinander, die beiden Sphären können nicht strikt voneinander getrennt werden. Das heißt jedoch nicht, daß der öffentliche Raum Frauen unbeschränkt zugänglich ist. Auch Marchart (1995) spricht von einer geschlechtsspezifischen Trennung und einer Teilung der dörflichen öffentlichen Sphäre in eine formelle und eine informelle Öffentlichkeit. Die Ebene der informellen Dorföffentlichkeit besteht aus der alltäglichen Kommunikation auf der Straße und den alltäglichen Interaktionen, wie beispielsweise der Nachbarschaftshilfe. Die Ebene der formellen Dorföffentlichkeit wird in den Vereinen und in den kommunalpolitischen Gremien konstruiert; sie hebt sich von der alltäglichen Dorföffentlichkeit ab, unterliegt aber zugleich deren Kontrolle. Die informelle Dorföffentlichkeit ist die Domäne der Frauen, und sie kann als „Erweiterung" des privaten Raumes von Frauen dargestellt werden, der als ihr primärer Alltagsraum dient. Die unmittelbare Verflochtenheit von privatem Raum und informeller Dorföffentlichkeit demonstrieren die Frauen unter anderem dadurch, daß sie ihr Äußeres beim Verlassen des Hauses nicht verändern.

Die Frauen sind auch diejenigen, die auf breiter Ebene für das optimale Funktionieren von sozialen Räumen und Aktivitäten sorgen, die von Männern politisch initiiert und geschaffen werden (vgl. Marchhart 1995). Diese Arbeit der Frauen bleibt jedoch im Hintergrund und eröffnet ihnen auch nicht den Zutritt zu den öffentlichen Räumen. Im Gegenteil, es gibt keine öffentlichen Räume für Frauen, Räume, wo sie alleine hingehen können – ohne einen besonderen Anlaß – und vor allem ohne dabei den dörflichen Normen zu widersprechen.

Spazieren zwischen Haus und Kirche

Die Kommunikationsräume im Dorf, wo Frauen einander treffen können, werden von diesen selbst als äußerst mangelhaft dargestellt. Das von mir untersuchte Dorf besitzt keine Lokale, keine Einkaufsmöglichkeiten und keine Schule. Daher müssen die jeweiligen Angebote in der näheren Umgebung wahrgenommen werden. Damit sind zwar Gründe vorhanden, das Dorf zu verlassen, daß es keine Lokale gibt, hat jedoch Auswirkungen auf die Häufigkeit der Treffen von Frauen. Denn ein weiterer Kommunikationsort – das Geschäft – ist für Frauen in einem kleinen Dorf ohne Einkaufsmöglichkeit nicht vorhanden. Viele Frauen sind in der heutigen Zeit mobil, erledigen Einkäufe und Besuche mit dem Auto. Die Möglichkeiten, auf der Straße jemanden zu treffen, haben sich dadurch ebenfalls stark reduziert. Der Garten kann als Kontaktmöglichkeit zwischen den Nachbarinnen gesehen werden. Sie brauchen dafür nicht „außer Haus" zu gehen und können miteinander plaudern.

Für Dorfbewohnerinnen mit Kindern eröffnen Spaziergänge, das Begleiten der Kinder in den Kindergarten oder in die Schule Kommunikationsmöglichkeiten. Das Spazierengehen mit ihren Kindern kann vor allem von zugezogenen Müttern genützt werden, die es ansonsten noch um einiges schwerer haben, Kommunikationsorte mit anderen Frauen zu etablieren. Mit dem Heranwachsen der Kinder reduzieren sich für Frauen die Gründe, das Haus zu verlassen. Die Möglichkeit, ohne Kinder spazierenzugehen und dabei andere Frauen zu treffen, scheint für die Dorfbewohnerinnen kaum zu bestehen.

Zugezogene alleinlebende Frauen, die keine Kinder haben, nutzen die Straße bzw. den öffentlichen Raum überhaupt nicht, um Kontakte im Dorf zu schließen. Sie werden weder von den Dorfbewohnerinnen angesprochen, noch gehen sie „grundlos" im Dorf spazieren. Angesprochen werden von den Dorfbewohnerinnen die Verwandten der alleinlebenden Frauen, wenn sie zu Besuch kommen. Über einen Tratsch mit ihnen wird versucht, etwas über die Frau zu erfahren und ihr indirekt auch etwas mitzuteilen. Die Dorfbewohnerinnen lassen anklingen, was sie stört oder was ihnen nicht gefällt, in der Hoffnung, daß die Verwandten die Informationen an die betreffende Person weitergeben. Um als Zugezogene im Dorf Anschluß zu finden, können sich Frauen auch im Kirchenchor engagieren, denn der Kirche kommt als Anknüpfungsmöglichkeit für Gespräche mit den Frauen aus dem Ort eine wichtige Rolle zu.

Die jährlichen Dorffeste bieten immer wieder die Möglichkeit, sich in der Öffentlichkeit zu zeigen und Bekannte zu treffen. Zu diesem Anlaß sind die Frauen mit dem Partner oder mit der ganzen Familie unterwegs. Mit Freundinnen haben die Frauen am Dorffest eher weniger zu tun, ihre Freundschaften werden dort auch nicht sichtbar.

Nachdem die Frauen hauptsächlich auf den privaten, häuslichen Bereich verwiesen sind, stellt das Haus grundsätzlich einen wichtigen Kommunikationsort dar. Hier treffen sie einander für religiöse Zusammenkünfte und für Besprechungen im Rahmen parteipolitischer Frauengruppen (vgl. Schuh 1993). Es zeigt sich jedoch, daß das Haus vor allem alleinlebenden Frauen für Gespräche mit Freundinnen zur Verfügung steht, kaum jedoch verheirateten Frauen (vgl. Platt 1996). Denn das Haus als Bereich, der mit Ehemann und Familie geteilt wird, stellt für verheiratete Frauen keine Möglichkeit dar, sich alleine mit Freundinnen zu treffen. Die Frauen sehen einander selten und nur manchmal am Wochenende, wenn sie gemeinsam mit ihrem Mann befreundete Ehepaare treffen. Das Haus wird aber dann regelmäßig als Treffpunkt von den Frauen verwendet, wenn sie einander gegenseitig mit speziellen Fähigkeiten aushelfen. In diesem Zusammenhang ergeben sich auch Möglichkeiten, Gespräche zu führen.

Einzelne Frauen bieten ihr Können in den Bereichen Stricken, Backen und Herstellen von Blumengestecken an, teilweise gegen Bezahlung oder im Tausch gegen eine andere Tätigkeit. Dieser Austausch wird zwischen einigen Freundinnen und auch innerhalb von Bekanntschaften durchgeführt. Damit stellt sich dieser Bereich als einer der wenigen Räume dar, in dem die Frauen einander privat, auch nur zu zweit, treffen können. Trotzdem sind Vorwände für die Frauen nötig wie „Aufträge, Bestellungen und gegenseitige Hilfestellungen".

Pendeln zwischen Beruf und Freizeit

Durch die Aufnahme der Berufstätigkeit – zumeist außerhalb des Dorfes – zeigen sich bereits bei jungen Frauen Veränderungen in ihren Freundschaften. Durch das Pendeln in einen anderen Ort wird der Kontakt zu den Freundinnen seltener, manchmal auch die Freundschaft beendet. Andererseits ist damit generell eine Erweiterung der Räume dieser Dorfbewohnerinnen gegeben. Sie haben die Möglichkeit, das Haus und meist auch das Dorf zu verlassen und mit anderen Frauen „außerhalb" Kontakte zu schließen. Dadurch entkommen sie ein Stück weit der Enge und der Überschaubarkeit des Dorfes. Teilweise finden die Frauen in den Arbeitskolleginnen Freundinnen, was zusätzlich den Vorteil hat, daß sich – etwa durch gemeinsame Arbeitserfahrungen – eine breitere Gesprächsbasis ergibt. Auch können private Probleme mit den Kolleginnen besprochen werden, dadurch sind die Frauen nicht so sehr auf die Kontakte und die Möglichkeiten zur Aussprache im Dorf angewiesen. Bäuerinnen und nicht berufstätige Frauen beneiden die berufstätigen Frauen um diese Möglichkeiten, aus dem Dorf wegzukommen, und um die Gespräche mit Arbeitskolleginnen. Die aus der Berufstätigkeit entstehende finanzielle Unabhängigkeit kann ebenso als erweiterter Raum gesehen werden.

Eine Begrenzung durch die Berufstätigkeit erfahren die Freundschaften der Frauen im Dorf selbst. So fallen dadurch gemeinsame Treffen beim Einkaufen außerhalb des Dorfes weg. Durch die Berufstätigkeit und durch die Arbeiten in Familie und Haus ist die Zeit der Frauen sehr begrenzt, fehlende Lust und Energie erschweren Treffen. Ebenso ist der Besuch von Veranstaltungen von Frauenorganisationen oft nicht mehr mit einer Berufstätigkeit vereinbar.

Weiterbildungskurse, Vorträge und kulturelle Veranstaltungen bieten ebenso einen Rahmen für Frauentreffen, wobei sich gezeigt hat, daß diese Angebote hauptsächlich von unverheirateten und älteren Frauen genutzt werden. Einerseits werden entsprechende Veranstaltungen gemeinsam mit Freundinnen besucht, andererseits als Möglichkeit gesehen, andere Frauen kennenzulernen oder zu treffen.

Auch im Rahmen von sportlichen Betätigungen, die aufgrund der fehlenden örtlichen Infrastruktur allesamt außerhalb des Dorfes stattfinden und nur zu einem geringen Teil von Frauenorganisationen initiiert werden, finden Frauen Möglichkeiten für gemeinsame Unternehmungen. Einige Frauen haben in Eigeninitiative einen Frauentanzkurs organisiert. Damit haben sie sich einen Raum geschaffen, um eigene Ideen und Vorstellungen besser leben zu können.

Zu dieser Veranstaltung gehen einige Freundinnen gemeinsam und nützen anschließend die Gelegenheit, noch in ein Lokal zu besuchen. Frauen, die vor allem im Rahmen einer gemeinsamen sportlichen Aktivität ihre Freundschaft pflegen und alle im selben Dorf leben, nennen sich Freundinnen. Dies stellt eine Ausnahme dar, da der Großteil der Frauen den Begriff Freundin zumeist auf Frauen bezieht, die außerhalb des Dorfes leben. Für die anderen DorfbewohnerInnen ist unter diesen Umständen oft nicht ganz klar ersichtlich, ob die Frauen auch Freundinnen sind.

Die wichtigsten öffentlichen Räume, die gemeinsam mit Freundinnen genutzt werden, liegen außerhalb des Dorfes. Allerdings finden vergnügliche kleine Ausflüge oder sogar gemeinsame Reisen sehr selten statt, dies können sich eigentlich nur unverheiratete Frauen oder ältere, meist schon alleinlebende Frauen leisten. Auffallend ist, daß es vor allem für verheiratete Frauen recht wenige Situationen gibt, in denen sie einander mit der Freundin allein treffen können. Im Gegensatz dazu ist es für alleinlebende Frauen leichter, solche Treffen zu arrangieren, da sie über Zeit und Ort selber verfügen und sie ungenierter von öffentlichen Räumen Gebrauch machen, wenn sie sich mit der Freundin verabreden. Hingegen sind die Treffen besonders bei verheirateten Frauen an gemeinsame Aktivitäten gebunden. Nur alleinlebende Frauen berichten von häufigen und lang andauernden Treffen mit Freundinnen. Räume für Frauenkontakte, jedoch seltener für Frauenfreundschaften, entstehen auch über die verschiedenen Frauenorganisationen.

Themen und Muster sozialer Kontrolle

In der Literatur zu Frauenfreundschaften wird dem Gespräch eine zentrale Bedeutung beigemessen, das, was Freundinnen am meisten tun, ist reden. Frauen tauschen in ihren Freundschaften Persönliches aus, besprechen gemeinsam anstehende Probleme und stehen einander mit Rat, Verständnis und Trost zur Seite (Huber/Rehling 1991).

In Untersuchungen (vgl. Brüggemann/Riehle 1986; Hofer 1990), die das soziale Gefüge im Dorf beschreiben, wird das Sprechen über Dritte als eine zentrale Kommunikationsform hervorgehoben. Davon gibt es wiederum zwei wichtige Ausprägungen, den Tratsch oder Klatsch und das Gerücht. In meiner Arbeit (Platt 1996) über die Beziehungen der Frauen im Dorf spielt das Sprechen über Dritte, als eine prägnante und entscheidende Kommunikationsstruktur, eine wichtige Rolle und setzt wichtige Rahmenbedingungen für Frauenfreundschaften.

Als Hauptgesprächsthema geben die Frauen die Kinder an. Im Gespräch über die Kinder können sie auch Vergleiche untereinander ziehen. Sie überprüfen ihre eigenen Einstellungen und Meinungen und können sich in Relation zu anderen Frauen selber besser einschätzen. Das Thema Kinder kann nicht nur in der vertrauten Freundinnenbeziehung besprochen werden, sondern auch wenn mehrere Frauen in einer Gruppe beieinander sind. Darin zeigt sich, daß dies kein heikles Thema ist, also im gegebenen Fall auch weitererzählt werden kann. Persönlichere und intimere Themen werden vorsichtiger besprochen. So werden Probleme in der Ehe nur (mehr) von einigen Frauen mit ihrer Freundin, aber sicher nicht in Frauengruppen besprochen.

Erstens sind Gespräche über Partnerschaftsprobleme deswegen heikel, weil sie mit Sexualität zusammenhängen, ein generelles gesellschaftliches Tabuthema, zweitens steht dieser Bereich mit dem eigenen Körper und mit Körpergefühlen in enger Verbindung. Dieses Thema wird nur im Rahmen jener Frauenbeziehungen besprochen, in denen sich die Frauen wirklich sicher sind, daß nichts nach außen dringt. Besonders fällt auf, daß über diesen intimen Bereich verheiratete Frauen speziell mit Frauen aus der Familie oder Verwandtschaft sprechen, zu denen sie eine nahe Beziehung pflegen. Diese Frauen aus der Verwandtschaft werden jedoch nicht als Freundinnen bezeichnet. Freundinnen, die auch als solche bezeichnet werden, kommen – wie gesagt – in der Regel von außerhalb des Dorfes.

Die Gesprächsinhalte unterscheiden sich, je nachdem, ob eine Frau ledig oder verheiratet ist. Ledige Frauen sprechen sehr wohl über intime Themen. So wird in ihren Frauenfreundschaften auch über Sexualität gesprochen. Bei verheirateten Frauen wird dieses Thema, wenn überhaupt, nur kurz angesprochen, genauer nachgefragt oder in die Tiefe gegangen wird hier nicht. Gespräche über Körperlichkeit, wie zum Beispiel die Attraktivität des Körpers, finden sehr wohl statt. Besonders das Körpergewicht findet hier Eingang, zum Beispiel, wenn die Freundin zugenommen hat. Übergewicht einer Frau kann auch zu einem Klatschthema werden und die Frau selbst zum Gespött der anderen. Manchmal wird das Thema Sexualität auch in Freundschaftsbeziehungen, bei denen die Ehepartner dabei sind, angesprochen. Aber nur dann, wenn es sich über ein anderes Thema ergibt, zum Beispiel im Rahmen eines Gesprächs über körperliche Veränderungen im Alter oder im Zusammenhang mit Krankheiten.

Es läßt sich also sagen: Je heikler, weil intimer die Gesprächsinhalte werden, desto weniger wird darüber in den Frauenfreundschaften gesprochen. Das Aussparen intimerer Gesprächsthemen wird auch meist auf eigene Hemmungen zurückgeführt. Der eigentliche Grund dafür liegt meines Erachtens in den spezifischen Strukturen und Bedingungen des Dorfes.

Kontrollieren durch Tratsch und Gerücht

Klatsch bedeutet, daß in Abwesenheit der betreffenden Person über diese in negativer Art und Weise gesprochen wird. Eine der Aufgaben des Tratsches ist es, die betreffende Person in die Schranken zu weisen. Über den Klatsch oder Tratsch werden die im Dorf geltenden Normen garantiert. Tratschthemen betreffen hauptsächlich persönliche Bereiche, die vom gewünschten Verhalten abweichen. Ich nenne einige Beispiele: Hat eine Frau ein bestimmtes Alter erreicht und ist noch nicht verheiratet, gibt dies Anlaß zum Tratsch. Läßt eine Frau in ihrem Garten eine Naturwiese wachsen oder trägt auffällige Kleidung oder hat ein besonderes Aussehen, so wird darüber getratscht. Auch wenn jemand kein Haus oder ein von der dörflichen Norm abweichendes Haus baut, ist dies von öffentlichem Interesse.

Ebenso sind Beziehungsprobleme oder ein Streit interessante Tratschthemen. Indem öffentlich, und zwar hinter dem Rücken der jeweiligen Person, darüber geredet wird und die betreffende Person eine sogenannte schlechte Nachrede, wenn nicht sogar im Extremfall den Ausschluß aus dem gesellschaftlichen Dorfleben erfährt, wird ihr jeweiliges Verhalten indirekt gerügt und sie zu angepaßtem Verhalten ermahnt. In den Erzählungen der Frauen zeigt sich, daß ein extremes Verhalten, wie der Ausschluß aus dem vergnüglichen öffentlichen Leben, meist mit dem Thema Sexualität zusammenhängt. So wurde zum Beispiel eine junge verwitwete Dorfbewohnerin durch massive Verdächtigungen einer Freundin, ein sexuelles Verhältnis mit deren Ehemann zu haben, indirekt dazu gezwungen, sich als allein lebende Frau nicht mehr bei öffentlichen Veranstaltungen zu zeigen. In Zusammenhang mit diesem schweren Vorwurf verlor die „Angeklagte" ihre beste Freundin und die Möglichkeit, bei Dorffesten mitzufeiern.

Das heißt, eine bevorzugte Art der Kommunikation im Dorf, nämlich Kommunikation über Dritte bzw. Tratsch, kann das Vertrauen in andere Frauen schwer beeinträchtigen, wenn nicht sogar zerstören. Weiters wird dadurch von Beginn an mitbestimmt, mit wem die Frauen überhaupt Freundschaften schließen, nämlich mit jenen Frauen, die persönliche Gespräche nicht weitererzählen. Ebenso werden dadurch die Inhalte der Kommunikation gelenkt, sodaß die persönlichen, intimen Themen mit nur wenigen Frauen besprochen werden können.

Für den Umgang mit diesem Widerspruch – einerseits Persönliches zu erzählen, um eine vertraute Beziehung aufzubauen, und andererseits der Gefahr ausgeliefert zu sein, daß Persönliches weitererzählt wird – haben die Frauen im Dorf Strategien entwickelt bzw. Orte gefunden, wo sie Frauenfreundschaften leben können. Diese sind für die verheirateten Frauen vor allem mit der Freundin aus der Familie oder der Verwandtschaft verbunden. Denn die Familie hat ein Interesse, daß Persönliches nicht nach außen getragen wird, vielmehr sollen der Wert der Familie sowie deren gutes Funktionieren dargestellt werden. Eine weitere diesbezüglich gesicherte Beziehung finden die Frauen mit der Freundin außerhalb des Dorfes. Diese Freundschaftsform trifft für verheiratete und ledige Frauen zu. Auch hier sind die Frauen vor Tratsch geschützt, denn die soziale Kontrolle bezieht sich hauptsächlich auf die Vorgänge und die BewohnerInnen innerhalb des Dorfes, das heißt, der Tratsch ist auf das Dorf selbst begrenzt.

Resümee

Ein zentrales Ergebnis der Untersuchung ist, daß für Frauen im Dorf ihre Frauenfreundschaften häufig unsichtbar und deshalb auch kein Gesprächsthema sind. Den Frauenfreundschaften wird im dörflichen Alltagsleben wenig Wert beigemessen, und auch die Frauen selbst bringen für diese Freundschaften wenig Wertschätzung auf. Besonders bei den verheirateten Frauen hat sich gezeigt, daß Freundinnen in ihrem Leben fast keinen Platz haben, die familiären Pflichten sind wichtiger. Nur wer die familiären Pflichten erfüllt hat oder nicht daran gebunden ist, hat Platz für Frauenfreundschaften, also vor allem die jungen Mädchen, die alleine lebenden und ältere Frauen, die teilweise auch wieder alleine leben.

Andererseits hat sich aber sehr wohl gezeigt, daß Frauen, die im Dorf leben, Frauenfreundschaften auch unter den Bedingungen der sozialen Kontrolle leben. Sie arrangieren sich in diesem Gefüge, indem sie die ihnen zur Verfügung stehenden Möglichkeiten nützen. Diese bestehen rund um ihre häuslichen Tätigkeiten und Arbeitsbereiche. Insofern scheint, was durch die größeren Möglichkeiten der berufstätigen Frauen bestätigt wurde, die Erweiterung der Räume für die Frauenfreundschaften im Dorf am ehesten über die Änderung der Arbeitssituation möglich zu sein.

Literatur

Brüggemann, Beate/Riehle, Rainer: Das Dorf. Über die Modernisierung einer Idylle, Frankfurt am Main/New York 1986.

Hofer, Roswitha: „... zu verlongen hon i mi nie getraut ... ". Lebenshaltungen von Häuslertöchtern in sich wandelnden dörflichen Macht- und Kommunikationsstrukturen, Diplomarbeit, Innsbruck 1990.

Huber, Michaela/Rehling, Inge: Dein ist mein halbes Herz – Was Freundinnen einander bedeuten, Frankfurt am Main 1991.

Marchhart, Elisabeth Theresia: Identität und Lebenswelt junger Frauen im ländlichen Raum. Über das Frau-Sein und Frau-Werden zwischen Tradition und Moderne, Diplomarbeit, Wien 1995.

Platt, Martha: Frauenfreundschaften im Dorf. Eine qualitative Studie über die Auswirkungen struktureller Bedingungen auf die Freundschaftsbeziehungen von Frauen, Diplomarbeit, Wien 1996.

Schuh, Regina: Das Dorf der Frauen. Eine kommunikationsräumliche Untersuchung über den Beitrag von Frauen bei der Schaffung und Aufrechterhaltung von Dorfstrukturen, Diplomarbeit, Wien 1993.

Spitthöver, Maria: Frauen und Freiraum. In: Dörhöfer, Kerstin (Hg.): Stadt – Land – Frau. Soziologische Analysen, feministische Planungsansätze (= Forum Frauenforschung, Bd. 4), Freiburg im Breisgau 1990, S. 81–105.

„Vertrauen ist gut, Kontrolle ist besser"

Soziale Kontrolle in der türkischen Migrationsgemeinde und ihr Einfluß auf die Denk- und Handlungsspielräume adoleszenter Mädchen

HEDWIG WÖLFL

Im Mittelpunkt dieses Artikels stehen die Identitätsentwürfe junger Mitbürgerinnen, die in einem speziellen Spannungsfeld aufwachsen: Adoleszente Mädchen der zweiten oder dritten Generation aus Familien türkischer Herkunft leben zwischen den Welten – in einer kulturellen Zwischenwelt, hin- und hergezogen zwischen der Traditionswelt ihres familiären Herkunftslandes Türkei und der Alltagswelt ihres Aufenthaltslandes Österreich. Entweder wurden sie schon in Österreich geboren oder kamen im Zuge der Familienzusammenführung ihrer als „GastarbeiterInnen" hier lebenden Eltern nach. In der Entwicklung ihrer Identität werden sie durch die Erfahrung von Widersprüchen und Konflikten, von Fremdheit und Anderssein und von der Frage nach ihrer Zugehörigkeit geprägt. Sie sind vertraut mit zwei unterschiedlichen Kulturen und erfahren in beiden Fremdheit. *„Wo wir sind, sind wir immer Ausländer"*, sagt die 15jährige Hülya, die sich sowohl in ihrer Geburtsstadt Wien als auch in der türkischen Kleinstadt am Meer, wo sie meist die Sommerferien verbringt, als fremd und nicht zugehörig erlebt, andererseits ist sie an beiden Orten zu Hause.

Innerlich findet die Zwischenwelt Ausdruck in der Entwicklung einer bikulturellen Identität, die es erlaubt, je nach Situation die eine oder die andere Seite hervorzukehren. Denn diese Mädchen leben nicht nur in einer Zwischenwelt, sondern sie verkörpern diese auch. Äußerlich wird sie am deutlichsten sichtbar an der Kleidung jener Vertreterinnen der zweiten Generation, die den „sexy-girlie-look" der 90er Jahre mit dem streng das Gesicht umrahmenden Kopftuch kombinieren. Kleidung wird zum äußeren Symbol im Dilemma um die Anpassung an beide Welten. Manche Mädchen finden einen Ausweg aus diesem Identitätsdilemma, indem sie unter dem langen Rock, in dem sie die elterliche Wohnung verlassen und wieder betreten, den Minirock anhaben, der ihnen in der Schule die soziale Position sichert.

Soziale Kontrolle erfahren die Mädchen von unterschiedlichen Seiten und in widersprüchlicher Weise. Von Schulfreundinnen und LehrerInnen werden ihnen andere Verhaltensweisen und soziale Rollen abverlangt als von Eltern und Verwandten. Kontrolliert werden sie von VertreterInnen beider kultureller Welten, einmal im Sinne ihrer Assimilierung in die Dominanzkultur und das andere Mal im Hinblick auf die Einhaltung ethnisch-religiöser Werthaltungen und Normen der Migrationskultur. Die Mädchen sehnen sich nach Offenheit und Vertrauen, und manche kämpfen auch darum. Doch das Credo „Kontrolle ist besser" bestimmt die Handlungsanweisung der türkischen Migrationsgemeinde sowie meist insbesondere der Eltern, die über soziale Kontrollmechanismen die Einhaltung des kulturellen Konzepts von „Ehre und Scham" („namus") einfordern.

Im folgenden soll zunächst kurz auf die Begriffe Kultur und Identität eingegangen werden, da sie sowohl in der Forschung als auch im Alltag sehr unterschiedlich verwendet werden und demnach auch sehr unterschiedliche wissenschaftstheoretische und politische Haltungen implizieren. Dieser theoretische Abriß soll anhand konkreter Beispiele zur Situation MigrantInnen türkischer Herkunft veranschaulicht werden. Vor allem in den kulturellen Phänomenen der Geschlechtertrennung und des „namus"- oder Ehre-Scham-Konzepts kommt die kulturspezifische Kontrolle von türkischen Frauen und Mädchen zum Tragen. Auf diese beiden Kontrollmechanismen der weiblichen Identität und Selbstbestimmung soll danach eingegangen werden. Da die Geschlechtersegregation die wichtigste Grundlage des „namus"- Konzepts ist, wird sie zuerst behandelt.

Welche Umgangsformen mit ambivalenten Erfahrungen und kulturellen Konflikten von Mädchen der zweiten Generation gefunden werden und welche Spielräume des Denkens und Handelns eingenommen und erkämpft werden, wurde in der diesem Artikel zugrundeliegenden Diplomarbeit (Wölfl 1997) untersucht. Es soll hier einerseits dargestellt werden, wie das System sozialer Kontrollen in ihre Leben eingreift, doch weiters auch, wie es diesen Mädchen gelingt, die kulturelle Zwischenwelt zu ihrer eigenen zu machen, eine Identität zu entwickeln, die scheinbare Widersprüche verhandeln und vereinen kann, und Handlungsspielräume einzunehmen, die eine neue Selbstbestimmung als Vertreterinnen der zweiten Generation möglich machen. Schließlich sollen auch meine Schlußfolgerungen und Forderungen im Sinne einer lebbaren Multikulturalität hier Platz finden.

Identität im Kulturkonflikt

Kultur sowie Identität sollen hier prozeßhaft und nicht statisch verstanden werden. Sie entstehen weder in einem Vakuum, noch können sie unabhängig voneinander existieren. Kultur ist einerseits das Ergebnis des Umgangs von Individuen mit der Realität und insoferne von Menschen gemacht, andererseits ist sie eine wichtige Bedingung im Sozialisationsprozeß, und sie bestimmt somit wesentlich das menschliche Verhalten. Kultur ist also gleichzeitig Produkt und Produzentin menschlichen Verhaltens, und sie ist sowohl abhängig von historischen Prozessen als auch von den aktuellen Lebensbedingungen und darf daher nicht als festgefügte, statische Tradition verstanden werden, die über Generationen in gleicher Form weitergegeben wird (vgl. Auernheimer 1990, S. 116ff.). Kultur bietet ein soziales Orientierungssystem, das unser Denken, Wahrnehmen, Verhalten und Bewerten beeinflußt und Zusammengehörigkeit und Zugehörigkeit herstellt (vgl. Thomas 1993, S. 380). Das „Erlernen" der jeweiligen Kultur bleibt generell unreflektiert. Unsere Kultur ist uns so selbstverständlich geworden, daß wir uns kaum bewußt sind, daß sie unser Verhalten, unsere Meinungen und Werte wesentlich prägt. Bei Konfrontationen mit anderen Kulturen oder bei Änderung der Lebensverhältnisse beginnt ein dynamischer Prozeß der kulturellen Transformation, auch Akkulturation genannt. Kulturwechsel bedeutet meist auch Schock und Desorientierung, weil die bisher bewährten Verhaltensmuster und Einstellungen nicht mehr passend sind. Mit der Integration in die Aufnahmegesellschaft leisten MigrantInnen die Anpassung ihrer kulturellen Werte und Traditionen an die der neuen Bezugskultur, was im Falle der MigrantInnen türkischer Herkunft spezielle Anforderungen beinhaltet, weil neben der anderen Religion auch der ökonomische und soziale Entwicklungsunterschied sehr groß ist (vgl. Kürsat-Ahlers 1991, S. 67).

Die Wertvorstellungen und Normen, wie zum Beispiel starker Familienzusammenhalt, hierarchischer Status nach Alter und Geschlecht, Respekt und Gehorsam, die sich in islamisch geprägten Agrargebieten entwickelt und bewährt haben, werden von MigrantInnen nach Österreich mitgebracht. Sie werden in der Migration nicht nur seitens der ÖsterreicherInnen oft mißverstanden oder auch angefeindet, sondern erfahren Veränderungen, die sich in einem Umbruch der autoritären und patriarchalen Familienstruktur und im Erwerb relativen Wohlstandes zeigen (vgl. Müller 1996, S. 122). Der Familienzusammenhang bestimmt und vermittelt die in der Türkei geltenden Normen und Werte, die durch die Konfrontation mit jenen der österreichischen Kultur unvermeidlich einen Wandel erfahren, auch wenn die türkische und islamische Tradition in der Migration teilweise besonders betont und speziell von der ersten Generation konserviert wird. Besonders die zweiten Generation stellt das bisherige Wertesystem in Frage, da sie nach neuen Vorbildern und Lebensformen sucht und ihre Eltern mit Problemen konfrontiert, die diese aus eigener Erfahrung nicht kennen. Innerhalb der Familien entsteht durch das Aufeinanderprallen verschiedener Weltbilder und Wertesysteme ein Kulturkonflikt, der das traditionelle Selbstverständnis und die neu zu findende Identität erschüttert.

Kulturkonflikt wird hier auf einer individuellen Ebene als Orientierungs- und Identitätskonflikt verstanden und betrifft insbesondere die zweite Generation, deren soziale Realität aus zwei Kulturen besteht, die beide psychisch in eine Identität integriert werden müssen. Speziell Mädchen sind zu einem ständigen Balanceakt zwischen stark divergierenden Erwartungen gezwungen und geraten über die notgedrungene Verinnerlichung teilweise einander widersprechender Werte in eine innere Ambivalenz. In der Adoleszenz sind sie speziell in der Entwicklung ihrer Geschlechtsidentität verstärkt den gesellschaftlich-strukturellen Anpassungsforderungen an ein kulturell konstruiertes, aus dem männlichen Blick definiertes Weiblichkeitsideal ausgesetzt. Die Bewältigungsformen dieser Identitätsprobleme sind individuell unterschiedlich und von Alter, Vorgeschichte, familiären Verhältnissen, Schule, Peer-group etc. abhängig (vgl. Furtner-Kalmünzer 1988).

Indem Identität, als die Besonderheit des Individuums, hier in Anlehnung an den Symbolischen Interaktionismus (Krappmann 1988) als dynamisch und veränderbar und als von zwischenmenschlicher Interaktion abhängig verstanden wird, läßt sich dieses Konzept auch für die Identitätsentwicklung im „Kulturkonflikt" der zweiten Generation anwenden. Das Individuum hat kreative Möglichkeiten, die Widersprüchlichkeit von verschiedenen Normen und Werten sowie die Spannung zwischen äußeren und inneren Anforderungen und Vorstellung zu interpretieren und eine neue, der Situation angepaßte Identität zu entwickeln. Jugendliche der zweiten Generation eignen sich häufig eine bikulturelle Identität an, weil sie sich nicht nur einer ethnischen Gruppe als zugehörig empfinden, sondern verschiedene und oft auch widersprüchliche kulturelle Elemente integrieren. In bezug auf Mädchen der zweiten Generation unterscheidet König (1989, S. 286ff.) drei Gruppen, je nachdem ob sie sich eher an den türkisch-traditionellen Werten ihrer Eltern orientieren, aus der Ambivalenz der kulturellen Gespaltenheit versuchen, beiden Wertesystemen gerecht zu werden oder einen radikalen Bruch mit ihrer Familie und den an ihr haftenden Traditionen vollziehen.

„Namus" und die Kultur der sozialen Kontrolle

Mit der Darstellung von Themen wie Geschlechtersegregation, Sexualität und „namus" soll ein abgerundetes Bild über die Lebenssituation der Mädchen entstehen, ohne die Unterschiede zwischen ihnen zu vernachlässigen. Das kritische Hinterfragen von vereinheitlichenden Klischeevorstellungen und Stereotypen, wie etwa von „unterdrückten, zu Unfreiheit und Kopftuchtragen gezwungenen türkischen Migrantinnenmädchen", ist mir diesbezüglich wichtig.

Schon mit der Einbeziehung der Mädchen in die Hausarbeit beginnt die Trennung der Geschlechter, und mit ihrem Eintritt in die Pubertät muß diese Trennung von Räumen und Arbeit in „weiblich" und „männlich" noch strenger eingehalten werden. Obwohl sich die Geschlechtersegregation in der Migration, vor allem durch die Koedukation und durch die Zunahme weiblicher Erwerbsarbeit, nicht mehr in allen Lebensbereichen aufrechterhalten läßt, wird sie nach wie vor in Bereichen der (Haus-)Arbeit, Freizeit, innerhalb des privaten Wohnbereiches sowie in der Öffentlichkeit und bei Festen, Geburten, religiösen Praktiken und Bräuchen mehr oder weniger streng eingehalten. Im religiösen Bereich ist die Geschlechtersegregation durch den Islam vorgeschrieben. Für Migrantinnen und speziell für Mädchen der zweiten oder dritten Generation wird die Weiterführung der traditionellen Geschlechtersegregation vor allem dadurch zur Einschränkung ihrer persönlichen Freiheit und zum Problem, weil Frauenbereiche wie der häusliche Raum und die Familienpflege in westlich-industrialisierten Kulturen wie der österreichischen eine starke Abwertung erfahren. Die neuen soziokulturellen Rahmenbedingungen bewirken zunehmend den Verlust eines eigenständigen und wertgeschätzten weiblichen Lebens- und Arbeitsbereichs und führen damit zur Abhängigkeit von Männern und zur Benachteiligung der Frauen, die trotz und wegen des Verlusts ihres ureigenen Bereichs sowie des Rückhalts der Frauengemeinschaft umso mehr die traditionellen Werte der Geschlechtertrennung wie zum Beispiel weibliche Sittsamkeit hervorkehren müssen.

„Namus" bedeutet Ehre im Sinne von „das Gesicht wahren" und ist von zentraler Bedeutung innerhalb der gemeinschaftsorientierten türkischen Kultur, in der die Zugehörigkeit zur Gruppe daran gemessen wird, ob das Individuum die ihm aufgetragene Rolle erfüllt und damit nicht nur seine eigene, sondern auch die Ehre der Gruppe hochhält. Über die Gefühle „Ehre" und „Scham" wird die Einhaltung der Normen bzw. deren Übertretung geregelt. Doch ehrhaftes Verhalten bedeutet je nach Geschlecht etwas anderes. Frau und Mann werden als zwei sich grundlegend unterscheidende Wesen begriffen, die durch den Ehrbegriff aneinander gebunden sind. Der Mann muß Stärke zeigen, indem er für die äußere Sicherheit seiner Familie und Gruppe einsteht, und seine Ehre vermehrt sich über seinen politischen und sozialen Einfluß innerhalb der Gruppe sowie mit seiner Attraktivität für Frauen (nicht nur die eigene) und der Tugendhaftigkeit der ihm zugehörigen Frauen (Ehefrau, Töchter, Nichten). Er verliert seine Ehre, wenn er seine Angehörigen nicht entschieden und bedingungslos gegen Grenzverletzungen von außen verteidigt bzw. wenn er Übertretungen der Ehre innerhalb der Gruppe nicht streng ahndet. Die Ehrbarkeit der Frau dagegen ist an ihre sexuelle Reinheit, ihre Sittsamkeit, Tugend und Moral gebunden. Durch schamloses Verhalten können Frauen die gesamte Gruppe in Unehre stürzen, da sie in ihrer Sittsamkeit die Ehre der Männer bzw. der Gruppe darstellen. Die weibliche Sexualität ist also der Spielball um Erhalt und Verlust der familiären Ehre. Über die Trennung nach Geschlecht und das Jungfräulichkeitsgebot wird die Ehre der Mädchen und Frauen von den Brüdern, vom Vater und Onkel und vom gesamten sozialen Umfeld kontrolliert. Voreheliche sexuelle Enthaltsamkeit sowie eheliche Treue sind somit die wichtigsten und schützenswertesten Werte der Frau. Doch so sehr das „namus"-Konzept auch die Kontrolle der weiblichen Sexualität legitimiert und somit auch strukturelle Gewalt gegen Frauen beinhaltet, bringt es auch eine gegenseitige Abhängigkeit der Geschlechter zum Ausdruck, indem für Frauen und Männer komplementäre Gebote gelten: Frauen müssen keusch und rein sein und den Mann in seiner Stärke achten, Männer müssen stark und wehrhaft sein und die Frau in ihrer Sittsamkeit achten (vgl. König 1989, S. 244ff.).

Migrantinnenmädchen aus der Türkei erfahren bezüglich ihrer Sexualität die Ambivalenz zweier kulturell konträrer Verhaltensvorgaben: Wird ein „österreichisches" Mädchen durch die Beziehung zu einem Jungen in ihrer sozialen Attraktivität aufgewertet, so widerspricht dies dem Keuschheits-, Jungfräulichkeits- und Geschlechtertrennungsgebot der türkischen Tradition. Mit einer offenen heterosexuellen Freundschafts- oder Liebesbeziehung würden Mädchen türkischer Herkunft die Familienehre in Gefahr bringen, die Grenze zwischen Ehre und Schande bestimmt ihr Verhalten stark. Einerseits werden elterliche und kulturelle Normen wie meist das Jungfräulichkeitsgebot akzeptiert und eingehalten, andererseits wird, oft auch unter Zuhilfenahme von Tricks und Lügen, um mehr Freiheiten gehandelt.

Spielräume und Strategien zwischen Vertrauen und Kontrolle

Die im folgenden dargestellten Ergebnisse zur Lebenssituation adoleszenter Mädchen der zweiten Generation beziehen sich auf eine Untersuchung, bei der 16 Mädchen aus Familien türkischer Herkunft im Alter zwischen 14 und 16 Jahren interviewt wurden. Die Auswahlkriterien waren Geschlecht, Alter, Klassenzugehörigkeit (bzw. der sozioökonomische Hintergrund) und die türkische Herkunft der Familie. Das transkribierte Interviewmaterial wurde nach der Methode der *grounded theory* nach Strauss (1994) ausgewertet und geordnet nach strukturellen und interaktionellen Bedingungen und Strategien dargestellt. Es soll nun beschrieben werden, welche Denk- und Handlungsspielräume sowie Umgangsformen adoleszente Mädchen der zweiten Generation in ihrem Lebensalltag finden, wobei ein Hauptthema „Vertrauen versus Kontrolle" lautet.

Die *strukturellen Bedingungen* für die Denk- und Handlungsspielräume werden einerseits durch Konstrukte der symbolischen Kultur, wie Geschlechtersegregation, Islam, demokratische Prinzipien, Traditionen und Wertewandel und Sprache, andererseits durch soziale und ökonomische Verhältnisse in der Migration, wie Ausländerfeindlichkeit, Wechsel des Aufenthaltslandes und ökonomische Benachteiligung, und lebensgeschichtliche Daten gestellt. Die kulturellen Konstrukte stellen die normativen Bedingungen für die Handlungsspielräume der Mädchen dar. Sie werden für die Regelung der geschlechtsspezifischen Verhaltensweisen herangezogen und wirksam. Die ökonomischen Bedingungen werden situationsspezifisch beurteilt und scheinen als Grund für Einschränkungen der Handlungsspielräume vernachlässigbar, stellen jedoch in jedem Fall einen wesentlichen Faktor für die Lebenssituation der türkischen MigrantInnen dar, weil sie Ursache und Motivation für die Migration sind. Das Alter der Mädchen setzt die zeitlichen Maßstäbe für das Wirksamwerden anderer Bedingungen, wie der Kontrolle der Geschlechtersegregation und einer Vielzahl geschlechtsspezifischer Einschränkungen und auch Möglichkeiten.

Die autoritäre, patriarchal geprägte Erziehungshaltung der Eltern, das Verbot und die Ängste der Eltern, die Ungleichbehandlung der Geschlechter, die Beziehungen innerhalb und die Kontrolle durch die MigrantInnengemeinde sowie der Einfluß von Freundinnen sind *interaktionelle Bedingungen*, die über Beziehungsstrukturen direkt die Handlungsspielräume der Mädchen definieren, indem sie deren Einschränkungen und auch deren Erweiterungsmöglichkeiten begründen. Die Mehrzahl dieser Bedingungen sind solche, die die Freiheit der Mädchen einschränken. Das „Nicht-Dürfen" ist die vorherrschende Botschaft an die Mädchen. Bedingungen, die zur Erweiterung ihres Handlungsspielraumes genützt werden können, finden sie in den Menschenrechten, den Rechten auf Bildung, Arbeit und Kindheit, den schulischen Strukturen, in Beziehungen zu Freundinnen sowie (zumindest im Fall eines Mädchens) im Vertrauen und Zutrauen durch die Eltern.

Unter der Überschrift „*Vertrauen, dessen Fehlen und der Kampf darum*" können Zusammenhänge zwischen Bedingungen und Strategien für die Handlungsspielräume der Mädchen erklärt und zusammengefaßt werden.

Auf der strukturellen Ebene der Bedingungen sind in erster Linie die Aspekte Vertrautheit/Fremdheit bedeutsam. Xenophobische Erfahrungen und die Stigmatisierung als „Ausländerin" werden mit Ambivalenz beantwortet und als Einschränkung erlebt. Die Vertrautheit mit zwei Sprachen wird dagegen als Erweiterung des Handlungsspielraumes geschildert, weil es den Mädchen einen Vorsprung gegenüber ihren oft mit der deutschen Sprache nicht so vertrauten Eltern und Großeltern gibt. Vom Geburtsort und der Aufenthaltsdauer in einem Land ist für die Mädchen meist auch die Vertrautheit mit der Umgebung abhängig, die wiederum bestimmend für die affektive Besetzung eines Landes wirkt. Die Religion und die gemeinsame Herkunft sowie Traditionsgebundenheit sind für die Elterngeneration wesentliche Voraussetzung für das Vertrauen in andere MigrantInnen. Soziale Beziehungen innerhalb der Migrationsgemeinde entstehen durch gegenseitiges Vertrauen, was hier neben der Verwandtschaft vor allem an die Übereinstimmung in bestimmten (religiösen) Wertvorstellungen gebunden ist. Ist dieses Vertrauen bei Eltern von befreundeten Töchtern vorhanden, kann das eine erhebliche Erweiterung ihres Handlungsspielraums bedeuten, weil die Freundschaft der Mädchen dann Schutzfunktion erhält.

Die kulturellen Konzepte „Geschlechtersegregation" und „Ehre und Scham" (= „namus"-Konzept) bedingen in besonderer Weise das Mißtrauen gegenüber Mädchen und Frauen. Als Kontrollinstrumente werden vor allem Angst und Verbot eingesetzt. Beide sollen die Einhaltung der geltenden Normen bewirken und nähren sich aus dem Mißtrauen in die Eigenständigkeit und Handlungsfähigkeit der Mädchen. Die Angst übernimmt eine Kontrollfunktion über die Freiheitsbestrebungen der Mädchen.

Vertrauen bzw. Mißtrauen der Eltern in ihre Töchter, in andere Erwachsene der türkischen Migrationsgemeinde und in die „ÖsterreicherInnen" als VertreterInnen der Dominanzkultur stellen weitere interaktionelle Bedingungen für den Handlungsspielraum der Mädchen dar. Auch ist die Beziehung zwischen Eltern und Töchtern wesentlich durch Mißtrauen der Eltern und die Sehnsucht nach einer vertrauensvolleren Beziehung seitens der Mädchen geprägt. Die Mädchen fragen sich, ob und warum ihnen nicht vertraut wird, und bemerken den Unterschied im Vertrauensvorschuß zu ihren Brüdern. Das fehlende Vertrauen der Eltern schwächt auch das Selbstvertrauen der Mädchen. Über interaktionelle Bedingungen wie eine autoritäre, patriarchale und hierarchische Beziehungsstruktur innerhalb der Familie und die gegenseitige Kontrolle innerhalb der MigrantInnengruppe erfahren die Mädchen wiederum eine mißtrauische Haltung ihrer unmittelbaren Umwelt.

Selbst wenn die Eltern Vertrauen in ihre Töchter haben und ihnen daher mehr Handlungsspielraum zugestehen würden, wird dies oft durch die Gefahr der üblen Nachrede seitens des Verwandtschafts- und Bekanntschaftkreises und der damit verbundenen Gefahr des Ehrverlustes unterbunden. Angst kontrolliert nicht nur die Handlungsspielräume der Mädchen, sondern auch jene ihrer Eltern. Die Vernetztheit dieser kollektivistischen Kontrollstruktur ist schwer zu durchbrechen. Der Druck, den die Eltern erfahren, wird an die Töchter weitergegeben, welche die Hauptleidtragenden dieser Mißtrauenskette sind.

Im folgenden werden die Konsequenzen beschrieben, die sich aus der Aufschlüsselung der Strategien (oder Denk- und Handlungsmuster) in bezug auf die *Denk- und Handlungsspielräume* der Mädchen ergaben.

Die Werte der Treue und Loyalität zu den Eltern zeigten sich in der *Strategie des Gehorsams*, der *Strategie der Flucht nach hinten* sowie teilweise auch in der *Strategie der Ambivalenz*. In diesen Strategien war die Loyalität zu Familie/Eltern oder die Abhängigkeit von Familie/Eltern und somit die interpersonelle Verantwortung entscheidender als die Durchsetzung der individuellen Meinung. Viele Mädchen orientierten sich in ihren Denk- und Handlungsstrategien an den von den Eltern/von der Gruppe festgelegten Meinungen und zeigten somit eine sekundäre Kontrollorientierung in ihren Entscheidungen zur Konfliktlösung. Das heißt, sie übernahmen den Denk- und Handlungsspielraum, wie er von den Eltern und den in der Migrationskultur geltenden Normen vorgegeben wurde und ersparten sich somit die Austragung eines Konflikts, der in ihrer Antizipation keine zufriedenstellende Lösung hervorbringen würde.

Die *Strategie des Gehorsams* wurde häufig in Verbindung mit einem Denkverbot beschrieben. Das heißt, bestimmte Wünsche der Mädchen müssen vor dem elterlichen Verbot verstummen, können gedanklich nicht weiterverfolgt werden, damit der Gehorsam eingehalten werden kann. Der Verzicht auf die Durchsetzung der eigenen Bedürfnisse, die im Widerspruch zu äußeren Erwartungen stehen, wurde als selbstverständliches Erfüllen der zugeschriebenen Rolle (als Gehorchende) beschrieben.

Als *Strategie der Flucht nach hinten* wurden jene Handlungsmuster benannt, mit denen die Mädchen einen (scheinbar) freiwilligen Rückzug auf elterliche Normen wählten. Diese Strategie zeigte sich vor allem in widersprüchlichen Aussagen, in denen einmal ein eigenes Bedürfnis geäußert wurde, das andernorts wieder negiert wurde. Die Austragung des Konfliktes wurde durch die Uminterpretation des Verbotenen in etwas Selbstgewolltes vermieden. Somit kann die Illusion eines selbstbestimmten Handlungsspielraumes aufrechterhalten werden.

Ambivalenz als Umgangsform mit dem Konflikt wird als das Aushalten und Nebeneinander-Stehenlassen von widersprüchlichen, das heißt ambivalenten Erwartungen verstanden. Den eigenen Bedürfnisse wurde hier nicht ein so großer Stellenwert eingeräumt, sondern einige Mädchen zeigten, daß die aus der Ambivalenz entstehende Spannung nicht notwendigerweise durch das Kippen auf eine Seite aufgehoben werden muß, sondern daß diese ausgehalten werden kann.

Als *Strategie der Beharrlichkeit* wurde das aktive Durchsetzen der eigenen Wünsche beschrieben. Wenige Mädchen beriefen sich auf diese Strategie als bevorzugte Umgangsform mit einem Konflikt, doch dafür umso vehementer. Das zielstrebige Durchsetzen des eigenen Wunsches erfordert Bewußtsein für die eigenen Bedürfnisse und Gefühle, kritische Distanzfähigkeit und Risikobereitschaft. In der Argumentation (oder Anwendung) dieser Strategie zeigten die Mädchen eindeutig primäre Kontrollorientierung, das heißt die Orientierung an individualistischen Werten wie Selbstverwirklichung, Eigenverantwortlichkeit und Konfliktbereitschaft.

Mit der *Strategie des Gesprächs* verdeutlichten die Mädchen ihre Sehnsucht nach vertrauensvollen und gleichberechtigten Beziehungen, innerhalb derer ihre Meinung auch geäußert werden könne und vor allem gehört würde. In konkreten Modellen der Verwirklichung dieser Strategie beschrieben sie umfassende Netzwerke der Kommunikation. Diese Strategie wurde einerseits in bezug auf eine Vertrauensbeziehung unter den Eltern/Vätern türkischer Schulkolleginnen als erwünscht beschrieben, da sich die Handlungsspielräume der Töchter wesentlich erweitern würden, wenn sich die Eltern/Väter untereinander absprechen und so als zu restriktiv empfundene Erziehungsstile gegenseitig korrigieren könnten. Andererseits betonten die Mädchen immer wieder, daß die Klärung der unterschiedlichen Standpunkte in einer Gesprächssituation die beste Lösungsmöglichkeit eines Konfliktes darstelle. An der Frage, inwiefern diese Strategie auch realistischerweise durchführbar und erfolgreich sei, teilten sich allerdings die Meinungen. Der Kampf um das gegenseitige Vertrauen ist Hauptinhalt und -ziel dieser Strategie.

In der *Strategie des Vertrauensnachweises* sehen wenige Mädchen eine Möglichkeit, sich mehr Handlungsspielraum zu erwerben. Durch Einhaltung von Abmachungen (zum Beispiel einer vereinbarten Uhrzeit des Nachhausekommens) kann das Vertrauen der Eltern erworben werden, was einen Zuwachs an Freiheit und damit die verdiente Durchsetzung der eigenen Wünsche bedeutet. Somit spielt Vertrauen eine strategische Rolle, wenn der Vertrauensnachweis zum Mittel wird, mehr Freiheiten zu „verdienen". Der Nachweis, sich an Abmachungen und grundsätzliche elterliche Weisungen halten zu können, wird so zur Taktik für die Erweiterung des Handlungsspielraumes. Diese Handlungsstrategie baut auf dem individualistischen Konzept der Vertraglichkeit von Beziehung. Hier werden Vereinbarungen getroffen, und eigenverantwortliches Verhalten wird gefördert. Der Vertrauensnachweis hat auch eine Entsprechung in der Auffassung des elterlichen Verbotes als Strafe für Verfehlungen gegen bestimmte Abmachungen durch die Töchter; das heißt, ein elterliches Verbot wird von den Töchtern eher als Strafe akzeptiert bzw. als gerechtfertigt angesehen, wenn es die Konsequenz aus nicht eingehaltenen Abmachungen seitens der Töchter darstellt.

Zur Vergrößerung ihrer eingeschränkten Handlungsspielräume greifen die Mädchen auf die *Strategie der Täuschung* zurück. Durch Lüge und Verheimlichung finden sie Wege, ihre Bedürfnisse, wie das Anziehen bestimmter Kleidungsstücke („Minirock"), Selbstbestimmung der Freizeit („Spazierengehen", Parties, FreundInnen treffen) und erste heterosexuelle Liebesbeziehungen, zu leben. Die Strategie der Täuschung wird zur Erlangung von mehr Handlungsspielraum, sprich Freiheit, eingesetzt. Der Druck, der durch Geheimhaltung und Lüge auf den Mädchen lastet, äußert sich vor allem in der Angst vor Entdeckung und den antizipierten Konsequenzen. Da diese Strategie die Übertretung und Mißachtung bestimmender Gebote und Normen beinhaltet, wird sie mit den äußeren Einschränkungen (meist konkret mit der Strenge der Eltern) gerechtfertigt, und die Mädchen nehmen dafür das Risiko entdeckt zu werden und Gewissenskonflikte in Kauf.

Mißtrauen ist nicht nur Bedingung dieser Strategie, es erfährt auch eine erhebliche Steigerung bei Entdeckung der Gebotsübertretungen. Nicht nur die Mädchen verwenden die Strategie der Täuschung, sondern auch jene Personen aus dem Verwandtschafts- und Bekanntenkreis, die die Einhaltung des normenkonformen Verhaltens kontrollieren, indem sie Anzeichen einer Übertretung übertrieben darstellen und unwahre Details hinzufügen, um die „Ehre" des betroffenen Mädchens und seiner Familie zu schädigen (oder zu retten?).

Insgesamt ergibt sich aus den Ergebnissen der Untersuchung ein Bild von eher eingeschränkten und fremdbestimmten Denk- und Handlungsspielräumen, deren Erweiterung nur von wenigen Mädchen durch aktive Durchsetzung der eigenen Wünsche erkämpft werden kann und ansonsten nur durch die Strategie der Täuschung, über Lüge und Verheimlichung, möglich scheint. So groß die Sehnsucht nach einer auf gegenseitigem Vertrauen basierenden Eltern-Kind-Beziehung zu sein scheint, so wenig ist für die meisten Mädchen Spielraum für Gespräch und gegenseitigen Meinungsaustausch vorhanden. Wie es vor allem in den widersprüchlichen Aussagen der Mädchen deutlich wurde, scheinen den meisten Mädchen nur Extreme des Handelns und Denkens realistisch: entweder Gehorsam oder von zu Hause weglaufen. Dazwischen liegen höchstens ihre Sehnsüchte, sie sehen aber wenig reale Möglichkeiten ohne radikalen Bruch.

Von einem individualistischen Standpunkt würde man nun freilich versuchen, Strategien wie jene der Beharrlichkeit oder des Gesprächs zu fördern, um dem vermeintlich eigenen, wahren Willen der Mädchen zum Durchbruch zu verhelfen und so ihre Identität zu stärken. Doch unter Einbeziehung einer kulturspezifischen Sichtweise muß dies differenzierter betrachtet werden: Nicht nur positionieren sich einige Mädchen klar auf der Seite der Solidarität zu ihren Eltern, sie lehnen auch Werte wie „Bewegungsfreiheit" ab. Vor allem mit der Schutzfunktion der elterlichen Ängste und den daraus folgenden Kontrollen können sie sich identifizieren. Der Wille der Eltern ist Teil ihres eigenen Willens und umgekehrt der eigene Willen von dem ihrer Eltern nicht zu trennen. Selbst widersprüchliche Tendenzen werden darin zusammengeführt und können durch die wichtige Funktion, die die Verbundenheit mit den anderen (und deren Meinungen) hat, nebeneinander bestehen bleiben.

Nun stellt sich die Frage, ob diese innere Orientierung adäquat bzw. für die psychische Gesundheit der Mädchen förderlich ist. Aus der Auswertung der Bedingungen geht hervor, daß die Geschlechtersegregation aus der Sicht der Mädchen eine klare Benachteiligung für sie bedeutet. So kann beispielsweise die in Ostanatolien zwar segregierte, jedoch gesellschaftlich hochbewertete Frauenarbeit in der Migration diesen Stellenwert nicht halten. Dementsprechend berufen sich viele Mädchen auf universale Menschenrechte, die traditionelle Rollenbilder aufweichen (Recht auf Erwerbsarbeit gegen Bestimmung zur Hausfrau). Dies gibt einen Hinweis für den teilweisen Vollzug des Wertewandels. Die Schwierigkeiten, die für die Mädchen in der Einordnung in die Gruppe/Familie entstehen, kommen aus dieser „Aufgeweichtheit" traditioneller Grundwerte in der Migration. Ihrer ursprünglichen Funktion beraubt, werden viele Rollenzuschreibungen hier zur traditionellen Statisterie, die den Mädchen die Verwirklichung angemessenerer und selbstbestimmterer Rollen verunmöglichen.

Fazit und Ausblick: aus der Kontrolle in die Selbstbestimmung

Weder „AusländerInnen" noch „Mädchen" haben in unserer Gesellschaft und auch nicht in der etablierten Wissenschaft eine Stimme, die gehört wird. Mir war es wichtig, einen kleinen Einblick in die Lebenswelt einer Gruppe von Menschen zu geben, die diese doppelte Marginalisierung erfahren: Mädchen ausländischer Herkunft. Sie zu Wort kommen zu lassen und sie bei der Miterschaffung einer neuen spezifischen Kultur zu beobachten, war nicht zuletzt Anliegen dieses Artikels.

Das Ausmaß und die Kontrolle der Geschlechtersegregation werden von den Mädchen als kulturspezifisches Phänomen der türkischen Migrationskultur in Abgrenzung zur Majoritätskultur geschildert. Die Unterdrückung aufgrund des Geschlechtes betrifft diese Mädchen in besonderem Maße, und die in der Untersuchung angesprochenen Konflikte sind nur Beispiele dafür. Immer wieder heben sie hervor, daß sie die Ungleichbehandlung, auch wegen ihrer Zugehörigkeit zur türkischen Kultur, besonders stark zu spüren bekommen. Doch auch die österreichische Majoritätskultur ist sehr wohl durch Geschlechterungleichbehandlung und Patriarchat geprägt, und es zeugt von „historischem Vergessen" (Akashe-Böhme 1993, S. 69) und ethnozentrischer Projektion, wenn diese nun nur mehr als Phänomene der „anderen" Kultur, in unserem Fall der türkischen, gesehen werden.

Aus der Auswertung der soziokulturellen Bedingungen (Religion, Geschlechtersegregation, Bedeutung der Gruppe etc.) geht hervor, daß diese immer wieder zur Legitimation der Kontrolle herangezogen werden. Die im patriarchalen System vorherrschenden Normen widersprechen einer Selbstbestimmung weiblicher Bedürfnisse und Lebensentwürfe. Die Abhängigkeit des männlichen Status in der Bezugsgruppe und damit seines Selbstbewußtseins von bestimmten weiblichen Verhaltensweisen, wie es das „namus"-Konzept entwirft, fördert und bestimmt die Kontrolle der Mädchen und Frauen. Doch die einzuhaltenden Regeln werden anscheinend sogar von ihren Befürwortern als gegen den Menschenverstand und gegen einen grundlegenden Gerechtigkeitsbegriff und gegen grundlegende Lebensbedürfnisse gerichtet empfunden, denn sonst könnte mehr auf ihre selbstverständliche Einhaltung vertraut werden, ohne umfassende Kontrollsysteme entwickeln zu müssen. Dieses Konzept rechnet mit der Auflehnung der Frauen gegen die einseitige Bevorzugung von Männern und gegen ihre Benachteiligung und Unterdrückkung. Daher die Dominanz der Kontrollen.

Das Mißtrauen, das die Mädchen erfahren, wird auch auf einer makrostrukturellen Betrachtungsebene relevant: Kaum eine andere Minderheit unserer Gesellschaft ist momentan soviel Mißtrauen seitens der Dominanzkultur ausgesetzt wie die Minderheit der MigrantInnen. Sie werden verdächtigt und beschuldigt, den „InländerInnen" Arbeitsplätze, Wohnungen, Aufstiegsmöglichkeiten wegzunehmen. Keine andere Minderheit wird so stark über amtliche Auflagen (wie Mindestquadratmeteranzahl der Wohnung pro BewohnerIn, jährliche Ansuchen um Aufenthalts- und Beschäftigungsbewilligungen etc.) kontrolliert und in ihrer Existenz bedroht. Auch die Ängste der ÖsterreicherInnen, die sich gegen diese Minorität richten, haben keine realen Grundlagen, sondern dienen in der Projektion als Abwehr der Angst vor dem eigenen Fremden, der eigenen Auseinandersetzung mit dem Fremden. Angst dient der Abwehr gegen Änderungen, gegen Sich-Einlassen, gegen Zuhören und aufeinander Zugehen.

Politische Forderungen für die Praxis beziehen sich nicht nur auf den Kampf der Mädchen um Erweiterung ihrer Handlungsspielräume und Aufhebung ihrer Unterdrückung. Gefordert sind vor allem auch die „anderen", und zwar jene, die in vielfältiger Weise unterdrücken. „Das Aufholen der Benachteiligung einer dominierten Gruppe ist nicht möglich, ohne daß es für die dominanten Gruppen Folgen hat", sagt Meulenbelt (1988, S. 42). An den Männern ist es, und zwar nicht nur an den türkischen, andere Formen des Umganges mit Frauen und Mädchen zu finden als sexistische und sexualisierende. An den Eltern ist es, andere Erziehungsstile zu finden als einen autoritären, in dem die Wünsche und Bedürfnisse ihrer Töchter (und Söhne) keine Stimme erhalten. An den Angehörigen der in Österreich dominanten Kultur, den sogenannten ÖsterreicherInnen, ist es, andere Formen des Umgangs mit Menschen fremder Herkunft zu finden als rassistische und unterdrückende.

Erst wenn die unterschiedlichen „Sub"-Kulturen, die innerhalb unserer multikulturellen Gesellschaft leben, wahrgenommen, in ihrer Eigenheit berücksichtigt und in ihren Rechten ernst genommen werden, kann ein neues Selbstverständnis der multikulturellen Gesellschaft entstehen.

Literatur

Akashe-Böhme, Farideh: Frausein – Fremdsein, Frankfurt am Main 1994.

Auernheimer, Georg: Einführung in die interkulturelle Erziehung, Darmstadt 1990.

Furtner-Kallmünzer, Maria: Biographie und Identitätsprobleme der zweiten Generation. In: Deutsches Jugendinstitut (Hg.): Beiträge zur Ausländerforschung – Wege der Integration, München 1988, S. 85–128.

König, Karin: Tschador, Ehre und Kulturkonflikt: Veränderungsprozesse türkischer Frauen und Mädchen durch Emigration und ihre soziokulturellen Folgen, Frankfurt am Main 1989.

Krappmann, Lothar: Soziologische Dimensionen der Identität. Strukturelle Bedingungen für die Teilnahme an Interaktionsprozessen, 7. Auflage, Stuttgart 1988.

Kürsat-Ahlers, Elcin: Migration – Abschiednehmen von den Wurzeln. In: Pflüger, Peter M. (Hg.): Abschiedlich leben – Umsiedeln – Entwurzeln – Identität, Olten 1991.

Meulenbelt, Anja: Scheidelinien. Über Sexismus, Rassismus und Klassismus, Reinbek 1988.

Müller, Günter: Arbeitsmigration nach Europa und sozialer Wandel in einem anatolischen Dorf. In: Stippinger, Christa (Hg.): „Nicht auf meiner Insel!". Projektbroschüre des Vereins Exil zusammen mit dem Jugendprojekt Echo und dem Amerlinghaus, Wien 1996.

Strauss, Anselm L.: Grundlagen qualitativer Sozialforschung: Datenanalyse und Theoriebildung in der empirischen und soziologischen Sozialforschung, München 1994.

Thomas, Alexander: Kulturvergleichende Psychologie, Göttingen 1993.

Wölfl, Hedwig: Denken anders halt. Handlungsspielräume im „Kulturkonflikt" – Möglichkeiten und Grenzen adolsezenter Mädchen aus Familien türkischer Herkunft, Diplomarbeit, Wien 1997.

Die Autorinnen

Mag. **Helga Gritzner**, geb. 1972, Psychologin, Klinische und Gesundheitspsychologin, 1993/94 Studienaufenthalt in den USA (Fulbright-Stipendium); Arbeitsschwerpunkte: Gewalt gegen Frauen, Mädchenarbeit; derzeit Mitarbeiterin des Vereins Sprungbrett – Arbeitsmarktpolitische Beratungsstelle für Mädchen vor der Berufsentscheidung.

Mag. **Claudia Höfner**, geb. 1972, Psychologin, derzeit Doktoratsstudium der Soziologie und Psychologie, Klinische und Gesundheitspsychologin, Psychotherapeutin in Ausbildung; Arbeitsschwerpunkte: Gewalt gegen Frauen, Erwachsenenbildung, Forschungstätigkeit (Frauen- und Männerforschung, Psychotherapieforschung, Evaluation sozialer Einrichtungen, Cultural Studies etc.); derzeit Mitarbeiterin der Wiener Frauenhäuser und freie Forscherin.

Mag. **Eva Kaufmann**, geb. 1967, Psychologin, Klinische und Gesundheitspsychologin in Ausbildung; Arbeitsschwerpunkte: Umweltpsychologie, Gewalt gegen Frauen, Migrantinnen, Frauenhandel; derzeit Mitarbeiterin bei LEFÖ-IBF – Lateinamerikanische Exilierte Frauen in Österreich, Interventionsstelle für Betroffene.

Mag. **Claudia Kneißl**, geb. 1969, Psychologin, derzeit Doktoratsstudium der Psychologie; Arbeitsschwerpunkt: Psychiatrieforschung; Mitarbeiterin bei der Vereinigung zur Schaffung von sozialtherapeutischen Wohnheimen.

Mag. **Katharina Moser**, geb. 1966, Psychologin, Integrative Gestaltpsychotherapeutin, Kunsttherapeutin, Klinische und Gesundheitspsychologin in Ausbildung, Mutter einer Tochter; tätig als Suchttherapeutin und in freier Praxis; Arbeitsschwerpunkte: Eßstörungen, Alkoholsucht, Medikamenten- und Drogensucht, Depressionen, Angst- und Panikattacken.

Mag. Dr. **Ingeborg Netzer**, geb. 1966, Pädagogin und Soziologin, Psychotherapeutin in Ausbildung; Arbeitsschwerpunkte: sozialpädagogische, hochschuldidaktische und frauenspezifische Projekte (ErzieherInnenberatung, Diagnostik, sozialpädagogische Wohngemeinschaften, Behindertenintegration); Forschungstätigkeit, Erwachsenenbildung.

Mag. **Martha Platt**, geb. 1962, Psychologin, Klinische und Gesundheitspsychologin, Arbeit mit psychisch kranken Personen im Rahmen eines Selbsthilfeprojektes, Forschungstätigkeit, Berufsorientierungskurse im BFZ Wien, derzeit beschäftigt im Kuratorium für Verkehrssicherheit Wien sowie freiberuflich Trainerin für Nachschulungs- und Driver-Improvement-Kurse.

Mag. **Vera Schedenig**, geb. 1951, Psychologin, Arbeitsschwerpunkte: Schwangerschaftskonfliktberatung, teilleistungsschwache Kinder, Trainerin in der beruflichen Rehabilitation behinderter Langzeitarbeitsloser, derzeit Teilnahme an einem einjährigen berufsbegleitenden Lehrgang für Fachkräfte der beruflichen Rehabilitation; laufend Fortbildungen zu frauenspezifischen Themen.

Mag. **Astrid Schwarz**, geb. 1967, Psychologin, Gruppentrainerin, politische Tätigkeit bei der Österreichischen HochschülerInnenschaft, Outdoor-Trainerin in Ausbildung; Arbeitsschwerpunkte: Gewalt gegen Frauen, Erwachsenenbildung, Berufsorientierung und Qualifizierungsmaßnahmen für arbeitslose Frauen; derzeit Trainerin beim bfi.

Mag. **Ingrid Seczer**, geb. 1972, Psychologin, Doktoratsstudium der Psychologie und Soziologie, Psychotherapeutin in Ausbildung; Mitarbeit bei psychosozialen, sozialpädagogischen und frauenspezifischen Einrichtungen; derzeit psychosoziale Betreuung von geistig und körperlich behinderten sowie psychisch kranken Menschen im Bereich beruflicher Integration.

Mag. **Barbara Toth**, geb. 1965, Psychologin, Gestalttheoretische Psychotherapeutin unter Supervision; Arbeitsschwerpunkte: Mitarbeit und Konzepterstellung in feministischen und sozialpädagogischen Projekten (Notruf, Frauenhaus, Jugendarbeit etc.).

Mag. **Gabi Weger**, geb. 1962, Psychologin, Klinische und Gesundheitspsychologin; Arbeitsschwerpunkte: Fortbildung im Bereich ArbeitnehmerInnenschutz und Arbeitspsychologie; mehrjährige Erfahrung in der Jugendarbeit, derzeit beschäftigt als Psychologin im Bereich beruflicher Rehabilitation psychosozial benachteiligter Personen.

Mag. **Silvia Weissgram**, geb. 1960, Psychologin, Ausbildung in klientenzentrierter Gesprächsführung, Klinische und Gesundheitspsychologin in Ausbildung; Arbeitsschwerpunkte: Psychiatrie, Diagnostik.

Mag. **Tosca Wendt**, geb. 1966, Psychologin, derzeit Doktoratsstudium der Psycholgie, 5 Jahre im Frauenreferat am Zentralausschuß, später Generalsekretärin der Österreichischen HochschülerInnenschaft, Mitarbeiterin und Projektleiterin in einigen sozial-, bildungs- und frauenpolitischen Projekten, Veröffentlichungen zu frauenspezifischen Themen, derzeit tätig im Trainingsbereich.

Mag. **Hedwig Wölfl**, geb. 1969, Psychologin, 1993/94 Studienaufenthalt in den USA (Fulbright-Stipendium), Klinische und Gesundheitspsychologin, Psychoanalytikerin in Ausbildung (nach C. G. Jung), 1991/92 StudentInnenvertreterin; Arbeitsschwerpunkte: Cultural Studies, Frauenberatung, geistig abnorme Rechtsbrecher; derzeit Klinische Psychologin im Allgemeinen Krankenhaus Wien – Onkologie.

Fordern Sie unseren Gesamtkatalog an bei: Promedia Verlag, Wickenburgg. 5/12, A-1080 Wien; Fax: 0043/1/405 71 59 22

FEMINISMUS
im Promedia-Verlag

Susan Zimmermann:
„Die bessere Hälfte?"
Frauenbewegungen und Frauenbestrebungen im Ungarn
der Habsburgermonarchie 1848 bis 1918
420 Seiten, DM 54.-; sFr. 49.-; öS 394.-
ISBN 3-85371-153-7, erschienen: 1999

Brigitte Fuchs/Gabriele Habinger (Hg.):
„Rassismen & Feminismen"
Differenzen, Machtverhältnisse und Solidarität zwischen Frauen
256 Seiten, DM 34.-; sFr. 31,50; öS 248.-
ISBN 3-85371-106-5; erschienen: 1996

Christa Nebenführ (Hg.):
„Die Möse"
Frauen über ihr Geschlecht
192 Seiten, DM 29,80; sFr. 27,50; öS 218.-
ISBN 3-85371-136-7, erschienen: 1998

Miteinander Lernen (Hg.):
„Frauen im Fremdland"
Bildungsarbeit, Beratung und Psychotherapie mit Migrantinnen
232 Seiten, DM 32.-; sFr. 29,50; öS 234.-
ISBN 3-900478-94-5, 2. Aufl., erschienen: 1995

Aurelia Weikert:
„Genormtes Leben"
Bevölkerungspolitik und Eugenik
208 Seiten, DM 38.-; sFr. 35.-; öS 277.-
ISBN 3-85371-140-5, erschienen: 1998

Marianne Enigl/Sabine Perthold (Hg.):
„Der weibliche Körper als Schlachtfeld"
Beiträge zur Abtreibungsdiskussion
208 Seiten, DM 29,80; sFr. 27,50; öS 218.-
ISBN 3-900478-62-7; erschienen: 1993